孔府内宅猷壁图（局部）

山东地方志中的清官廉吏

山东省纪委监委宣传部
山东省方志馆 编著

柳下惠 季文子 晏婴 即墨大夫 兒宽

龚遂 魏相 王章 薛宣 杨震 刘宠

羊续 贾琮 王脩是仪 王猛 吴隐之

刘善明 赵轨 薛冑 房彦谦 辛公义

张允济 房玄龄 员半千 张镐 刘晏

颜真卿 崔沔 张咏 王曾 范仲淹

包拯 富弼 辛弃疾 张养浩 方克勤

李湘 年富 赵璜 曹邦辅 于慎行 邢侗

房可壮 李森先 费祎祉 王士禛 张伯行

诸城刘氏 龚大良 牛运震 郑板桥

李毓昌 王鼎铭 丁宝桢

山东友谊出版社·济南

图书在版编目（CIP）数据

山东地方志中的清官廉吏 / 山东省纪委监委宣传部，
山东省方志馆编著 . – 济南：山东友谊出版社，2024.1
ISBN 978-7-5516-2929-4

Ⅰ . ①山… Ⅱ . ①山… ②山… Ⅲ . ①政治人物－生
平事迹－山东 Ⅳ . ① K827

中国国家版本馆 CIP 数据核字 (2023) 第 246543 号

山东地方志中的清官廉吏
SHANDONG DIFANGZHI ZHONG DE QINGGUAN LIANLI

本书策划：陈冠宜
责任编辑：张亚欣
装帧设计：刘洪强

主管单位：山东出版传媒股份有限公司
出版发行：山东友谊出版社

　　　　地址：济南市英雄山路 189 号　邮政编码：250002
　　　　电话：出版管理部（0531）82098756
　　　　　　　发行综合部（0531）82705187
　　　　网址：www.sdyouyi.com.cn

印　　刷：济南乾丰云印刷科技有限公司

开本：710 mm×1000 mm　　1/16
印张：26.75　　　　　　　字数：350 千字
版次：2024 年 1 月第 1 版　印次：2024 年 1 月第 1 次印刷
定价：89.00 元

序

党的十八大以来，我们党开展了史无前例的反腐败斗争，取得了举世瞩目的成就。党的二十大报告指出，反腐败斗争取得压倒性胜利并全面巩固，消除了党、国家、军队内部存在的严重隐患。我们党立足中国实践，从中华优秀传统文化、革命文化和社会主义先进文化中汲取思想智慧，积极借鉴有益的世界反腐败经验，走出了一条中国特色反腐败之路。

以史为鉴，可以知兴替。习近平总书记高度重视发挥中华优秀传统文化的作用，要求不断厚植清正廉洁文化土壤，为推进全面从严治党向纵深发展提供重要支撑。他在主持十八届中央政治局第五次集体学习时指出，研究我国反腐倡廉历史，了解我国古代廉政文化，考察我国历史上反腐倡廉的成败得失，可以给人以深刻启迪，有利于我们运用历史智慧推进反腐倡廉建设；在二十届中央纪委三次全会上发表重要讲话强调，要加强新时代廉洁文化建设，积极宣传廉洁理念、廉洁典型，营造崇廉拒腐的良好风尚。中央印发的《关于加强新时代廉洁文化建设的意见》及山东省贯彻落实的若干措施也明确规定，要用中华优秀传统文化涵养克己奉公、清廉自守的精神境界。这些重要论述和要求，为做好新时代廉洁文化建设工作，提供了重要遵循。

山东古为齐鲁，是中华文明的重要发祥地、儒家思想的发源地。在悠久的历史长河中，齐鲁大地贤哲辈出、典籍丰富，孕育了儒家、兵家、墨家等重要思想，也涌现出杨震、辛弃疾、张养浩、郑板桥、王士禛等一大批清官廉吏。他们恪尽职守，清廉守正，严于执法，勤政爱民，不仅在当时造福地方、泽被百姓，更为后世留下了宝贵的精神财富。他们的言行和事迹，大多集中记述于地方志中。

地方志是中华优秀传统文化中独有的瑰宝。"古来方志半人物"，地方志的纂修，历来重视人物的记载，特别注重记录清廉人物的德行事迹。在古代，清廉人物入志，一方面表彰真善美，以正世风；一方面贬斥伪丑恶，以诚人心。

为做好传统廉洁文化的探源活化、创新传承，山东省纪委监委宣传部和山东省方志馆认真梳理山东地方志资源，精选55位山东籍或在山东任职的古代清官廉吏，编纂了《山东地方志中的清官廉吏》一书，客观记述其人生经历和廉政为民的事迹，深入挖掘其中蕴含的廉洁思想，力求做到以古鉴今、古为今用，传承文明、服务时代。

以古人之规矩，开今人之生面。我们希望通过此书，深入阐释中华优秀传统文化中的廉政因子，将尘封在典籍里的优秀历史文化资源转化为廉洁教育资源，更好地激励、引导广大党员干部获得精神滋养，从思想上正本清源、固本培元，筑牢思想道德防线，增强拒腐防变能力，共同营造风清气正的政治生态，持续擦亮"清廉山东"廉洁文化品牌。

编者

2024年1月

目录

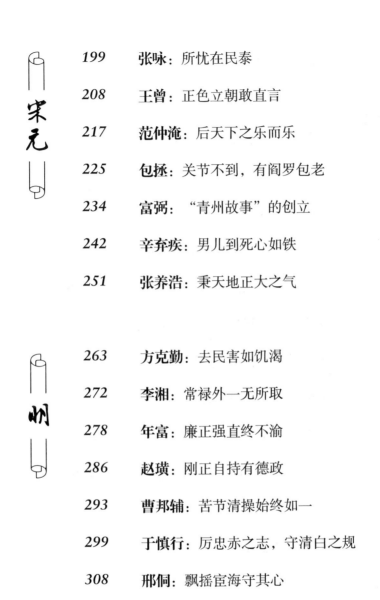

清

先秦

　　5000多年的中华文明史孕育出多种地域文化，涌现出诸多廉洁典范，流传着许多廉洁故事，代表了中华民族的独特精神，是新时代廉洁文化建设的重要源泉。

　　先秦时期是中国古代廉洁文化发展的一个重要时期。《尚书》记载了为政者"钦明文思安安。允恭克让，光被四表，格于上下。克明俊德，以亲九族"的品德。《诗经》中已有君子、小人、良人、贪人等以道德标准品评褒贬人物的概念。春秋后期，形成了针对贵族及卿、大夫、士的一套从政道德规范，具体包括忠、仁、正、俭、廉、勤等，后世对清官廉吏作风和人格的基本要求由此确立，崇"廉"抑"贪"的价值观念渐次显现。

　　齐鲁文化中，孔、孟的"仁政"主张，墨子的兼爱、节用、善政思想，庄子无为而治、无欲的思想，荀子节用裕民的主张，成为后世廉政文化的重要思想基础。管子将"廉"列入"国之纲"，晏子视"廉"为"政之本"，这些观点凸显了人们对廉政在治国理政中的重要性的认识。

　　西周建立后，为有效治理遥远的东方疆土，将有大功于周室的太公吕尚封于齐，都营丘（今山东临淄）；将周公封于鲁，都曲阜，其长子伯禽前往就任。齐国"尊贤而上功"，任人唯贤，崇尚功业，由此在齐地涌现出了管仲、鲍叔牙、宁戚、晏婴、邹忌、孟尝君、鲁仲连、即墨大夫等一批奉行俭、廉且富有政治智慧的人物。鲁国崇尚"尊尊而亲亲"，尚礼重义，由此在鲁地出现了一批因知礼守礼、以礼克己、以礼治国而闻名的士大夫，如孟献子、叔孙豹、季文子、柳下惠等。

柳下惠：

直道而事人

展禽抱纯粹，灭迹和光尘。

高情遗轩冕，降志救世人。

百行既无点，三黜道弥真。

信谓德超古，岂唯言中伦。

——唐·吴筠《高士咏·柳下惠》

柳下惠画像

（采自清代顾沅辑录、孔莲卿绘像《古圣贤像传略》卷一，清道光十年刻本）

　　柳下惠，春秋时期鲁国人，被孟子称为"百世之师"和"圣之和者"。他以"坐怀不乱"的故事闻名于世，也以"直道而事人"的原则为后人所敬仰。

　　柳下惠即展禽，展氏，名获，字禽，是鲁孝公的第四子公子展的后裔。公子展曾经担任鲁国司空，掌管土木工程。公子展的孙子无骇继承了司空之位，并以祖父的字为氏。柳下惠就是展无骇的儿子。因其封地在"柳下"，死后谥号为"惠"，因此人们称他为柳下惠。柳下惠的人生经历散见于先秦典籍中，虽然不够丰富，但足以证明他洁身自好、以直道事人。

　　柳下惠"坐怀不乱"的故事，千百年来口耳相传，可谓妇孺皆知，柳下惠也成了有高尚操行之男子的代名词。其实，除了他坐怀不乱、洁身自好的品行，其"直道而事人"的原则也尤其值得重视。柳下惠穷其一生都在坚持"直道而事人"，从政是这样，修身亦是如此。

　　鲁僖公时，柳下惠曾担任士师一职，执掌禁令刑狱。当时鲁国的政权把持在权臣臧文仲手中，柳下惠正直公正，不徇私情，不迎合权势，导致上任三次，又三次被臧文仲罢免，仕途很是波折。有人劝柳下惠离开鲁国，到别的国家去做官。柳下惠是这样回答的："直道而事人，焉往而不三黜？枉道而事人，何必去父母之邦？"（《论语·微子》）大意是说：如果一直按照正直的理念做官，到哪个国家不会被罢免呢？如果不按照正直的理念做官，那又何必离开故国家园呢？这就是柳下惠"直道而事人"的原则，无论在官场上的境遇如何，他都不会改变自己正直的品行。

《吕氏春秋》中记载了一个故事：齐国国君听说鲁国有一件传世之宝岑鼎，于是派兵去抢。鲁国国君不舍，又怕得罪强大的齐国，就命人做了一件假岑鼎交给齐国国君。齐国国君不相信这是真的岑鼎，把它退回了鲁国。齐国国君不相信鲁国，只相信以正直闻名的鲁国人柳下惠，就说："你们把这鼎拿去给展禽鉴定，他要说是真的，我就相信。"

鲁国国君只好去找柳下惠圆谎。柳下惠说："您答应把岑鼎给齐国，为的是使国家免于灾难。我自己也有个'国家'，就是信誉。毁灭我的'国家'，来保全您的国家，我很难做到啊。"鲁国国君动摇不了柳下惠的"直道"原则，只好把真鼎送给了齐国。柳下惠不仅保护了自己的信誉，还保住了鲁国。

鲁僖公十七年（前643年），一只叫"爰居"的海鸟飞到了鲁国，栖息在都城东门外，一连三天都没有离去。鲁国执政大夫臧文仲认为这是一只神鸟，降临鲁国乃天命所示，于是就让都城的人都去祭祀它。在古代，祭祀是一个国家政事的重要组成部分，正所谓"国之大事，在祀与戎"（《左传·成公十三年》）。祭祀不仅仅是对神明的敬奉和感激，还是对道德和社会秩序的规范。

柳下惠刚直不阿，听说臧文仲要祭祀海鸟后，觉得十分不妥。他认为臧文仲违背了圣王礼制，荒唐无礼。《国语·鲁语上》记载他对臧文仲说：

> 夫圣王之制祀也，法施于民则祀之，以劳定国则祀之，能御大灾则祀之，能捍大患则祀之。非是族也，不在祀典。

这段话的大意是说，天子制定祭祀礼仪是有原则的，能够给百姓制定合理的法度的人，可以被祭祀；为了国家而牺牲生命的人，可以被祭祀；能够通过功劳稳定国家的人，可以被祭祀；能够驱除大灾的人，可以被祭祀；能够抵御外敌的人，可以被祭祀。如果不是以上几类人，不应列入祀典。在柳下惠看来，能够进入国家祭祀大典的人和事物，必定是那些对国家、社会和百姓做出过杰出贡献的，比如先贤圣君、皇天后土、日月星辰等。这只名叫"爰居"的海鸟，不知为何飞到鲁国来，对鲁国的百姓也没有什么恩德，如今臧文仲却要都城的人都去祭祀它，这不符合礼仪，对执政者来说并非英明之举。

柳下惠的话，直言不讳地批评了臧氏在鲁国的执政行为。柳下惠猜测应该是这只海鸟遭遇了困难，才在鲁国短暂停留。事后，臧文仲派人调查，果然，这一年海上多大风，这只海鸟应该是为了避风才飞到鲁国都城，证明柳下惠的猜测和指责都是对的。

鲁文公二年（前625年），鲁国主管国家祭祀典礼的宗伯夏父弗忌主持祭祀太庙，故意将僖公、闵公的神位调整了摆放顺序。僖公是兄长，闵公是弟弟，但僖公继承的是闵公的国君之位。如今夏父弗忌将僖公的神位升到了闵公之上，宗伯下属的一名官员说："这不符合昭穆的顺序。"夏父弗忌却说："我任宗伯，还不知道这一点吗？有显德的人为昭，其次为穆，昭穆哪有什么固定的制度？"该官员说："宗庙里有昭穆顺序，用来排列世系的先后，整齐后代的亲疏关系。祭祀是用来表明孝道的，各自向皇天宗祖致敬，是最能表明孝道的。乐师、太史记下世次的先后，太祝记载昭穆的顺序，还恐怕有越礼的现象。现在您抬升僖公的神位，这就是以有显德的僖公的神位在前，而把先于僖公继位的闵公的神位放在后。从玄王契直到商汤的父亲主癸，没有谁像商汤一样有显德；从后稷起到周文王的父亲王季，没有谁像周文王、武王一样有显德。而商、周的祭祀，也不曾将汤与文王、武王的神位升在其父祖之前，这就是为了不越礼啊。鲁国不如商、周，现在却要改变它的昭穆制度，应该不可以吧？"夏父弗忌不听，坚持将僖公的神位升到闵公前面去了。

柳下惠认为夏父弗忌违背了周礼，而其属下官员的话是正确的。《国语·鲁语上》记载他批评夏父弗忌说：

> 夏父弗忌必有殃。夫宗有司之言顺矣，僖又未有明焉。犯顺不祥，以逆训民亦不祥，易神之班亦不祥，不明而跻之亦不祥。犯鬼道二，犯人道二，能无殃乎？

在柳下惠看来，夏父弗忌随意改变昭穆顺序，既违背了鬼道，也违背了人道，一定会有祸殃降临。果然，夏父弗忌死后下葬，灵柩起火，烟升腾到天空。

山东省新泰市宫里镇和圣庙（贾冉冉　供图）

后世对柳下惠有很高的评价。孟子尤其推崇柳下惠，《孟子·尽心下》中称他是"百世之师"：

> 圣人，百世之师也，伯夷、柳下惠是也。故闻伯夷之风者，顽夫廉，懦夫有立志；闻柳下惠之风者，薄夫敦，鄙夫宽。奋乎百世之上，百世之下闻者莫不兴起也。非圣人而能若是乎？

这段话的大意是：圣人是后世民众的老师，伯夷、柳下惠就是这样的圣人。因此，听说了伯夷高风亮节的人，贪婪者会变得廉洁，懦弱的人也会长志气；听说了柳下惠高风亮节的人，刻薄者会变得敦厚，狭隘者会变得宽宏大度。他们在百世之前奋发有为，百世之后的人听说了仍感动奋发。如果不是圣人，能这样吗？孟子在这里高度评价了柳下惠风节品格对人们的影响。孟子还认为柳下惠是"圣之和者"，后人因此将柳下惠尊为"和圣"。

◈ 史料来源

• 万历二十四年《兖州府志》卷三〇《人物志一·柳下惠》，齐鲁书社1985年影印本。

• 光绪《肥城县志》卷九《人物志·名贤·柳下惠》，清光绪十七年（1891年）刻本。

• 徐元诰撰，王树民、沈长云点校《国语集解·鲁语上》，中华书局2002年点校本。

（撰稿：邢娜娜、马德青）

季文子：

克勤于邦，克俭于家

先正遗言古昔崇，季孙断碣未磨砻。

神峰鹰隼今犹击，未必当时莒仆同。

——清·朱筠《笥河诗集》卷五

《兰山怀古绝句·季文子墓》

山东省兰陵县文峰山季文子庙（王秀彬　供图）

在今山东省兰陵县城西部，有一座被称作"鲁南小泰山"的名山——文峰山，原名神峰山。别看"文峰山"和"神峰山"仅有一字之别，但这个"文"字大有来头。这要从春秋时期鲁国的贤臣季文子说起。

季文子（？—前568），姬姓，季氏，名行父，鲁国人。季文子出生于春秋晚期，彼时的诸侯国大多有"陪臣执国命"的现象，即掌握国家政权的并不是各国的诸侯，而是该国卿大夫。季、孟、叔三家长期把持鲁国朝政，被后人称为"三桓"，季文子即出自"三桓"之一的季氏。季文子祖父季友是鲁桓公之子。在鲁僖公时，季友受封为相，季氏由此开始掌握鲁国朝政。季友生子无佚，无佚生子行父，即季文子。

季文子虽然是季友的后代，但并非初入政坛就身居相国之位，而是通过不断历练，使自己的才能逐渐展现出来，并得到了时人的广泛认可，最终成为执掌朝政的能臣。

鲁文公在位期间，季文子就在鲁国的外交领域崭露头角。陈国与卫国交好，鲁文公六年（前621年），鲁国大夫臧文仲为了同卫国建立良好关系，选择与陈国联姻。季文子奉命出使陈国，妥善安排了联姻的事宜，为鲁国维系同陈、卫两国的良好关系奠定了基础。同年，季文子又奉命出使晋国。在出使之前，他听闻晋国国君晋襄公已患重病，就吩咐随从备好参加丧礼所需要的物品。随从很是不解，季文子说："防患于未然，预备好了自然就不会出差错，这是从古代就传下来的至理啊。"八月，晋襄公因病薨逝，季文子提前预备的物品就派上了用场，可见季文子考虑全面、处事周详。

季文子在鲁文公时屡次出访他邦，为鲁国的外交奔走效劳。文公薨逝后的一场政治动乱，为季文子的政治生涯打开了新局面。鲁文公十八年（前609年）八月，鲁文公病逝，谁来继任国君成了鲁国要面对的头等大事。鲁文公生前有两个妃子，长妃是齐国公主哀姜，她先后生了恶和视两个儿子，是为嫡子。根据西周以来的嫡长子继承制度，嫡长子恶是鲁国的太子，理应成为下一任国君。次妃敬嬴向来深受鲁文公宠爱。敬嬴生的公子俀，因为并非嫡子，所以本来没有成为国君的可能。公子俀和鲁国权臣襄仲交好，襄仲遂计议拥立公子俀为鲁国新君，且获得了齐国国君齐惠公的支持。襄仲联合齐国的力量，发动了一场军事政变，将恶和视杀害，拥立公子俀为鲁国国君，史称鲁宣公。因为鲁宣公是被襄仲等大夫所拥立的，所以鲁国大夫对于朝政的掌控日益增强，鲁国国君的权威也就逐渐被削弱。鲁宣公在位期间，季文子一跃成为执掌鲁国朝政的权臣。

季文子谙熟政治局势，总是能够做出正确的决策。每有要务，他总是反复考虑，权衡利弊，以避免大的差错与过失，因此有了"季文子三思而后行"的典故。他虽然身居高位，手握大权，但时时谨记为臣之道，克勤于邦，克俭于家，不做僭越跋扈的不臣之举，从不为自己的私欲而蝇营狗苟，一心一意为国家殚精竭虑。

季文子出任鲁国相国之后，依然维持着极为俭朴的生活。孟献子的儿子仲孙它觉得季文子作为鲁国的相国，生活近乎粗鄙简陋，配不上他的身份，便向季文子进言说："您已经是鲁国的相国了，可是生活还是如此俭朴。连穷苦人家都知道爱惜自己的孩子，把最好的东西留给自己的家人。您作为鲁国的权重大臣，为什么不让自己的生活变得好一些呢？更何况，国外的使臣到我们国家来，看到您的住处如此简陋，不会有损于我们鲁国的国家形象吗？"季文子叹道："我也想过上你说的那般荣华富贵的生活啊！可是我看到我们国家大部分子民都吃着粗粮，穿着粗布衣服，过着艰苦的生活。如果此时只有我一人过着荣华富贵的生活，我又怎么能够安心享受呢？更何况，我听说国家形象的塑造，从来不是看其相国生活是不是奢华，而是看这个国家的人是不是有高尚的德行。"仲孙它听后不以为然，仍然坚持自己的想法。季文子就将这件事告诉了孟献子。孟献子非常认同季文子的观点，认为儿子不应该向季文子提这样的建议，狠狠斥责了他，让他认真反省。仲孙它因此诚心悔过，开始过起了俭朴的生活。季文子看到仲孙它知错就改，不禁感叹道："过而能改，这才是为官一方、造福百姓的品德啊！"便将仲孙它升为上大夫。因为季文子的大力倡导和以身作则，鲁国官员中兴起了一股节俭之风。

周定王八年，也就是鲁宣公十年（前599年），周天子派遣刘康公出访鲁国。刘康公拜会了鲁国的诸位大夫，对季文子的节俭之风留下了深刻的印象。刘康公回去后，天子询问他："鲁国的那么多大夫当中，有哪些是贤明的？"刘康公回答说："我看孟献子和季文子两家都是能在鲁国长期执政的，而叔孙侨如和公孙归父两家难免会迅速败亡，就算两家没有败亡，他们两人也难有好的下场。"周天子很好奇，追问刘康公为什么会有这样的看法。刘康公回答道："我听说做国君的要坚守为君之道，做臣子的要明白为臣之理。所谓为君之道，就是宽以待人，善待臣子；为臣之道，就是节俭谨慎，体察民情，处理好政务。叔孙侨如和公孙归父两家生活奢侈，不能体察民情，体恤民苦，又四处搜刮，怎能不激起民愤呢？可是孟献子和季文子两家，不仅自身节俭，而且能够善待百姓，不施苛政来满足自己的私欲，这才是保证长久执政的正路啊！"

季文子先后辅佐了鲁宣公、鲁成公和鲁襄公三位君主。在任鲁国相国期间，他一直保持着俭朴的作风，虽然手握大权，却从不飞扬跋扈，而是恪守为臣之道，体恤百姓疾苦，颁布了许多利国利民的政策。鲁宣公十五年（前594年），在季文子的支持下，鲁国颁布"初税亩"法令，规定土地按亩收税，增加了政府的财政收入。季文子的执政使得彼时并不强大的鲁国虽身处春秋乱世，却不至于在大国的夹缝中亡国。

虽然季文子在主持政务上近乎无可挑剔，但还是招致了一些想要取而代之者的反对。鲁成公十六年（前575年），叔孙侨如挑拨晋国与鲁国的关系，想要利用晋国除掉季文子。恰逢鲁成公和晋厉公会盟，鲁成公没有如约抵达，晋国便要求扣留鲁成公。季文子为避免国君被扣留，就将违约之过揽在己身，被晋国扣押在了苕丘。本要处死季文子的晋人，却因感佩季文子的清廉和忠诚而将其赦免。叔孙侨如反而因阴谋败露，出奔齐国。

鲁襄公五年（前568年）十二月，季文子逝世。鲁襄公亲自去悼念这位廉忠之臣。季文子逝世时，家里既没有穿高级丝帛的妻妾，也没有吃粟等精细饲料的马，甚至都没有当时贵族家里常见的金玉等贵重器物。季文子追求俭朴的美德被世人交口称赞：季文子在鲁国做了三位君主的相国，却没有一点儿私人财产，这样的人还不是忠臣吗？

据说季文子去世后，葬在了神峰山。后世人在神峰山修建了季文子庙，神峰山也因此被称为"文峰山"或"季山""鲁卿山"，都是为了怀念季文子这位名臣贤相。一些士大夫也用季文子自比，表达自己为国尽忠的决心。千余年后，南朝梁政权灭亡后，庾信在《哀江南赋》中写下"季孙行人，留守西河之馆"的句子，用季文子被晋国扣留却仍然忠于鲁国自比，表达自己对南朝梁的忠心和对梁亡的痛心。一些因清廉耿直而被打压排挤的忠臣也往往以季文子作为题诗吟词的对象，如清人朱筠在季文子墓前，痛感当时官场贪腐成风，写下了"先正遗言古昔崇，季孙断碣未磨砻。神峰鹰隼今犹击，未必当时莒仆同"（朱筠《笥河诗集》卷五《兰山怀古绝句·季文子墓》）的怀古绝句。

◈ **史料来源**

• 万历二十四年《兖州府志》卷三〇《人物志一·季文子》，齐鲁书社1985年影印本。

•《史记》卷三三《鲁周公世家》，中华书局1959年点校本。

• 杨伯峻《春秋左传注》（修订本），中华书局2017年版。

• 徐元诰撰，王树民、沈长云点校《国语集解》，中华书局2002年点校本。

（撰稿：邢娜娜、陶新宇）

晏婴：

节俭力行重于齐

独抱孤忠为国谋，一编谲谏至今留。

从容宴饮和羹日，辛苦嚣尘鬻踊秋。

万古谁知千驷马，卅年空拥一狐裘。

尼谿何事偏相沮，史册传闻或异不。

——清·韦谦恒

《传经堂诗钞》卷二一《读〈晏子春秋〉》

晏婴画像

（采自清代顾沅辑录、孔莲卿绘像《古圣贤像传略》卷一，清道光十年刻本）

晏婴（？—前500），字仲，谥曰平，世称晏平仲，春秋末期齐国夷维（今山东省高密市）人。他历仕齐灵公、庄公、景公三朝，从政达五十余年，政绩卓著，是齐国历史上唯一可与管仲齐名的一代名相。篇首所引清朝韦谦恒的诗即吟咏了其直言进谏、体国爱民、清廉恭俭的事迹。

一、直言进谏

晏婴入仕之时，距离管仲辅佐齐桓公称霸诸侯已经过去了近百年的时间。他辅佐的齐灵公、庄公、景公都是追求享乐的荒唐君主，晏婴竭尽其力，采取了强公室、抑私门，薄赋敛、惜民力，崇节俭、抑私欲，省刑罚、行仁政等措施，使齐国能够勉强维持相对安定的局面。作为一位杰出的政治家，晏婴为推行上述措施，极力规谏君主。司马迁《史记·管晏列传》就称"其在朝，君语及之，即危言；语不及之，即危行。国有道，即顺命；无道，即衡命。以此三世显名于诸侯"，由此可见晏婴的政治策略。清代史学家马骕在《绎史》卷七七《晏子相齐下》中也称：

景公固非能大有为之君也，所宠任者梁丘据、裔款之流，所好者宫室台榭之崇，声色狗马之玩。婴也随事补救，以讽谏匡君心者，朝夕不怠，危行言孙，故能身处乱世，显名诸侯，而齐国赖之以安也。

由此也可看出晏婴及其进谏对于齐国政治的重要作用。

礼是当时治理国家、维持社会秩序的基本社会规范。维护和推行礼是治国安民的头等要务。但晏婴辅佐的齐国国君经常不讲礼，晏婴认为这是十分危险的，于是他便时常以此规谏。

齐庄公即位后，生活奢侈，荒淫无道，倚恃勇力，滥施淫威。由于崇尚勇力，齐庄公在卿、大夫、士之外，又设勇爵，其地位相当于大夫，待遇却是大夫的几倍。这样，各地的武夫纷纷涌入齐国都城临淄，四处横行无忌，侵扰百姓。当时专权的右相崔杼等也只知专横跋扈，滥杀异己，根本不对庄公加以谏阻，其他大臣更不敢规谏。

面对崇尚武力、不讲礼义的社会局面，晏婴以汤武用兵之事对庄公进行劝谏。晏婴见到庄公后，庄公首先问："自古以来有仅仅凭借勇力在世上有所成就的人吗？"晏婴回答说："为了使自己的行为合乎礼义而不怕死叫作勇，为了诛灭凶暴而不避强暴叫作力，所以勇力的确立是为了推行礼义。商汤和周武王起兵而不被视为叛逆，兼并了暴君的国土而不被视为贪婪，就是因为他们这样做合乎礼义的原则。古代的勇力之士都是将礼义当作信条来奉行的。"晏婴接着通过实例讲了勇力与礼义分离导致的危险，他说："现在，君王不讲究礼义原则，臣下没有消灭罪恶、诛灭凶暴的行为，而仅仅想凭借勇力在世上有所建树。诸侯这样做，就会使国家陷入危亡的境地；普通百姓这样做，就会使自己家破人亡。从前夏朝衰落的时候，有推侈、大戏两个勇士；商纣时，出现了费仲、恶来两个勇士。他们的脚能行走千里，发起威来能徒手撕裂猛兽。他们凭借勇力得到了国君的信任，从而肆无忌惮地横行霸道，欺压百姓，杀害良善。正是由于他们只崇尚武力而不行礼义，结果导致了身死国亡的悲惨下场。现在，您就是这样，而亲近的大臣却不敢劝谏您改正过失。如果您继续沿着亡国君主的老路走下去，是不可能使国家永世长存的。"

齐庄公对晏婴的劝谏置若罔闻，继续试图用武力来威震天下。他首先想要利用晋国内乱的机会攻打晋国，晏婴进谏说："君王得到的东西越多，欲望就越强。放纵欲望，意气就会更加骄横。这样，贪得无厌就会招致危险，意气骄横就会遭受困厄。现在君王竟然要倚仗武力，采用不仁义的手段去攻伐盟主。不行德政而对外征战，忧患就会降临到君王身上。"齐庄公根本不听晏婴的规谏，下令攻伐晋国，但晋国的内乱随后被平定，齐庄公的如意算盘落了空。到齐庄公五年（前549年），晋国联合宋、卫、郑、曹等12个诸侯国准备讨伐齐国，庄公仍然执迷不悟，自以为勇力威震天下。晏婴进谏说："国君只有实行仁义和为百姓谋利益，天下人才会归服他，否则就不能使不亲善的国家睦协；轻视士众百姓的生死劳苦，就不能禁止危害国家的邪恶叛逆行为；不听忠言劝谏而怠慢贤士，就不能威慑诸侯；背信弃义而贪图名利，就不能威慑当世。要想使天下人归服，实行仁义才是必然之道啊！"

齐庄公对晏婴的劝告依旧充耳不闻，并对其一再劝谏极为不满，决心找个机会戏弄他一番。过了几天，庄公举行宴会，召晏婴前来共饮。晏婴刚进大门，就见庄公令乐人奏乐，歌词是："算了算了！寡人得不到欢乐啊，你来干什么？"晏婴入座以后，乐人连续三遍演奏这首曲子，晏婴才明白这是说自己，于是就离开酒席席地而坐。齐庄公问他为什么坐到地上，晏婴回答说："我听说打官司的人要坐在地上，现在我将与国君打官司，怎能不坐在地上呢？我听说依仗人多势众而不讲道义、恃强而不讲礼义、喜好勇力而厌恶贤德的人，祸患一定会落到他身上。这些话批评的就是像您这样的人。"晏婴回家后就变卖了家产，辞官隐居于海滨耕田种地。齐庄公六年（前548年）夏，一意孤行、拒纳谏言的庄公被权臣崔杼杀死，事实证明了晏婴的远见。

春秋早期，齐国因为管仲改革，乘山海渔盐之利，很快富强起来，成了春秋时期最为富庶的国家之一，至齐桓公称霸而达到顶峰。春秋中晚期，也就是晏婴为相国的时代，奢靡之风在齐国盛行。上至国君，下至大小贵族，饮食起居都十分奢侈。长期安定的环境和优渥的生活，让齐国的掌权者们缺乏必要的忧患意识，齐国在腐败的环境中日渐衰落，但是掌权者对这一现状毫不知情。

齐景公在位期间，有一年连续下了17天大雨。百姓饱受水灾之苦，齐景公却躲在宫中饮酒作乐，丝毫不顾百姓的惨状。晏婴感到事态危急，屡次请求齐景公开仓放粮，赈济百姓，却没有得到许可。齐景公还不满足于宫中的歌舞之乐，派遣大臣柏遽在国内四处寻找善于唱歌的人到宫内献唱。晏婴只好打开自己家里的粮仓，分粮给灾民，还把装运粮食的器具放在路旁供百姓使用。晏婴悲愤不已，冲进景公举办歌舞宴会的宫殿，大声进言道："大雨已经下了17天，饿殍遍野。流民上无遮身之瓦，下无立锥之地，泡在洪水里艰难度日，寒冷时甚至都没有粗布短衣御寒，饥饿时连糟糠都吃不到。可是国君您和您的亲信还在宫殿里天天饮酒吃肉，您的骏马在马圈里吃百姓吃不上的粟米，您养的狗在窝中吃的是牛羊猪肉，妃嫔也都有充足的粮米肉类。您对待犬马、嫔妃是不是太骄纵了？对待子民是不是太凉薄了？百姓上告无门，国君沉湎声色而不恤百姓，我竟然对此无能为力，我的罪孽是多么深重啊！"说完这番话，他辞去自己的相国之职，大踏步走出宫殿。

齐景公听闻晏婴一席话，认识到了自己的错误，马上跟出去想要诚恳道歉，却因道路泥泞没能追上。于是景公叫人备车，亲自乘车登门道歉。齐景公到了晏婴的住处后，发现晏婴家里的余粮已经分发给了灾民，盛粮食的器具放在路边，他更觉羞愧难当。他拉着晏婴的手说："因为我的罪过，先生决定辞官，我无法挽留，但先生就不顾百姓了吗？我们国家的粮食和布匹，现在全部委托您分发给受灾的百姓，每个人发多少，都由您来定。"

晏婴这才返回朝廷，命令禀和柏遽带领官员巡视、救济灾民。晏婴给他们三日期限，规定：凡尚存农种之家，官府给予一月粮食；没有种子的人家，给予一年的粮食；没有柴火的人家，发给柴草，使其御寒；房屋毁坏者，给予现钱。官吏不能按期完成，则将被处以死刑。景公也搬离宫舍，减少膳食用度，大幅裁减犬马、妃嫔的用度。在晏婴的请求下，景公还裁撤了左右侍御3000人以及一干姬妾、舞女、权幸之臣。

有一次，景公与晏婴在寒冷的天气出游，看到路边有许多饿死的尚未完全腐烂的尸体，景公默然不问。晏婴就进谏说："从前，先君桓公出游的时候，看见饥饿的人就给他们食物，看见有病的人就给他们钱财，役使百姓时注意不让其过分劳苦，征收赋税则不让百姓耗费过多的钱财。桓公要出游的时候，百姓都说：'国君应该会巡游我们乡里吧！'现在，国君您巡游，方圆四十里内的百姓将钱财全部拿出来也不够交赋税，使尽全力也不能完成劳役，百姓饥寒交迫，饿死而腐烂的尸体一个接着一个，而您却不予理睬，您已失去当国君的原则了。百姓钱财被耗尽，人力枯竭，他们就不再拥戴国君了；国君骄奢淫逸，也就不再爱惜百姓。国君与百姓离心离德，国君与臣下互不亲近，这就是三代之所以衰亡的原因。现在国君这样做，我担心王室有倾覆的危险。"景公听后说："作为国君而忘了百姓，我的罪过太大了。"于是下令收殓尸体，发放粮食给百姓，方圆四十里内的百姓一年不用服役，景公也三个月不再巡游。

二、公忠体国

晏婴深知齐国的国力日渐衰落，早已不复齐桓公时受到各国尊敬的霸主地位，可他仍然要担负起维护国家形象的责任，在与他国交往中尽可能为齐国争取利益。

一次，晏婴出使楚国。楚国人因为晏婴个子矮，就在城门旁边又开了一个小门，让他从小门入城，以此羞辱他。晏婴看出了楚国人的意图，坚持要从大门进入城内，他说："出使狗国的人才从狗洞进去，我今天是来出使楚国的，当然不能从狗洞钻进去。"楚国人不得已，打开大门让晏婴入城。晏婴去面见楚王，楚王说："难道齐国没有人可派了吗？"晏婴回答说："齐国的都城临淄有上万户人家，人们一起挥一挥衣袖就能成为遮天

晏子为相，俸禄每视族尝乘柴车羸马，景公见之噫曰夫子之家如此甚贫平寡人之罪也对曰脱粟食饱士之一足也炙三戈士之二足也莱五邪士之三足也缩然无代人之食也君之赐厚矣林倍人之行而有三士之食也

明代版画《晏子辞景公之赐》
（采自明代金忠等编《瑞世良英》，明崇祯十一年刻本）

蔽日的帷幕，一起挥汗就像下雨一样。人们在街上行走，摩肩接踵，十分拥挤，怎么会无人可派呢？"楚王嘲讽道："你说齐国那么多人，怎么派遣你这样一个人来出使我们国家呢？"晏婴回击道："我们国家通常派遣贤能的人出访贤能国君治理的国家，派遣无能的人出使无能国君治理的国家，我是那个最无能的，所以来了楚国。"楚王同晏婴的第一次交锋，以楚王羞辱齐国不成反吃了哑巴亏而告终。

楚王一计不成，又生一计。在宴席上，楚王手下突然捆着一个人进来，说抓到了一个强盗，是齐国人。楚王说："看来齐国人是惯于做强盗的。"晏婴不慌不忙应答道："我听说橘生长在淮南就是橘，如果种在淮北就变为枳。它们的叶子相似，但是味道不一样。什么原因呢？是因为水土不一样。所以齐国人在自己国家不偷盗，到了楚国就偷盗，那一定是楚国的水土问题所导致的。"楚王被晏婴的回答堵住了嘴，无话可说。晏婴的机敏与聪慧，让他在楚王的嘲讽与诘问中对答如流，维护了齐国的形象。

晏婴不仅在内政和外交上颇有功绩，而且很注重选贤举能。越石父是一位贤能之人，却沦为了奴隶。晏婴在路上遇到了他，用自己的马作为交换，为他赎身。晏婴将越石父带回自己家中，但没有向他道别就进了内室。越石父就提出和晏婴绝交。晏婴大为惊诧，立即整理好衣冠向越石父道歉道："我虽然不是贤能的人，可是我也让你免受奴役之苦，你为什么要急于和我绝交呢？"越石父回答道："并不是这样。我听说，君子可以受委屈于不了解他的人，但在了解他的人面前应该得到尊重。你为我赎身，说明你是了解我的人。了解我却不以礼相待，我还不如被人奴役呢！"晏婴听后，立即命人打扫房屋，恭敬地请越石父做自己的座上宾，为自己出谋划策。

有一次晏婴出行，他车夫的妻子在门缝中看到自己的丈夫为晏婴驾车，昂首挺胸，好不气派。车夫回来后，他的妻子就请求离去，车夫十分不解，他妻子说："晏子身长不足六尺，却是齐国的相国，在诸侯之中享有很高的声誉。刚才我看他外出，思虑深沉，举止谦恭。你身高八尺，不过是一个为人驾车的车夫罢了，却得意自大，我因此请求离去。"车夫听后，开始规范自己的行为。晏婴注意到平时派头十足的车夫变得谦卑有礼，就询问事情的原委，车夫如实回答后，晏婴十分高兴，推荐他担任大夫。

景公时，齐国刑罚很重，还经常使用酷刑，导致民怨沸腾，人心涣散，严重影响到齐国政治的稳定。因此，晏婴极力主张减轻刑罚。

一次，景公考虑到晏婴的住宅靠近市场，周边环境喧嚣杂乱，要为他更换住宅。晏婴不同意，说，靠近市场的住宅有其便利之处。于是景公问他："你的住宅靠近市场，那你知道市场上什么东西贵，什么东西贱？"晏婴回答说："假脚贵，鞋子贱。"由于当时刑罚过重，被砍掉脚的人很多，集市上有专门卖假足的，并出现了假足贵而鞋子贱的局面。晏婴使景公充分认识到了刑罚之重，从而减省了刑罚。

又一次，景公射鸟，一个百姓将鸟惊飞了，景公大怒，命令官吏将他处死。晏婴进谏说："百姓并不知道您要射鸟啊！我听说，赏赐没有功劳的人叫作混乱，惩罚不了解实情的人叫作暴虐，这两件事情都是先君所禁止的。因为惊飞鸟的事而违反先君的禁令是不可以的。现在国君既不了解先君制定的法令，又无仁义之心，所以放纵私欲而随便杀人。鸟兽本来就是人饲养的，百姓把它惊走了不也是可以的吗？"景公听后，答应不再苛待百姓。

三、清廉恭俭

晏婴的清廉品质与父亲的言传身教不无关系。晏婴之父晏桓子也曾是齐国的高官。齐顷公四年（前595年），晏桓子跟随齐顷公同鲁国大夫公孙归父会盟，其间公孙归父和晏桓子有过交谈。会盟结束后，晏桓子对公孙归父的奢侈之风感到担忧。他对高宣子说："公孙归父可能会落得一个家境破败的下场，他将来会不得不逃奔外国苟活。因为他太贪恋权势，想着暗算他人，又怎能不被别人暗算？"四年后，公孙归父果然逃亡齐国。

齐灵公二十六年（前556年），晏桓子去世，晏婴仿照周代的古礼，穿着粗麻做的丧服和草鞋参加丧礼。守丧期间，他住在茅草棚中，喝稀粥充饥。料理完父亲的丧事之后，他才开始继续为国操劳。

晏婴受到父亲节俭家风的影响，维持着俭朴的生活，即使做了齐国的相国也依然如此。他每天吃饭只吃一种肉，家里的侍女不穿高级的丝织品。在奢靡之风盛行的齐国，晏婴成为一股节俭的清流。

晏婴不仅自己厉行节俭，还经常劝谏齐景公改变奢侈的作风。有一次，景公请鲁国鞋匠做了一双鞋。鞋子长一尺，用黄金做鞋带，用白银做装饰，用珍珠相连缀，又用美玉装饰鞋头。景公在寒冷的冬天穿着它上朝听政。晏婴朝见景公，景公起身迎接，但因鞋子太重，迈不开步子。景公问他天气是否寒冷，晏婴说："国君为什么要问天气是否寒冷呢？古代圣人制作衣服，冬天的衣服质轻而暖和，夏天的衣服质轻而凉爽。现在您这双鞋子，冬天穿上它只会更加寒冷，鞋子的重量不合适，脚的负担就过重，这不符合生活的实际需要。做鞋的鲁国匠人不懂得寒暑季节的不同需要，也不掂量鞋子的轻重分量，用这样的鞋子来损害人的本性，这是他的第一条罪状；做的鞋子太特殊，不合常制，您穿上它会被诸侯嘲笑，这是他的第二条罪状；损耗钱财而对国家没有好处，反而招致老百姓怨恨，这是他的第三条罪状。请您将他拘禁起来，让司法官吏裁度其罪过，给予适当处罚。"景公最终无言以对，脱掉那双鞋子不再穿了。晏婴派人将那名鞋匠押送出境，不许他再进入齐国。

晏婴一生为国操劳，洁身自好。他秉公办事，忠于国家。崔杼杀死齐庄公后，晏婴抱着庄公尸身痛哭。崔杼手下想杀了晏婴，但崔杼佩服晏婴一贯正直的品行，制止了手下。晏婴去世后，人们将他和齐桓公时期的贤相管仲并称，以肯定他对齐国内政外交的功绩，他的节俭之风更是为后人所推崇。孔子对晏婴也有较高的评价："晏子救济百姓却不自我夸耀，为三代国君匡正得失而不居功，他真是君子啊！"孔子的评价，就是晏婴一生为国为民、厉行恭俭的最佳写照。

据说晏婴去世后葬在夷维，也就是现在山东省高密市李家营晏冢处。晏冢的晏王庙前矗立着一座高耸入云的石碑，上书"穿碑"二字，是"高密八景"之一。后人路过此处，往往会驻足缅怀晏婴的功业。元人郝采璘有《题晏子庙》诗（顾嗣立等辑《元诗选癸集》丁集），高度评价了他对齐国的突出贡献：

荒城隐残堞，老树回清湾。

东有齐相丘，累累处高寒。

谁知千载人，此地遗巾冠。

图齐岂不雄，诈力唯偏安。

四海兵纵横，奈尔狐裘闲。

不有莘野资，王业诚间关。

当年矮矮躯，气凌星斗间。

存齐赖世卿，枉道羞申韩。

忧民力忠恳，激世扬清湍。

才术终有余，雅俭谁能班。

所恨尼谿封，昧圣亏璧完。

犹能百世下，庙食罗豚肩。

英魂渺何许，惨澹风烟残。

繁华一清梦，变灭余江山。

寥寥今几世，往辙何当还。

怀贤感益深，高歌历胶滩。

◈ 史料来源

•嘉靖《山东通志》卷二八《人物一·晏婴》，《天一阁藏明代方志选刊续编》影印明嘉靖十二年（1533 年）刻本，上海书店出版社 1990 年版。

•乾隆《莱州府志》卷一〇《人物·晏婴》，清乾隆五年（1740 年）刻本。

•光绪《高密县志》卷八上《人物志·名臣·晏婴》，清光绪二十二年（1896 年）刻本。

•《史记》卷六二《管晏列传》，中华书局 1959 年点校本。

•吴则虞《晏子春秋集释》，中华书局 1962 年版。

（撰稿：袁琳、谭景芸、陶新宇）

即墨大夫：

廉洁实干毁者多

昔在齐威王，选人以治氓。

唯彼阿大夫，籍籍日有声。

唯此即墨宰，小人共逸倾。

是非并颠倒，四境交侵兵。

安得召左右，阿党尽为烹？

——明·归有光

《震川先生集·别集》卷一〇《咏史》

山东省青岛市即墨区马山地质公园内的即墨大夫雕像

明代著名文学家归有光曾作诗吟咏一飞冲天、一鸣惊人的齐威王，诗中提到了阿大夫和即墨宰的故事。即墨宰就是本文的主人公即墨大夫。

即墨是战国时期齐国一座颇有名气的古城，因古墨水河得名，位于齐国领土的东端。齐国设有五座军事重镇，称为"五都"，分别是都城临淄和高唐（在今山东禹城市西南）、平陆（在今山东汶上县北）、即墨、莒（今山东莒县）。五都均设都大夫作为最高军政长官，主管辖区内的行政和军务。

提起战国时期的即墨城，人们首先想到的，往往是齐湣王十七年（前284年）燕将乐毅攻齐，连拔七十余城，唯即墨与莒不下的故事。实际上，在此之前七八十年，即墨就因即墨大夫而载入史册。战国时，先后有三位即墨大夫令人敬仰：第一位是齐威王时廉政爱民的即墨大夫；第二位是齐襄王时抗燕保国、协助田单大摆火牛阵的即墨大夫；第三位是劝说齐王建西与赵、魏、韩联合，南与楚国联合，共同抵抗秦国的即墨大夫。这里要说的，是齐威王时的即墨大夫。

即墨大夫为政勤勉，在任几年就取得了不俗的政绩，即墨境内的大量田野被开垦为田地，民众生活富裕，社会秩序安定。然而，这位即墨大夫为人廉洁正直，从来不去贿赂齐威王左右之人，为自己请托邀誉，因此他经常遭到奸佞之人的诬陷中伤，齐威王对他也心存偏见。但是在一次朝会上，齐威王对他大加赞扬，并赏赐他一万户的俸禄。这究竟是怎么回事呢？

原来，齐威王即位后，沉湎于酒色，不问政事，以致大权旁落，国政完全落到了卿大夫们手中，而那些卿大夫们各自为政，争权夺利，导致齐国内政混乱。当时三晋趁齐国处于国丧而向它发动进攻，近邻鲁国和小国卫国也抢夺齐国的领土。齐国这种内外交困的状况一直持续了九年。在稷下先生淳于髡的劝谏下，齐威王迷途知返，决心励精图治，努力改革弊政。

齐威王派出亲信，详细调查了解全国各处地方官治民理政的情况，结果得出了与平时左右之人向自己汇报的内容完全相反的结论。这天，齐威王令人在庭院中架起了一口大锅，把锅里的油烧到滚开，然后召见朝中大臣和齐国所有都邑大夫。只见齐威王神色威严地端坐于朝堂，群臣面面相觑，战战兢兢。

齐威王首先唤即墨大夫上前听命。许多人都为即墨大夫捏了一把冷汗，也有人等着看他的笑话。然而，出人意料的是，齐威王竟然对即墨大夫作了很高的评价。《史记》卷四六《田敬仲完世家》记载齐威王说：

> 自子之居即墨也，毁言日至。然吾使人视即墨，田野辟，民人给，官无留事，东方以宁。是子不事吾左右以求誉也。

齐威王这段话的大意是：自从你到即墨任职，几乎每天都有诋毁你的话传到我耳中。然而我派人去即墨察看，看到的是田野得到垦辟，百姓丰衣足食，官府清净无事，东方因之安定和平。由此，我知道那些人诋毁你，是你不巴结我的左右内臣谋取内援的缘故。

鉴于即墨大夫的政绩和品德，齐威王赏赐即墨大夫享用一万户的俸禄。

当时在场的，还有一位阿大夫。阿地，在齐国领土的西边。齐威王对阿大夫说："自从你到阿地任职，几乎每天都有赞誉你的话传来。然而我派人到地方上察看，发现你治下田地荒芜，百姓生活困苦，甚至吃不饱饭。人们连实话都不敢说，只能暗中叹气。当初赵国攻打甄地（今山东省鄄城县），你见死不救；卫国夺取薛陵（今山东省阳谷县），你毫不知情。

我因此知道那些人赞誉你，是你重金贿赂了我身边之人的缘故。"

齐威王下令烹杀了弄虚作假、求誉害民的阿大夫和那些替他说好话的左右近臣。

一赏一烹，使齐国国内风气为之一变，臣僚们再也不敢弄虚作假，都尽心尽力地处理政务，齐国因此大治，成为当时最强盛的国家。齐威王四年（前353年）、十六年（前341年），齐国先后两次出兵救援赵国和韩国，任用孙膑为将，在桂陵和马陵两次打败强盛的魏国，开始称雄于诸侯。齐威王末年，燕、赵、韩、魏等国纷纷到齐国觐见。这些成就离不开齐威王的励精图治，也离不开即墨大夫等忠臣廉吏的辅佐支持。即墨大夫以勤政廉洁获封，是齐威王严罚重赏、整顿吏治举措中的典型事件，也成为齐国由衰转盛的标志性事件。

即墨大夫以其廉洁奉公、勤政爱民的美德，在历史上书写了光辉的一页。可惜，这位以行廉政、干实事而名垂青史的即墨大夫究竟姓甚名谁，史已失载，这不得不说是一件憾事。

今即墨古城有一座纪念即墨历代先贤的祠堂，名曰"九贤祠"，即墨大夫位列九贤之首。历史阙载了这位即墨大夫的真实姓名，即墨人民却深深地记住了他，并将其供奉于祠堂。在即墨马山前坡的山脚下，矗立着一座由巨型花岗岩雕琢而成的高约十米的即墨大夫雕像，他按剑而立，目视前方，彰显着他廉洁刚正的气质，观者无不肃然起敬。

◈ **史料来源**

•嘉靖《山东通志》卷二七《名宦下·即墨大夫》，《天一阁藏明代方志选刊续编》影印明嘉靖十二年（1533年）刻本，上海书店出版社1990年版。

•康熙十五年《青州府志》卷一三《事功·即墨大夫》，清康熙十五年（1676年）刻本。

•光绪《平度州乡土志》卷二《政绩录》，清光绪三十四年（1908年）抄本。

•《史记》卷四六《田敬仲完世家》，中华书局1959年点校本。

（撰稿：袁琳、马德青）

两汉

两汉时期，源于鲁地的儒家思想在政治上获得"独尊"地位，儒家经学成为选官的主要标准。今山东地区是当时儒家经学最发达的地区，当时的儒学大师及其弟子多出自齐鲁。

笃行儒家思想的齐鲁士人对自己有极高的道德要求，不少人成为名闻后世的清官廉吏，如公孙弘、兒宽、龚遂、王吉、贡禹、魏相、丙吉、于定国、匡衡、诸葛丰、王章、疏广、郑弘、薛宣、吴良、郑均、王畅、羊陟、张俭、刘宠、羊续、贾琮、孔融等。他们在克己修行的基础上，坚持以德治国，以仁爱和礼义教化民众，对后世影响很大。

外地到齐鲁之地任官者也有不少名闻后世的清官廉吏，如张敞、韩延寿、朱博、蒋诩、董宣、钟离意、秦彭、袁安、李恂、杨震及其子杨秉、李膺、张迁、刘宽等。

这一时期，有些清官廉吏以身率下的事迹，以及因之获得的美名如"四知""悬鱼""钟离委珠""一钱太守""强项令""天下楷模"等，已成为中国廉政文化中被后世反复赞咏的著名典故。历经1800余年，今仍存世之《袁安碑》和《张迁碑》，可视作世人对清官廉吏的至高褒奖。

兒宽：

治绩隆三辅，声名震九州

循吏有兒宽，乃以负租黜。
设吏为茧丝，何以责干没？
念彼魏二臣，属厌风馈毕。
岂不爱吾君，惧以滋遗失。

——清·姚鼐
《惜抱轩诗集》卷一《咏古五首（其四）》

兒宽画像

（采自清代顾沅辑录、孔莲卿绘像《古圣贤像传略》卷二，清道光十年刻本）

兒宽（前169—前103），千乘（今山东省高青县东南）人。西汉武帝时期著名的政治家、经学家，曾任左内史、御史大夫等职，主持修建了关中六辅渠，为当时的农业发展和民生改善做出了重要贡献。从贫寒少年到朝廷重臣，从带经而锄到泽被苍生，兒宽以勤奋好学、博通经史、敬民爱民而著称于世。

一、初蒙拔擢

兒宽幼时家中非常贫寒，父母无力供养他读书，但他有着强烈的求知欲和上进心。他靠在学堂帮忙做饭维持生计，还曾经帮别人做短工。每次下地干活，他总是把经书挂在锄把上，休息时就认真诵读，用心钻研，数年如一日。后人将其事迹编成传颂至今的"带经而锄"的故事，激励贫寒子弟勤奋向学。

兒宽先后拜欧阳生和孔安国为师，向他们请教《尚书》的义理。欧阳生是西汉著名学者、今文《尚书》"欧阳学"的开创者。孔安国是孔子的十一世孙、西汉经学博士。得两位名师亲授，兒宽不仅在经学方面有了很深的造诣，而且还广泛涉猎其他典籍，成为一位博学多才的学者。

后来，兒宽通过了射策考试（射策指应试者随机选取预定的题目作答，考官按答案与所选题目的难易程度排定考生优劣），做了负责典章制度故实的掌故，协助太常处理宗庙祭祀事务。再后来，他又补位廷尉文学卒史，负责文字处理，禄秩百石。

在廷尉府任职期间，兒宽得到了廷尉张汤的赏识和推荐。张汤是汉武帝的心腹大臣，是一位有才干的政治家。当时张汤多用专习法律的吏人，兒宽身为儒生，擅长文史，不肯武断，故稍显懦弱，被认为不适合刑狱之事。兒宽没有具体职务，只是被分派一些临时性事务。后被任命为从史，奉命到北地郡（治今甘肃省庆城县）视察畜牧生产事务。北地郡地广人稀，水草丰美，适宜畜牧业生产。当时军队所需战马和宫廷所需牛羊有很大一部分来自这里。兒宽到任后，勤恳做事，对北地牧苑中的牲畜进行了认真核实、统计，并采取措施调动百姓的积极性。数年间，北地牲畜兴旺，蓄养数量提升了数倍。

几年后，兒宽回廷尉府，交上了详细准确的牲畜簿籍。恰逢有断案文书因叙事不明被汉武帝退回要求重写，张汤的属吏都无所适从，愁眉不展。兒宽详细了解案情后，帮助属吏修改了奏文，报张汤审阅。张汤看到这份文书对案情一语中的，十分惊讶。与兒宽交谈后，张汤对他的学识和才能十分欣赏，立即任命他为专门处理刑狱事务的属吏。奏章进呈后，得到汉武帝的认可。后来汉武帝问张汤："那篇奏章不是出于俗吏之手，究竟是谁写的？"张汤回答是兒宽所作。汉武帝说："我早就听说过这个人了！"经此一事，张汤任命兒宽为奏谳掾，在断案时，往往让兒宽等儒生依据经传古义决断疑难之事。张汤是汉代有名的酷吏，断狱时刑罚较重，而兒宽等的决断相对平和，这使以前因刑罚较重而造成的紧张的社会局势有所缓和。

元狩三年（前120年），升任御史大夫的张汤以儿宽为属官，又推荐他担任纠察、举荐官吏及专治大案要案的侍御史一职。汉武帝召见了儿宽，让他讲论经学。儿宽博古通今，引经据典，把《尚书》中的《尧典》和《舜典》讲得非常精辟透彻。汉武帝对儿宽的儒学水平和理政才能十分满意，提升他为中大夫，专管朝廷议论之事。

二、迁左内史

元鼎四年（前113年），儿宽升为左内史。西汉沿袭秦朝官制，设内史官掌京师，其辖区亦名"内史"。与当时各郡不同，内史人选多由郡守成绩优异者担任，秩禄也高于列郡，而且内史得以参与朝议，与列卿相同，故其往往被看作中央官吏。左内史负责京城长安所在关中部分地区的民政事务。儿宽在任期间，用儒家道德理念教化民众，采取措施奖励农业生产，减省刑罚，清理狱讼案件，选用仁厚之士，体察民生疾苦，做事讲求实效，不务虚名，因此深得关中地区官民的拥戴。

儿宽最为人称道的政绩，是他主持修建了关中六辅渠。左内史境内原有秦时修筑的郑国渠，两岸百姓得其灌溉之利。儿宽到任后了解到，郑国渠上游沿岸的高地无法得到灌溉，农田产量很低。为了扩大关中地区的农田灌溉面积，儿宽向汉武帝提议，在郑国渠上游开凿六道支渠，即六辅渠，以灌溉周围的土地，为百姓解决农田缺水问题，发展农业生产。

儿宽的倡议引起了汉武帝的极大关注。《汉书·沟洫志》记录了汉武帝的一段感叹，从中更能够看出儿宽修建六辅渠的重要意义：

> 农，天下之本也。泉流灌浸，所以育五谷也。左、右内史地，名山川原甚众，细民未知其利，故为通沟渎，畜陂泽，所以备旱也。今内史稻田租挈重，不与郡同，其议减。令吏民勉农，尽地利，平繇行水，勿使失时。

上文大意是说，左、右内史境内，即关中渭河以北的广大地区，有广阔的山川、平原和众多的河流，可以充分利用以兴利。百姓不知其利，故需要朝廷为百姓通沟渎、蓄河水，以抗旱增产。六辅渠正是其中的代表。

在征得朝廷同意后，儿宽于元鼎六年（前111年）组织百姓在郑国渠上游南岸引清、治等几条与郑国渠相交的小河，开挖出了六条辅助水渠。儿宽遵照汉武帝诏令，依照沿渠百姓可得灌溉面积多少来合理摊派开渠与维修的劳役量。他还针对上下游经常因争水而起冲突之事，制定了切合实际的法规，使百姓按照规定用水。六辅渠的修建使沿渠高地得到了灌溉，粮食产量显著增加，也没有给百姓造成过重的负担。

儿宽特别体恤民间疾苦。征收租税时，他对收成不同的地区和农户进行分类，允许贫困户和因故不能及时缴纳租赋的农户缓纳或者免纳租赋，因此他的辖境内赋税征收速度较慢。不久之后，西汉准备发兵平息边乱，紧急筹集军粮。朝廷考核左内史租赋缴纳情况时，认定儿宽治下田租缴纳太少，将儿宽政绩考核评为下等，要将其免官。左内史境内的百姓听说后，害怕失去儿宽这样的好官，于是，大户人家赶牛套车，小户人家肩挑背负，争相主动缴纳粮食，路上交粮的人与车马络绎不绝。最终，当年左内史完成征收赋税的任务不但没有落后，反而比其他郡国完成得更快更好。汉武帝由此更加赞叹儿宽卓越的才能。这正是因为儿宽为官务求为百姓做实事、做好事，所以赢得了当地百姓的爱戴和拥护。

三、任御史大夫

元封元年（前110年），儿宽升任御史大夫。西汉御史大夫的地位仅次于丞相，是三公之一，单独开府办事，主要职责是对朝内外的高级官员进行考课、监察和弹劾，同时主管图籍秘书和四方文书，奉皇帝之命出使，并承担监郡、督运和监军之类的差事。儿宽在此任上，依旧努力践行儒家的政治主张，尽心竭力处理政务。

当时，太史公司马迁等鉴于沿用的《颛顼历》已不够准确，提出了修订历法的建议。汉武帝下诏令儿宽与司马迁、邓平、落下闳等一大批学者共同编制了新的历法《太初历》。《太初历》以正月为岁首，插入闰月，采用有利于掌握农时的二十四节气，使之更准确，更有实用价值，有利于农业生产，是我国历法史上的一大进步。

兒宽虽身居高位，但始终保持着谦逊俭朴的本色，衣着饮食极其简单，和年轻求学时没什么两样，路遇他人习惯侧身礼让，从不趾高气扬。太初二年（前103年），兒宽积劳成疾，在御史大夫任上去世，归葬原籍。

山东省广饶县乐安街道田王村兒宽墓

兒宽墓在今山东省广饶县故城西1.5公里处，封土高5米，直径约50米，与欧阳生墓两两相望。兒宽墓侧有一座建于明朝成化年间的祠堂，当地人称之为"兒内史祠"。祠堂中有兒宽像，当地官民每年都去祭拜。广饶人对兒宽这位先贤赞誉有加，明清之际的乐安文人李焕章作有组诗《五君咏》（李若克编《李诗集遗》卷四），其中第一首即吟咏兒宽的功绩。该诗称：

> 我爱倪内史，带经锄平畴。
> 治绩隆三辅，声名震九州。
> 受知茂陵帝，全身案道侯。
> 改朔偕司马，千载讵能侔？

广饶人还将兒宽墓列为当地八景之一，即"兒冢秋烟"。1977年，兒宽墓被列为山东省级重点文物保护单位。

◈ 史料来源

- 嘉靖《青州府志》卷一五《儒林·兒宽》，明嘉靖四十四年（1565年）刻本。
- 雍正《乐安县志》卷一二《人物志·兒宽》，清雍正十一年（1733年）刻本。
- 咸丰《武定府志》卷二五《人物志三·儒林·兒宽》，清咸丰九年（1859年）刻本。
- 《汉书》卷五八《兒宽传》，中华书局1962年点校本。

（撰稿：邢娜娜、马德青、高智国）

龚遂：

躬率俭约，刚毅有节

二彘五鸡牛犊买，一榆百薤韭葱栽。

农桑以外民皆劝，兵弩之间贼不猜。

太守官真安盗去，郎中令早愧人来。

谏臣七十终循吏，城旦当年亦可哀。

——清·罗惇衍

《集义轩咏史诗钞》卷九《龚遂》

龚遂画像

（采自清代顾沅辑录、孔莲卿绘像《古圣贤像传略》卷二，清道光十年刻本）

清代官员罗惇衍为人刚毅正直，清廉无私。他一直以前代的清官廉吏为榜样，严格要求自己。在他的咏史诗中，对清官廉吏的歌颂占了主要部分，龚遂就是他歌颂的对象之一。

龚遂，字少卿，西汉山阳郡南平阳县（治今山东省邹城市）人。史学家班固评价龚遂、黄霸等"所居民富，所去见思，生有荣号，死见奉祀，此廪廪庶几德让君子之遗风矣"（《汉书》卷八九《循吏传序》）。

一、劝谏昌邑王，绝境逢生

史称龚遂"为人忠厚，刚毅有大节"（《汉书》卷八九《循吏传·龚遂》），这一品质在他作为刘贺的郎中令而卷入政治斗争时，就体现得十分明显。

武帝末年，汉武帝与太子刘据矛盾加深，后刘据被冠以用巫蛊之术加害汉武帝的罪名。刘据为求自保，起兵造反，兵败后自杀，太子之位虚悬。在核查丞相刘屈氂夫人涉巫蛊之事时，汉武帝意外发现刘屈氂与贰师将军李广利谋求推动昌邑（治今山东省巨野县东南）王刘髆成为太子。汉武帝杀了刘屈氂夫妇，正远征匈奴的李广利听闻消息后，投降了匈奴，刘髆也永远失去了成为太子的机会。后元二年（前87年）二月初七，汉武帝立年仅8岁的刘弗陵为太子，以霍光、车千秋、金日磾、上官桀、桑弘羊五人为辅政大臣。两天后，汉武帝去世，刘弗陵继位，也就是汉昭帝。汉昭帝始元元年（前86年）正月，20余岁的刘髆去世，刘贺继承了昌邑王位。总之，昌邑国已经在政治斗争中失势。

受汉武帝大幅削减各诸侯国权力的影响，诸侯王属官的地位并不高。龚遂担任昌邑郎中令，实际上只是一名政治前途黯淡的低级官员，但他始终竭尽心力辅佐并规谏刘贺。龚遂每次都苦口婆心地引经据典，向刘贺谏言。他时常当面指责刘贺的过失，有时使得刘贺捂着耳朵跑走，边跑边喊："郎中令最善于羞愧人，我不听了。"昌邑国的官员因此对龚遂又敬又怕。

刘贺经常和身边的仆人玩乐无度，对他们的赏赐也缺乏节制。龚遂听说后哭着去见刘贺。刘贺很奇怪，问道："郎中令为什么哭？"龚遂答道："我痛惜的是我们的社稷正处于危难啊。请您将我调任闲散官职吧。"刘贺听后，忙屏退左右，向龚遂请教。龚遂说："您知道我朝胶西王是因何事遭到灭顶之灾的吗？胶西王喜欢谄媚之臣侯得的阿谀奉承，听信他的谗言，导致灭国。您现在亲近小人，沾染恶习，一定要当心啊！"龚遂把精通经义、品行端正的张安等十人安排在刘贺身边，教刘贺学习《诗经》《尚书》等经典，规范刘贺的仪容举止，但刘贺几天后就把张安等人赶走了。

朝局变动极大地影响了刘贺与龚遂等人的命运。金日磾和车千秋相继病逝，上官桀和桑弘羊被霍光诛杀，霍光得以大权独揽。元平元年（前74年）四月，年仅22岁的汉昭帝崩逝。汉昭帝无子嗣，继位人选成了问题。或许是霍光认为刘贺资历较浅，易于控制，便通过外孙女、昭帝皇后上官氏，立刘贺为新帝。朝廷的使者引刘贺及昌邑属官迅速赶赴都城。大约两个时辰后，一行人已经走了135里，赶至定陶（今山东省菏泽市定陶区）境内，随行马匹累死无数。在龚遂的劝谏下，刘贺同意遣还50余名随行官员。

刘贺一路上索买长鸣鸡、积竹杖等物品，还命一名叫善的仆人专门准备车辆以搭载收买的女子。朝廷的使者为此责备昌邑国相安乐。安乐不敢得罪刘贺，来找龚遂商议。龚遂听罢，急忙去见刘贺，刘贺否认仆人善的事。龚遂说："这件事虽然不属实，却也没必要因为一名仆人而有损您的名誉，请驱逐善。"刘贺只得将善交由卫士依法处置。

六月初一，刘贺登基。与霍光的预期不同，刘贺不甘心听从霍光的安排，而是频发诏令，试图剥夺霍光的权力。刘贺初入都城时，昌邑中尉王吉曾劝谏刘贺将政事完全委托给霍光，自己少去过问。登基后，龚遂也向刘贺进言，请他向朝廷的那些元老大臣表示亲近之意，不能只任用昌邑国的属官。刘贺没有听从他们的谏言。相反，他命安乐为长乐宫卫尉，掌管上官太后寝宫长乐宫的卫戍事务。该任命已经威胁到霍光的权力之基。龚遂在安乐接受该任命后见到了他，哭着说："王登基后日益骄溢，经常与近臣饮酒作乐，不再听劝谏。我们今天无法辞官归隐，怕是性命不保。您是大王故相，一定要极力劝阻！"

霍光这时已开始和故吏、大司农田延年及车骑将军张安世谋划废刘贺帝位。六月二十八日，霍光召集了朝廷主要官员，告知他们废帝的计划。田延年离席按剑，迫使群臣认可了这件事。他们随即面见上官太后，呈上一份共同署名的刘贺罪状。刘贺仅仅做了27天皇帝就被废掉了。刘贺的昌邑属官大部分因不能劝谏刘贺而被杀，只有龚遂、王吉和另一位教授刘贺《诗经》的王式，因曾劝谏过刘贺而逃过一劫，但仍被处以城旦（秦汉时的徒刑，从事筑城、守城、打制兵器等工作）等惩罚。

二、单车至渤海，刀剑换耕犁

汉宣帝中期，渤海郡（治今河北省沧县东南）一带发生了严重的饥荒，饥民无以为生，地方官不但不赈灾恤民，反而还乘机敲诈勒索，中饱私囊。有的灾民忍无可忍，被迫铤而走险，揭竿而起，整个渤海地区陷入一片混乱失序状态。朝廷先后派去几任太守，但他们都没能稳定住渤海的混乱局势。汉宣帝深感困扰，不知道再派哪位官员去才好。丞相和御史认为龚遂可当此重任，向汉宣帝郑重推荐了年迈的龚遂。汉宣帝早就听说过龚遂，遂任命龚遂为渤海郡太守。

龚遂上任前，汉宣帝召见了他，结果心里大失所望。原来，此时的龚遂已经70多岁，满头银发，五短身材，貌不惊人。汉宣帝见大臣口中能堪重任的龚遂，竟然是这样一副形象，心里不免有点轻视他，于是想考察一下他，问道："你打算如何治理渤海郡？"龚遂直言不讳地说："渤海郡混乱的根源在于官，而不在于民。那里的百姓远离京师，不沾圣化，而当遭遇灾害、民不聊生之时，官吏又毫不体恤民艰，为了生计，百姓就难免逞兵作乱了。"

听龚遂这么一说，汉宣帝顿感龚遂与众不同，看问题很有见地。龚遂问汉宣帝："陛下让臣去渤海，是要以武力弹压百姓呢，还是以仁德来感化、抚慰百姓？"宣帝说："朕选用贤良之才去渤海，当然要求那里恢复稳定秩序。"龚遂喜上心头，欣然说："臣听说治乱民好比理乱麻，不能下猛药，而是要徐徐图之。希望朝廷不要以陈规旧法来约束臣，让臣能够便宜从事。"宣帝点头应允，当即赐给他黄金，并派遣随员车马供他使用。

龚遂走马上任。他刚进入渤海界，就见郡内大官小吏们前呼后拥，带着一批士兵前来迎接。官兵们戒备森严，气氛十分紧张。龚遂命令官吏把士兵带回去，并连发两条布告至各属县。第一条布告："敕属县悉罢逐捕盗贼吏。"第二条布告："诸持锄钩田器者皆为良民，吏无得问，持兵者乃为盗贼。"（《汉书》卷八九《循吏传·龚遂》）大意是说，把各县派出的军队立即撤回，停止追捕盗贼的行动。从即日起，凡是手握锄头镰刀在田间劳动的人，都视为老百姓，不论以前他们干过什么，官府一律不予追究；手持武器，经过劝导仍不肯拿起农具归田务农的，立即拘捕，以盗贼论处。

龚遂单车独行至府，郡中一片安宁，盗贼也消失了。龚遂随后办了三件事：一是开仓放粮赈济百姓，二是惩处贪官污吏，三是任用贤良之士为官。这一番雷霆手段，在渤海产生了良好的效果，渤海郡紧张混乱的形势得以扭转。过去那些饥不得食又受到官府压迫而不得不以抢掠为生的人，纷纷放下兵械，拿起农具，走向田间耕作。人民生活日渐进入正轨，社会秩序也日趋安定下来，渤海郡出现了"民安土乐业"（《汉书》卷八九《循吏传·龚遂》）的新气象。

龚遂发现，渤海郡的人们大多崇尚奢侈，不喜从事农业生产。他决定先从自己做起，明令规定，自即日起郡衙裁减用度，减车马，放仆从，以提倡节俭之风。他要求官员推广农桑种植，规定全郡百姓每人至少要种一棵榆树、一百棵薤、五十株大葱、一畦韭菜，每家至少要养两头母猪、五只鸡。对那些好持刀剑又游手好闲的人，龚遂要求他们将刀剑换作牛与耕具，这些人只得投入农业生产。到了秋天，渤海郡迎来了丰收，百姓生活更加富足。在龚遂的治理下，当地少有纷争，一片祥和。

地节四年（前66年）十二月，龚遂回到朝廷，汉宣帝嘉奖了他。因龚遂年老，汉宣帝特任命他为水衡都尉，主管皇家上林苑的一些事情，汉宣帝可以时常召见、垂询。后来，龚遂病逝于水衡都尉任上。

龚遂的事迹受到了后世人广泛的赞扬与传播。东汉、魏晋时，官员们就经常按照龚遂治理渤海郡的经验治理地方。东汉官员延笃在龚遂的家乡任职，修缮了龚遂墓，又修建了祠堂。东晋葛洪在《抱朴子》一书中赞叹龚遂"强直"。唐代以降，龚遂的事迹更是被编入良吏、善政类故事，官员们以"治郡如龚遂""单车就府"互相勉励，士人和百姓到龚遂祠中祭拜，希望本地的官员能像龚遂一样正直爱民。

◈ **史料来源**

• 嘉靖《山东通志》卷二五《名宦上·龚遂》、卷三〇《人物三·龚遂》，《天一阁藏明代方志选刊续编》影印明嘉靖十二年（1533年）刻本，上海书店出版社1990年版。

• 万历二十四年《兖州府志》卷三一《人物志二·龚遂》，齐鲁书社1985年影印本。

• 《汉书》卷八九《循吏传·龚遂》，中华书局1962年点校本。

（撰稿：袁琳、马德青、王逸临）

魏相：股肱孝宣朝

丙吉持大体，魏相实同心。

股肱孝宣朝，器宇良沈深。

三公不案吏，百职孰容侵。

包荒大人度，朝野涵冲襟。

萧曹佐开基，画一兴讴吟。

自非两公贤，畴为嗣德音。

——清·王鼎
《兰绮堂诗钞》卷一《读史》

魏相画像

（采自清代顾沅辑录、孔莲卿绘像《古圣贤像传略》卷二，清道光十年刻本）

西汉昭帝、宣帝时期，政治清明，百姓安居乐业，社会经济发展，史称"昭宣中兴"。有人认为，这一治世局面的形成，与丙吉和魏相两位宣帝朝的肱股之臣密不可分。

魏相是西汉济阴定陶（今山东省菏泽市定陶区）人。他少年时学《易》，后成为西汉易学的代表人物之一。他更为出名的身份是西汉名宦，曾任河南郡太守、御史大夫、丞相等职。魏相为人平和谦虚，为官清廉，执法公正，赢得了世人的敬重。

一、严明执法

魏相早年曾任郡卒史，是济阴郡府属吏，负责监察及文书流转之类的事务。汉昭帝时，他被举荐至朝廷参与贤良文学对策。对策是汉代取士考试的一种形式，主持者就政事经义等设问，由应试考生对答。魏相对负责考察的大将军霍光提出了自己的主张："用赏罚来劝善禁恶，才是为政之本。"霍光很满意魏相的表现，将其成绩排在前列，提拔他为茂陵（治今陕西省兴平市茂陵村）县令。

茂陵县距离西汉都城很近，专门为守护汉武帝的茂陵而设。县中的居民都是从全国各地迁来的豪强大族，大多横行不法；高官显贵往来频繁，也多仗势纵恣。昭帝时的一天，御史大夫桑弘羊的一个门客带着几名随从来到茂陵，仗着桑弘羊的名声，假称自己为当朝御史，大摇大摆地进入了茂陵县官府所设的驿馆。因驿馆负责人没有立刻前来拜见，该门客大发雷霆，竟然命人将驿馆负责人绑了起来。魏相听闻该门客作威作福的事情后，感觉有些蹊跷：自己没有接到御史前来巡察的消息，这人自称御史，却不按规定处理事务，很可能是冒牌货。于是，他派人将该门客抓起来。属下纷纷劝他："您一定要三思啊！这个人就算不是真御史，但也是御史大夫桑弘羊的门客，我们抓他，很可能会引火烧身啊！"魏相说："国家纲纪，怎么能因权贵而改变呢？"该门客被抓后，开始时还十分嚣张，但看到魏相并没有因顾忌桑弘羊而释放自己的打算后，便坦白了假冒御史的罪行，请求宽大处理。魏相按照律条，杀了该门客。这件事传开后，茂陵当地的豪族再不敢为非作歹，茂陵因而大治。

不几年，魏相升任河南郡（治今河南省洛阳市东北）太守。他继续打击豪强的不法勾当，为百姓伸张正义。

河南郡境内的函谷关（位于今河南省新安县）是通往都城路上的重要关隘之一，朝廷在该处屯有重兵，并在洛阳设有武器库。丞相车千秋之子当时担任武库令，掌管兵器储藏和调动。因为魏相执法公正，车千秋之子也不敢造次。元凤四年（前77年）春，车千秋去世，其子觉得魏相治下十分严格，将来自己如果犯错，朝中已无人撑腰，于是主动请辞，且不等魏相批准，便径自赶赴都城。魏相听说后，忙派手下前去挽留，但没有成功。魏相感叹说："大将军一旦获悉车公子辞官，定会认为丞相刚刚去世，我便容不下他的儿子。朝中权贵如果这样看我，我就难逃灾祸了！"

这件事后来果然传到了大将军霍光耳中。汉武帝临终前，以霍光为大司马大将军，与丞相车千秋、车骑将军金日磾、左将军上官桀、御史大夫桑弘羊四人为辅政大臣，辅佐年仅八岁的刘弗陵，即后来的汉昭帝。汉武帝去世后，五位辅政大臣间的权力斗争愈演愈烈。金日磾早逝，上官桀和桑弘羊被霍光诛杀。车千秋病逝后，霍光得以大权独揽。车千秋之子辞官，霍光害怕旁人说他进行政治清算，于是批评魏相道："幼帝登基，以函谷关为京师重要屏障，特意派丞相之子任武库令。丞相一过世，你就逼迫其子辞官，为人太浅薄了！"魏相有口难言。

不久，霍光借着有人诬告魏相执法严苛，杀害无辜之人，罢免了魏相的官职，并将其交付廷尉治罪。河南郡百姓知道魏相被冤枉的事后，纷纷请愿，要求释放魏相。汉朝规定百姓每年都要服徭役，包括戍守京师和边境等地，是一项十分沉重的负担。两三千名戍守都城的河南戍卒聚在一起，拦住霍光的车队，表示愿意多服一年徭役，以赎魏相犯下的过错。在河南，当地百姓扶老携幼，聚集在函谷关下，达万人之众。他们向守关将领上书，请求将为魏相求情的请愿书转交皇帝和霍光。这都表明魏相确系贤吏，深得民心。元凤六年（前75年）夏，汉昭帝大赦天下，魏相才被放出。

出狱后的魏相没有改变正直认真的工作作风。他先被派至茂陵代理县令，不久升任扬州（辖境包括今天浙江、福建、江西三省以及安徽、江苏、湖北、河南部分）刺史。

刺史是监察官，负责考察辖区内官员政绩。扬州监察区辖五郡一国。魏相在刺史任上，尽心尽力考察各郡官员的能力与当地民生，不因官员有权贵背景而予以偏袒，果断拒绝拉拢腐蚀，弹劾了众多不守法纪和不称职的官吏。魏相的好友丙吉在朝中担任光禄大夫、给事中，负责谏议和顾问，与汉昭帝和霍光多有来往。他在朝中听闻魏相弹劾了多名官吏，对魏相十分敬佩，但也了解到那些被弹劾的官员试图联络权贵，扳倒魏相。丙吉写信给魏相，告诉他朝廷已深知其政绩品行，希望他能稍稍收敛起威严的一面。两年后，魏相升任谏大夫，负责评议朝政。不久，又升任河南郡太守。

二、不惧危险，铲除霍氏

元平元年（前74年）四月，汉昭帝驾崩。因无嗣子，霍光以皇太后诏迎立武帝孙昌邑王刘贺为帝。不到一月，又以荒淫无道之名将其废掉。七月，霍光迎立汉武帝的曾孙刘询为帝，即汉宣帝。本始二年（前72年），征魏相入朝担任大司农，负责全国的租税钱谷盐铁事务，位列九卿。次年六月，魏相改任御史大夫，成为三公之一。他从地方上起用了正直而又有学识的萧望之等人为僚属，协助自己维护朝廷纲纪。

宣帝即位之初，霍光表示要归政皇帝，但宣帝依然委政于霍光。朝堂之上，大事小情均先请示霍光后，才向皇帝报告。霍光每次朝见，汉宣帝都会恭恭敬敬地迎接，对他十分恭敬礼让。宣帝之所以如此谨慎小心，除顾虑自己刚入宫势单力薄、昌邑王殷鉴不远外，主要是深知霍光权倾朝野，霍氏家族势力在朝廷中已盘根错节，难以撼动。太后上官氏是霍光的外孙女，霍光因此拥有外戚和权臣的双重身份。昭帝即位以来，霍光一直以大司马大将军领尚书事决断朝政。霍氏还有多名族人和亲戚在朝中担任要职，在朝廷举足轻重。霍光的儿子霍禹及其侄孙霍云皆为中郎将，霍云之弟霍山为奉车都尉侍中，两个女婿范明友、邓广汉分别任未央宫卫尉和长乐宫卫尉，均握有兵权，且侍卫宫廷。霍光兄弟的女婿及外孙分别担任诸曹大夫、骑都尉、给事中等官职，都有资格参加朝会。本始三年（前71年），宣帝皇后许氏临盆。霍光妻子一直想让自己的小女儿被立为皇后，便贿赂了医生淳于衍。淳于衍在药中加入了带有毒性的附子，导致许皇后毙命。为许皇后侍诊的医生全部下狱，淳于衍在霍光的帮助下逃过一劫。霍氏后来果被立为皇后，许皇后身死的真相再没有人敢提及。

地节二年（前68年），霍光去世，汉宣帝方才亲政。为安抚霍氏一族，汉宣帝以霍禹为右将军，霍山领尚书事，让霍氏一族仍掌管军政大事。霍家之人仍然过着骄奢淫逸的生活。他们广置宅院，夜夜笙歌，擅自出入宫廷。他们的奴仆也狐假虎威，横行霸道。一次，霍氏奴仆在路上与魏相家奴仆发生了冲突，便领人冲入魏相家，逼得魏相属下的御史叩头致歉，方才离去，由此可见霍家奴仆的嚣张。

为了削减霍氏权力，魏相不顾个人危险，通过许皇后之父平恩侯许广汉向汉宣帝进言，首先用《春秋》记载之事，说明了"禄去王室，政繇家宰"(《汉书》卷七四《魏相传》)的危害，然后明确建议说："昭帝以来，政务总揽于大将军霍光。他去世后，霍氏一族仍占据军政高位，又时常出入宫禁，恐有不测。陛下应该削减他们的权力，这样既能巩固国家基业，又能保全霍家功臣之名。"汉宣帝早就听说过魏相刚正的名声，听到他的建议后立即给魏相加给事中之名，便于魏相往来进谏。不久，魏相又一次通过许广汉进言，试图从制度上限制霍氏的权力。霍光领尚书事时，总领政务。凡是臣僚上书，都应另准备一份副本。霍光预先审查副本，根据其内容来决定是否上报给皇帝。如果认为没有必要，可直接予以摒弃。在魏相的建议下，汉宣帝废除了领尚书事者审查副本的规定，转而允许官吏和民众直接用密封的方式上书言事。这实际上削弱了霍氏的权力。

魏相的建议深得汉宣帝之心，但招致了霍氏一家的忌恨。霍光妻显问霍山和霍禹："魏相屡次在皇帝面前对我家说三道四，他自己就没有过错吗？"霍山无可奈何地说道："魏相为官清廉正直，哪里有什么罪过。反倒是我们霍氏族人多轻浮放纵，常常落人以口实！"霍家毒杀许皇后之事慢慢传入汉宣帝耳中。汉宣帝开始将霍氏权贵调出禁中，又收夺了霍氏兵权。霍山和霍禹从霍光妻显处得知毒害许皇后之事为真，只好铤而走险，准备通过政变矫诏杀掉魏相和许广汉，进而废掉宣帝，不料被人告发，霍山等自杀，霍禹被腰斩，霍光妻显及其兄弟等被弃市，霍皇后被废。

霍氏被灭族后，汉宣帝将权力集中于自己手中，免掉了年老多病的丞相韦贤，以魏相代之。出任丞相后，魏相兢兢业业地辅佐宣帝，使西汉王朝在武帝盛世以后又进入了一个比较兴盛的时期。

三、持重守正，致君行道

魏相任相后，曾因执法严明受到同僚的诬陷。

当时，京兆尹赵广汉的一名门客因为在长安的市集中贩卖私酒被罚。门客怀疑是一个叫苏贤的人举报了自己，就告诉了赵广汉。赵广汉派属下诬陷苏贤，又假借别的罪名杀害了帮助苏贤申冤的荣畜。事情曝光后，朝廷派魏相和御史审查该案件。魏相铁面无私，不留情面。赵广汉心生一计，派了一名亲信到丞相府邸当守门人，借机搜集魏相私事，以为要挟。

地节三年（前67年）七月，丞相府中一名奴婢因过错自杀。赵广汉听说后，编造谎言，说魏相贪图该奴婢容貌，其妻子因妒生恨，趁魏相外出时杀了该奴婢。赵广汉派人将事情告诉了尚不知情的魏相，企图胁迫他中止对自己的调查。魏相不为所动，顶住压力，继续调查赵广汉的事。赵广汉见此计不成，便准备直接上书污蔑魏相。上书前，他特意找到能观星象之人，算知当年将有大臣被杀。赵广汉认为应此劫者就是魏相，于是立刻上书，企图置魏相于死地。皇帝传下旨意，命京兆府调查魏相家奴婢死亡之事。担任府尹的赵广汉喜出望外，他知道事情紧急，一定要在魏相查清自己的罪行前定案，于是亲自带人冲入魏相府邸，迫令魏相妻子跪在庭院中听候审讯，又逮捕了十多名奴婢，迫使她们招供是魏相之妻杀害了奴婢。魏相上书辩解，指出赵广汉想逼迫自己同流合污，请汉宣帝另责他人审查。后来真相大白，赵广汉阴谋败露。丞相属官萧望之劾奏赵广汉"摧辱大臣，欲以劫持奉公，逆节伤化，不道"（《汉书》卷七六《赵广汉传》），赵广汉被诛杀。

魏相作为丞相总领政务，多次总结西汉建国以来的治国良策及贤臣贾谊、晁错、董仲舒等人的言论，奏请皇帝予以施行。他说："先皇帝关心百姓，为各地的水旱灾害而日夜忧心忧虑，对贫穷饥饿的百姓开仓放赈；派遣任谏职的大夫、博士巡行天下，观察风俗的好坏，选择举荐贤良人士，平反冤案；节省诸项用度，减轻租赋，开放山林湖泽让百姓渔猎，禁止用粮食喂马酿酒和私人囤积居奇。所有这些都是为了周济困乏，安抚百姓。臣冒死把先帝处理二十三件旧事的诏书上奏给您，希望陛下效法先帝仁德的故事，安抚百姓，以求大治。"

魏相积极推荐贤才，宣帝也有意识地推行"循吏"政治，特别重视太守的选任，强调地方官一定要任用贤良之人。宣帝在位的二十多年间出现的循吏居西汉之首，"汉世良吏，于是为盛，称中兴焉"（《汉书》卷八九《循吏传序》），与武帝时"酷吏"横行形成了鲜明对比。在韩延寿、张敞、黄霸、尹翁归、龚遂、召信臣等循吏的治理下，各地出现了经济发展、社会稳定的政通人和局面。元康年间，谷价降至每石五钱，边远的金城、湟中地区每石也不过八钱，成为西汉历史上的最低纪录。

魏相从善如流，丝毫不忌妒他人提出好的建议。后将军赵充国领兵在外，经常上书提出军事建议。公卿讨论时，魏相从不掣肘。他说："微臣不习兵法，对战场之事知之甚少，后将军赵充国数次参与军机大事，屡献奇计，成绩斐然，因此我认为他的建议值得采纳。"赵充国的建议对解决长期影响西汉边疆安宁的匈奴问题发挥了重要作用。太傅疏广建言献策，魏相也谦虚地说："此非臣等所能及。"

神爵三年（前59年）三月，魏相于丞相任上病逝，其好友、御史大夫丙吉接任丞相，继续辅佐汉宣帝。魏相在丞相任上政绩突出，令汉宣帝十分满意。甘露三年（前51年），呼韩邪单于入朝，汉朝威名更盛，尊奉匈奴的西域诸国纷纷转尊汉朝。汉宣帝很是高兴，认为这是汉朝中兴的象征之一，大赏群臣。他思念即位以来的股肱之臣，遂命人绘制了霍光、魏相、丙吉、苏武等当世名臣的图像，悬挂于未央宫内收藏珍本书籍的麒麟阁中。这次绘像首开帝王以图像表彰功臣之举，评选标准很严，彰显了汉宣帝的中兴之志，魏相入选正反映了汉宣帝对他的肯定。

魏相执法公正严明、为人贤明清正的品行受到后世高度评价。班固说："近观汉相，高祖开基，萧、曹为冠，孝宣中兴，丙、魏有声。是时，黜陟有序，众职修理，公卿多称其位，海内兴于礼让。"（《汉书》卷七四《魏相丙吉传赞》）唐代李德裕在《近世良相论》中论及："魏相、薛广德持重守正，弼谐尽忠，可谓得宰相体矣。"

◈ 史料来源

• 万历二十四年《兖州府志》卷三一《人物志二·魏相》，齐鲁书社 1985 年影印本。

• 康熙《曹州志》卷一五《人物志一·乡贤·魏相》，清康熙十三年（1674 年）刻本。

• 《汉书》卷七四《魏相传》，中华书局 1962 年点校本。

（撰稿：张富华、王逸临）

王章：

轩昂非自谋

衣冠八座文昌府，濮被三年同舍郎。

荡荡青天非向日，萧萧春色是他乡。

伤时贾谊频流涕，卧病王章自激昂。

保社追随有成约，不应关塞永相望。

——金·元好问《遗山先生文集》卷八

《徐威卿相过留二十许日将往高唐同李辅

之赠别二首（其一）》

王章画像

（采自清代顾沅辑录、孔莲卿绘像《古圣贤像传略》卷三，清道光十年刻本）

诗人元好问在送别友人时，写下了篇首这首诗。他在诗中以西汉名臣王章之事激励友人奋发图强。

王章，字仲卿，泰山郡钜平县（治今山东省泰安市岱岳区大汶口镇）人。他年轻时在长安求学，家无余财，贫困度日。一次，王章生了场大病，却无被褥御寒，只能将一件牛衣披在身上。牛衣是一种麻料编织物，在当时是给牛保暖用的。病中，王章哭着与妻子诀别。妻子对他说："仲卿，京师中那些在朝廷里的达官显贵，他们的才学有谁能超过你呢？现在你被重病困住了，不勉励自己，反而流泪哭泣，真是让人看不起啊！"在妻子的鼓励下，病愈后，王章继续潜心学习，最终走上了仕途。

一、不畏权宦，罢职丢官

王章以直言敢谏著称，常常在朝堂之上直接指出重臣的过错。汉元帝初期，王章由谏大夫升任左曹中郎将。

之前，汉宣帝为了打击霍光一族的势力，一面削弱之前总领政务的尚书令的权力，一面削弱外戚的政治势力，而被任命为中书令的宦官可以典领尚书事务，宦官借机扩充了自己的政治势力，弘恭和石显就分别任中书令和中书仆射。汉元帝即位之初，弘恭和石显暗中设计，迫使前将军、领尚书事萧望之自杀。弘恭死后，石显继任中书令，与中书仆射牢梁、少府五鹿充宗结为朋党，依附他们的人皆得高位。百姓以歌谣讽刺他们："牢邪石邪，五鹿客邪！印何累累，绶若若邪！"（《汉书》卷九三《佞幸传·石显》）丞相匡衡和御史大夫张谭对石显也只能唯唯诺诺。

王章不畏石显一党权势，与好友御史中丞陈咸共同向汉元帝上奏批评石显。为了防止汉元帝听信臣僚奏章所言，石显往往利用接近皇帝的便利条件，抢先在皇帝面前痛哭流涕地狡辩，以博取汉元帝的信任。因此，这次陈咸与王章的上奏也没有得到批准。石显随后利用爪牙，诬陷二人，致使陈咸被发配，王章被罢官。

竟宁元年（前33年）六月，汉成帝继位，尊元帝皇后王氏为皇太后，以舅舅王凤为大司马大将军、领尚书事，王氏其他族人也相继封侯，史称"王氏子弟皆卿、大夫、侍中、诸曹，分据势官满朝廷"（《汉书》卷九八《元后传》）。外戚王氏兴起的同时，石显等宦官担任的中书令和中书仆射等职的地位随之下降。汉成帝将石显明升暗降，使他无法再典领尚书事。朝中官员趁机上奏指责石显，牢梁和五鹿充宗等人也随即被贬。王凤上书，请汉成帝起用先朝因指责石显而被贬的陈咸、王章等人。

王章先被任命为谏大夫，后出任司隶校尉。都城附近达官显贵云集，但王章毫无畏惧，不改忠正敢言的品行，常常直言进谏，朝中大臣及贵戚对其又敬又怕。时京兆尹王尊被弹劾免官，继任者不称职，王章因在司隶校尉任上表现出色，于河平四年（前25年）被任命为京兆尹。

二、任京兆尹，刚直守节

朝堂之上，王凤与丞相王商斗法。乐昌侯王商也是外戚，其父王武为汉宣帝之舅。王商为人敦厚，"行可以厉群臣，义足以厚风俗"（《汉书》卷八二《王商传》）。王凤常行骄奢僭越之事，故王商屡次在汉成帝面前指责王凤。王凤私下里派耳目打探王商家中之事，伺机扳倒王商。

阳朔元年（前24年）二月，发生了日食。在古代，人们一般认为日食等异象的出现缘于朝中有人行为不端。一名叫张匡的官员借机指责王商作威作福，祸乱朝廷，请求予以惩处。汉成帝一向敬重王商，回绝了张匡的奏陈。但王凤推波助澜，坚持要惩处王商，导致王商被罢官。王商被罢官三日后，吐血身亡，其亲属子弟全被贬官外放。

此后，王凤更加强横。汉成帝想任命刘歆为中常侍，左右叩头力谏，告诉汉成帝要先和王凤商量。王凤知晓后，否决了汉成帝这项任命。汉成帝身体虚弱，没有子嗣。一日，其弟定陶共王来朝，汉成帝希望共王能留在京师，甚至有意将帝位交付共王。王凤察觉此事后，担心共王即位后自己失势，便假借日食之事迫使汉成帝令共王回到藩国。汉成帝只得和共王诀别。

王章十分不认同王凤的所作所为，决定上书弹劾王凤。王章虽是由王凤举荐而重获任命的，但从不依附王凤。妻子知道王章的想法后，觉得十分冒险，对他说："人应该知足，你难道忘了当年在牛衣中哭泣的事了吗？"王章回答道："这不是你能够理解的。大将军虽然权势熏天，又曾举荐我，但我不能容忍他继续做这些败坏朝廷的事情。"

王章上奏说："陛下没有子嗣，想以定陶共王承继宗庙。这是上顺天心、下安百姓的好事，当有祥瑞发生，怎么会引起灾异呢？我听说大将军将日食归过于定陶共王，强遣其回藩国。这是试图孤立您，以利于他专权的行为，不是忠臣应该干的事。如今大小政事全部出自大将军之手，您未尝干预。他不深刻反省自己，反倒污蔑定陶共王。前丞相乐昌侯王商是先帝外戚，品行端正，久历官场，乃国家栋梁之材，只因不肯依附大将军，就被他诬陷罢官，以致身死。这些均是攸关社稷的大事，足以证明大将军不应主管政事，请陛下另择高明！"

定陶共王事后，汉成帝本就对王凤很不满意，看到王章的奏章后，汉成帝立即视王章为心腹，多次召见他。一次，汉成帝说："没有京兆尹直言进谏，我哪能认清这件事呢！所谓唯贤知贤，爱卿为我举荐几个贤人吧！"王章举荐陈咸任御史大夫，推荐汉元帝时以忠信正直闻名后被石显用计外放的冯野王代替王凤，均得到汉成帝的认可。

王章的直言进谏给自己引来了杀身之祸。汉成帝每次召见他，都要屏蔽左右。然而，王章向汉成帝举荐人才时，因王凤的族人王音恰巧担任侍中一职，他在一旁偷听到了汉成帝和王章的对话，随即告诉了王凤。王凤大吃一惊，马上以退为进，称病辞官。王凤递交了言语哀伤的辞呈，太后王氏为之流泪、绝食。汉成帝想起年少时多倚仗王凤，动了恻隐之心，不忍罢免他，王凤得以保住官位。

稳住汉成帝后，王凤随即派人弹劾王章，最终将王章下狱。在王凤的授意下，廷尉判决王章犯了大逆之罪，认为他想断绝成帝的后嗣，私下为定陶共王打算是背叛成帝之举。阳朔元年（前24年）冬，王章死于狱中，妻儿被发配到岭南。被王章举荐的陈咸和冯野王也相继被王凤弹劾免官。听闻王章被杀，朝中大臣无不震恐，对王凤侧目而视，却无人再敢进言。朝政随即败坏，汉哀帝时名臣李寻评价当时"邪伪并兴，外戚颛命，君臣隔塞，至绝继嗣，女宫作乱"（《汉书》卷七五《李寻传》）。王凤死后，王章妻儿才得以返回家乡。

王章忠正的品行一直为后世所敬佩。班固在《汉书》中评价王章"刚直守节"（《汉书》卷七六《王章传赞》）。宋代王安石作《王章》诗，称其"壮士轩昂非自谋，近臣当为国深忧"（王安石《临川先生文集》卷三〇），赞扬其为国献身的行为。王章不畏强权、尽心报国的精神一直激励着后世官员。

◈ **史料来源**

• 嘉靖《山东通志》卷三〇《人物三·王章》，《天一阁藏明代方志选刊续编》影印明嘉靖十二年（1533年）刻本，上海书店出版社1990年版。

• 万历二十四年《兖州府志》卷三一《人物志二·王章》，齐鲁书社1985年影印本。

• 《汉书》卷七六《王章传》，中华书局1962年点校本。

（撰稿：邢娜娜、王逸临）

薛宣：

执法动朝廷

老惜交情别，追随车马勤。

临朝思共理，治郡复斯文。

讼息常休吏，民贫更劝分。

西湖十顷月，自比汉封君。

——宋·黄庭坚《豫章黄先生文集》卷九

《次韵崔伯易席上所赋因以赠行二首（其一）》

北宋著名诗人黄庭坚曾为友人写诗饯行，诗中"讼息常休吏"一句，引用了西汉官员薛宣任职左冯翊（治今陕西省西安市西北）时该地政治清明、官吏清闲的典故，表达对友人的期许。

一、治民有嘉声

薛宣，字赣君，东海郡郯县（治今山东省郯城县）人。他初入官场就因廉洁奉公而得到上级官员的数次肯定，先后在廷尉、中尉及大司农等处担任书佐、都船狱史、斗食等低级官吏，后因办事出色、清廉执法而出任琅邪郡不其县（治今山东省青岛市城阳区）县丞。薛宣协助县令，将不其县治理得井井有条。一天，琅邪郡太守赵贡来到不其县考察民情。赵贡在县衙中翻看卷宗，发现薛宣出力颇多，帮助县令处理了许多棘手的问题。他随即叫薛宣前来答话，又命其同自己一道巡视不其县各地。一路上，薛宣的表现令赵贡十分满意。赵贡请薛宣同自己回到郡衙，在饭桌上，赵贡高兴地对薛宣说："我的两个孩子将来能官至丞相属官。以赣君你的才能，将来肯定能官至丞相！"赵贡随后以廉洁奉公举荐了薛宣，薛宣迁任乐浪（治今朝鲜乐浪）都尉丞。后薛宣被幽州刺史以茂才科再次举荐，迁任宛句（治今山东省曹县西北）县令。

汉成帝即位后，薛宣以出色的才干在朝中声名鹊起。大司马大将军、领尚书事王凤听说薛宣的名声后，举荐他为长安令。薛宣凭借对法律条文的熟悉及刚正不阿的品行，使长安的豪强贵胄纷纷收敛自己的不法行为，朝中不少大臣对他赞叹有加。汉成帝特意降旨命薛宣为御史中丞。

薛宣不仅负责在朝堂之上考察官员言行举止是否符合礼仪规范，而且负责考核各部刺史。他多次向汉成帝进言，申明要尤其重视刺史之事。他说："现在一些地方政教不行，吏治腐败，多是因为刺史不称职。他们不遵守法律规定，随意举荐或弹劾地方官员，还收受贿赂，亲信奸佞。刺史对地方官员过于苛求，导致郡县内部层层盘剥，最后受苦的还是普通百姓。因此在刺史出使前，朝廷应该向其申明敕令，告诫他们何为要务。"汉成帝欣然接受了薛宣的建议。薛宣通过考察，从刺史、郡国中为朝廷选拔出了诸多能官干吏，史称其"所贬退称进，白黑分明，繇是知名"（《汉书》卷八三《薛宣传》）。

朝廷为表彰薛宣，提拔他为地方太守。薛宣首先出任临淮郡（治今江苏省泗洪县南）太守，使临淮政教大行。一天，有两个人扯着一匹绢，争吵着进了公堂，都说这匹绢是自己的。县官不能裁决，找薛宣审理。薛宣命人将这匹绢一分为二，分给了那两个人。薛宣暗中观察，发现一人不断叫屈，一人面有喜色。于是薛宣命人审问后者，果然查明了真相。原来绢的主人去卖绢，适逢大雨，就披绢遮雨。另一人过来请求一起用绢遮雨，绢的主人同意了，不料后来者想把绢据为己有。薛宣机智地裁决了这桩案件。

后因有大伙盗贼在陈留郡（治今河南省开封市祥符区陈留镇）为害地方，薛宣迁任陈留太守。赴陈留道中，薛宣在彭城县（在今江苏省徐州市）暂住。彭城县令是薛宣的儿子薛惠。薛宣发现彭城的桥梁、邮亭等均未得到修缮，知道薛惠为政能力不足。他在彭城的几日内，从不向薛惠问及政务。后来，薛惠派吏掾护送薛宣到了陈留，并让他询问薛宣为什么不对彭城政务有所指教。薛宣答道："吏道以法令为师，可问而知。及能与不能，自有资材，何可学也？"（《汉书》卷八三《薛宣传》）闻者十分赞叹。薛宣很快平息了陈留的盗贼，得到了当地官民的敬重。

二、名动左冯翊

薛宣最为人称道的是其任职左冯翊时的政绩。

左冯翊与京兆尹、右扶风共同管理京畿地区，合称三辅。左冯翊下辖24个县，人口众多，难于管理。阳朔元年（前24年），朝廷让陈留太守薛宣试守左冯翊，一年后政绩出色，命其正式出任。薛宣在左冯翊任上尽心尽力，勤于思考，小到财用、文书，大到官吏具体职务，都予以精心谋划。同时，他赏罚得当，依律办事，"用法平而必行，所居皆有条教可纪"（《汉书》卷八三《薛宣传》）。具体而言，主要有以下几个方面：

第一，足智多谋，处事得体。高陵（治今陕西省西安市高陵区西南）县令杨湛和栎阳（治今陕西省西安市阎良区）县令谢游均是贪婪狡猾、不守法律之人。他们一直暗地搜集左冯翊的把柄，要挟谋利，前几任左冯翊均对其无可奈何。薛宣初任左冯翊，就听闻这两人的劣迹，打算先稳住他们。当杨湛和谢游来府中拜谒自己的时候，薛宣热情款待了两人。两人离开后，薛宣开始派人搜集他们贪赃枉法的证据，很快便有了收获。

宴席上，薛宣察觉到杨湛有洗心革面的意向，便亲自写了一封文书，附录了杨湛的罪行，寄给了杨湛。薛宣在信中说："这封信中记录了官吏百姓陈诉的你的行为，有人指控你贪赃枉法。朝廷法规甚严，而我很敬重你，不忍心将这些事白于天下，所以亲自写了这封密信。希望你好好考虑今后该怎么办。如果信中之事不属实，请原信退回，我来为你申明冤屈。"这封信言辞诚恳温和，让杨湛十分感动。他自知所犯罪行已经被薛宣掌握，便交付印信，辞官还家。临行前，杨湛特意回信薛宣，以示感谢，且毫无怨言。

栎阳县令谢游自恃有些许名声，不把薛宣看在眼里，仍自行其是。薛宣派属官携带公文指责他："本官从官吏百姓处得知你治县过程中厉行苛政，遭贬谪处罚者达千人。你搜敛钱财达数十万之多，骄奢淫逸，挥霍无度；还听任富家大户进行非法买卖，数不胜数。本官已经将你的罪状查验清楚。我本想派人拘你来公堂上候审，姑且念你出身儒士，受审还会使举荐你的人受到牵连，故先派属官通知你，希望你好好反思自己的过错，听候本官调派他人来接替县令之职。"谢游接到这公文，既愧疚又害怕，也辞官还乡了。

第二，知人善任。频阳县（治今陕西省富平县美原镇）位于数个郡县交界处，数伙盗贼聚集于此。频阳县令薛恭是因为孝行而被举荐的，之前并没有治理地方的经验，因此无法应付该县的局面。粟邑县（治今陕西省白水县西北）位于群山之中，县小民寡，百姓淳朴，易于管理。粟邑县令尹赏一直是郡衙中的属官，因工作能力突出而升迁为县令，他在粟邑县反而埋没了才干。薛宣了解了两人的情况后，立即上报朝廷，将薛恭和尹赏职位对调。两人职位互换后，不到两个月就将两县治理得井井有条。薛宣特意写信勉励两人："君子各不相同，如今你们或以德行而显名，或以功绩而获嘉奖，两县百姓也都得到了贤明的县令，本官也借此少些操劳。希望你们认真工作，早日取得更大的功业。"后来尹赏官至负责京畿地区治安的执金吾。

第三，在申严法规的同时，为政平和，"多仁恕爱利"（《汉书》卷八三《薛宣传》）。薛宣接到辖区内官吏百姓犯罪的消息后，一般会将案件交由当地县官审理，并不过多干涉。他后来和县官们说："我之所以将案件交由你们处理，并不是因为我无力管理，而是不欲过多干预县政的正常运转，也无意和各位争夺贤良的名声。"各县官听后，无不对薛宣畏威怀德，纷纷表示感谢。

一日，池阳（治今陕西省泾阳县西北）县令按照廉吏的科名向薛宣举荐了本县负责刑狱诉讼的狱吏王立。薛宣尚未召王立前来接受考察，就听到了王立因收受囚徒钱物而被捕的消息。薛宣写信责怪池阳县令，责成他尽快查明真相。原来是王立的妻子私下里接受了贿赂，王立并不知情，但王立在听说后依然惭愧地自杀了。薛宣告诉池阳县令，王立本不知道家人收受贿赂，后又杀身以自明，实乃廉洁之士。薛宣还批准追赠王立为左冯翊的狱讼官，以彰显王立的廉洁。

在薛宣的治理下，左冯翊境内安定祥和。冬至和夏至时，官吏照例休假。但因往年左冯翊官员处事不力，往往这两天盗贼事频发，因此负责捕盗贼的贼曹掾十分紧张，均放弃休假，在衙内继续办公。又到了一年夏至，贼曹掾张扶独自留守衙府，薛宣对他说："官吏冬至、夏至休假的规定由来已久。你虽然有公务在身，但家人也盼望着你回家。你还是应该和其他官吏一样，与家人欢聚一堂。"张扶这才放心回家，而这一天也没有像以前一样发生盗贼之事。官员们对薛宣更加敬佩。

阳朔四年（前21年）十月，薛宣担任负责皇室财用的少府，次年正月升任御史大夫。官员谷永在举荐薛宣出任御史大夫的上疏中，对薛宣的政绩做了公正的评价：

> 窃见少府宣，材茂行洁，达于从政。前为御史中丞，执宪毂下，不吐刚茹柔，举错时当；出守临淮、陈留，二郡称治；为左冯翊，崇教养善，威德并行，众职修理，奸轨绝息，辞讼者历年不至丞相府，赦后余盗贼什分三辅之一。功效卓尔，自左内史初置以来未尝有也……臣闻贤材莫大于治人，宣已有效。其法律任廷尉有余，经术文雅足以谋王体，断国论；身兼数器，有"退食自公"之节。（《汉书》卷八三《薛宣传》）

由上可见薛宣在经术、法律方面的才能以及清廉公正的品行得到了朝廷上下的一致认可。鸿嘉元年（前20年）四月，薛宣被任命为丞相。薛宣延揽名儒翟方进、何武以及赵贡两子为属官，协助自己处理国家大政。薛宣为相卓有成效，其处事方式被后任者尊为"薛侯故事"加以沿用。

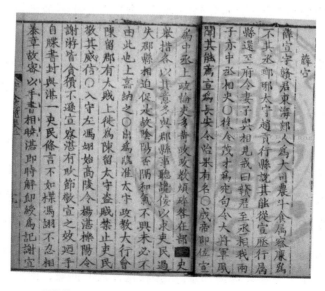

明代蔡国熙《守令懿范·薛宣》书影，明隆庆四年刻本

薛宣才能出众、清廉奉公、执法公正，班固评价其"为世吏师"（《汉书》卷八三《薛宣朱博传赞》）。后世也对薛宣"不夺县治""才宜称职"等事迹多有传颂。宋代杨蟠作《喜闻中丞包公称职有书》诗（吕祖谦《宋文鉴》卷二五），就以薛宣为例鼓励包拯，可见薛宣一直被后世敬仰与缅怀。该诗曰：

> 薛宣执法动朝廷，丙魏如今亦有声。
> 公道未亡犹可立，世人不惯却须惊。
> 幅员润泽嘉谋进，台阁风流故事明。
> 时论已兼言责重，莫教天下笑虚名。

◈ **史料来源**

• 万历《莱州府志》卷五《宦迹·薛宣》，明万历三十二年（1604 年）刻本。

• 乾隆《郯城县志》卷九《人物志上·名贤·薛宣》，民国十七年（1928 年）年铅印本。

• 同治《即墨县志》卷八《名宦志·吏治·薛宣》，清同治十二年（1873 年）刻本。

• 《汉书》卷八三《薛宣传》，中华书局 1962 年点校本。

（撰稿：袁琳、王逸临）

杨震：

『四知』美誉留人世

关西杨伯起，汉日旧称贤。

四代三公族，清风播人天。

夫子华阴居，开门对玉莲。

何事历衡霍，云帆今始还。

君坐稍解颜，为君歌此篇。

我固侯门士，谬登圣主筵。

一辞金华殿，蹭蹬长江边。

二子鲁门东，别来已经年。

因君此中去，不觉泪如泉。

——唐·李白

《李太白全集》卷一七《送杨燕之东鲁》

杨震画像

（采自明代王圻《三才图会·人物》卷五，明万历三十七年刻本）

今陕西省潼关县秦东镇有一个四知村，村中建有纪念东汉名臣杨震的祠堂。杨氏一族清廉传家，李白曾写诗赠予杨氏后人，称赞其家族"清风播人天"。这一赞誉可追溯到"关西杨伯起"杨震的身上。

杨震（？—124），字伯起，汉弘农华阴（今陕西省华阴市）人，历任东莱太守、司徒、太尉等职，后因为官正直，不屈服于权贵，遭陷害而自尽。

一、律己清廉，以廉教子

杨震少时就十分好学，跟随太常桓郁学习欧阳生所传今文《尚书》。其家学渊源也十分深厚，父亲杨宝也常年研读今文《尚书》。在这样的条件下，杨震博览群书，通晓经文，年龄稍长便承袭父业，开始教授学生。他的讲学地点设在华山牛心谷，慕名跟随他学习的人很多，不论贫富贵贱，他都悉心教授。又因为牛心谷中多植槐树，所以被当时人称为"杨震槐市"。槐市最初指西汉末设于太学旁的交易市场。太学生不仅在那里进行书籍等物品的交换，还在槐树下一同探讨学问。将杨震讲学的地方比作"槐市"，可见时人对其教学的认可。

杨震在教书的二十余年间，即使生活清贫也不应召做官，不慕名利，坚持研究学问。为了供养母亲，杨震租种土地，自食其力。有学生想帮助杨震种地，他坚决拒绝，并将学生种下的菜苗拔出来重新种植，用律己之言行教导学生。当时的儒生称杨震为"关西孔子杨伯起"，可见其在当时声望极高。得此美誉不仅因杨震经学修养极高，才德兼备，也是因为他广收弟子，育英培贤。

东汉和帝永元年间，某日杨震讲学时，一只鹳雀嘴里衔着三条鳣鱼飞到讲堂前，协助他讲经的人上前说道："蛇鳣是卿大夫官服的象征，数目是三，可比之三公。先生您就要高升了！"杨震这年已50岁，方才出仕州郡。后来，大将军邓骘听闻他的贤能，举荐他通过茂才科入仕，从此他多次升迁。

杨震最为人乐道的，是其"暮夜却金"的故事。

永初六年（112年），杨震赴任东莱（治今山东省莱州市）太守，途中路过昌邑（治今山东省巨野县）。昌邑县令王密是杨震的故识，曾被杨震推举当了茂才。

为报答杨震，王密特意等到晚上携包袱前来拜见。进屋后，王密打开包袱，里面竟然是十斤黄金。他要将这些黄金赠予杨震。杨震当即推拒，说："我当年了解你的才学为人，所以才推举你做茂才，可如今你竟然不知道我是什么样的人了吗？"王密说："我们深夜暗中做的事是不会有人知道的，您还是收下吧！"杨震道："天知，神知，我知，子知。何谓无人知晓？"此番义正词严的话，说得王密惭愧地离开了。

为纪念杨震"四知拒金"，百姓修建了一座"四知台"，又称"辞金台"。后人也不断赞咏杨震的事迹。唐人周昙《咏史诗》卷下有《杨震》诗曰：

为国推贤匪惠私，十金为报遽相危。

无言暗室何人见，咫尺斯须已四知。

明代山东提学副使薛瑄游经昌邑，作有《题四知台》（薛瑄《文清公薛先生文集》卷五），诗曰：

> 人间无处不天公，笑却黄金暮夜中。
> 千载四知台下路，至今犹自起清风。

以上诗歌均可反映杨震受到的敬仰及其对后世的激励。

除律己清廉外，杨震还以清廉节俭教导儿子。他不仅自己廉洁奉公，不接受私下的拜谒送礼，而且要求子孙平时养成节俭的习惯，吃素食，不乘车。有同他亲近的长辈，劝他为了子孙后代着想，借为官的机会置办一些产业。他说："我清白为官，让后世称赞他们为清廉官吏的后代。我将如此美名与品德作为遗产留给他们，这难道不比单纯的钱财产业更丰厚吗？"杨震可谓遗德不遗财。

杨震的子孙都遵循他清廉节俭的教诲。儿子杨秉坚持按照任职天数接受俸禄，多出的分文不取，而且有"三不惑"的美名，即不被酒、色、财三者所迷惑。后来孔融救杨彪（杨秉之孙）时脱口而出："杨公四世清德，海内所瞻。"可见杨氏在后世的清誉。

二、不畏权贵，为国举贤

元初四年（117年），杨震入朝担任太仆，又升任太常，进入政权中枢。此前朝廷选举出的博士大多名不副实，精通经文的并不多，杨震于是举荐了经学造诣深厚的杨伦等五人，以其作为博士传授学业，得到儒生的一致认可和称赞。

杨震对才学兼备的人积极举荐，而对于想要凭借关系升迁的人，即使是皇亲国戚所托也会严词拒绝。延光二年（123年），杨震担任太尉。汉安帝的舅舅、时任大鸿胪耿宝向他举荐中常侍李闰的哥哥，被他拒绝。耿宝向杨震说明了李闰是安帝亲近的人，让他举荐李闰的哥哥其实是安帝的意见，自己只是传达罢了。杨震仍然拒绝："如果是朝廷想要我举荐这个人，应当先把尚书的敕文拿来。"耿宝怀恨在心，愤愤离去。皇后的哥哥执金吾阎显也曾向杨震推荐自己的亲故，同样被杨震拒绝了。后来同列三公的司空刘授听闻此事，立即举荐了被杨震拒绝的那两个人，耿直的杨震更加被那些攀附关系者所怨恨。

杨震不仅不惮于得罪朝中权贵，而且对皇帝的错误也勇于上疏劝谏。安帝亲政后，非常宠爱他的乳母王圣，甚至到了纵容她和她女儿伯荣干政的地步。她们贪赃枉法，勾结内外大臣，还大肆修建房第。中常侍樊丰及侍中周广、谢恽等宦官近臣争相煽动附和这种奢靡的行为，大兴土木，以致朝野混乱。

杨震接连上疏谏阻。永宁二年（121年），他请求安帝舍弃私情，送王圣出宫，断绝其母女同宫中的往来。他先是劝谏安帝亲贤臣远小人，说王圣虽抚养安帝劳苦功高，但如今她得到的权力已经远远超过了其功劳，且大有扰乱朝政之弊。最后点明，应当将王圣送出宫外，严禁她和她女儿干涉朝政，这样才能把恩义与德行都保全。

安帝看过这封上疏后，直接将它递给王圣等人看，这些亲信都对杨震心怀怨恨。安帝的态度显然丝毫没有改变，伯荣愈发变本加厉。伯荣嫁给了已故朝阳侯刘护的从兄刘瑰。按照正常的袭爵顺序，刘护尚有亲弟刘威在世，理应由关系更亲近的刘威袭爵，但刘瑰凭借同伯荣的婚姻关系直接承袭了刘护的爵位，甚至还升官为侍中。杨震认为这是破坏宗法规矩的行为，对此十分担忧，于是再次犯颜进谏。但安帝依然没有采纳杨震的上疏。

延光二年（123年），安帝下诏派人给王圣修建府第，规模巨大，杨震再次上疏劝谏，说："如今灾害频起，边境战斗尚未平息，百姓生活还没有恢复过来，陛下便给王圣修建规模如此巨大、装饰如此豪华的房第，甚至连绵成街，而且现在正是农忙的时候，此时动用大量劳力，花费巨额钱财，显然不合适。此外，您倚重的一些人并非治国之良才，仅凭与您的亲近关系就握有大权，甚至威胁大臣，干预人才征召。选上来的都是贪污行贿的人，朝野上下讥笑说上流的官位都是用钱买来的。百姓都与朝廷离心了，又怎么去治理他们呢？"之后杨震又借地震一事再次上疏，告诫安帝不要再亲近奸佞。杨震言辞激切的上疏，招致了安帝的不满。樊丰等亲信见安帝不理会杨震的谏言，愈发肆无忌惮地胡作非为。

三、敢为敢言，明辨忠奸

杨震对清廉的追求，不只表现在不收受贿赂和不阿附权贵上，他还努力反抗借权势作威作福的奸臣，维护正直谏言的忠直之士。

安帝延光年间，河间郡（治今河北省献县）有一名叫赵腾的男子直接向皇帝上书指陈朝政弊端。安帝大怒，将他以犯上、大逆不道的罪名收捕入狱。杨震上疏施救。他说："我听闻尧、舜时，在朝廷立谏鼓、谤木，鼓励百姓敢于直谏；殷周时的君主通过听取百姓的不满来改善治国方法，这就可以保证广开言路，下情上达。如今赵腾所犯之罪是用激烈的言论诽谤朝政，和杀人犯法还是有差别的。请求陛下减免赵腾的罪责，保全他的性命，来鼓励百姓敢于进言。"安帝没有听从他的谏言，赵腾最终身死。

延光三年（124年）春，安帝东巡泰山。樊丰等人借着安帝在外巡视的机会，伪造诏书，调拨国库财物，竞相修建私宅。杨震觉察可疑，派属下高舒稽查此事，果然发现了他们伪造的诏书。杨震写好奏疏，准备等安帝回朝后奏报。没想到樊丰等人反借天象异常，诬告杨震怨恨安帝，为他编造了两条罪名：一是怨恨安帝杀害赵腾，二是杨震最初出仕时由邓太后三兄邓骘提拔。邓太后在安帝在位前期一直专权，她死后，安帝才清除邓氏集团，收回权力，所以安帝对邓氏一派极为忌惮，于是当晚便派遣使者收缴杨震的太尉印绶。樊丰等人又请大将军耿宝上奏说杨震不服罪，仍然心怀怨恨，于是安帝下诏将杨震遣回原籍。

杨震走到城西的几阳亭，对他的孩子和门生说："死是不可避免的。我蒙圣恩居此高位，像樊丰这样的奸臣乱政却不能诛灭之，像王圣这样的坏女人作乱也不能禁止，还有什么颜面再见天下人？"于是饮鸩而死。

汉顺帝继位后，杨震的门生虞放、陈翼等人到朝廷申诉冤情，百姓都称赞杨震的忠诚，于是朝廷为杨震平反昭雪，将其改葬在华阴潼亭（今陕西省潼关县高桥乡）。顺帝遣使祭奠。

山东省莱州市莱州南路四知苑

杨震改葬潼亭后，人们就开始了对他的纪念。有传言说杨震葬前有大鸟在其墓前哀鸣，于是人们在他墓前立石鸟来纪念。后来，陕西、山东等杨震曾经生活、为官的地方，乃至于一些杨氏子孙迁徙到的地方，都建有纪念之所，如四知堂、四知苑、四知台、四知村等，以彰显他清廉的品格。他曾讲学的地方，也留下了四知书院、育贤宫、三鳣堂等。历代文人以他为清廉律己的典范，不断吟咏其事迹；历代官员也常常修缮改建杨震墓祠，以彰其德行，教化百姓。

◈ **史料来源**

• 嘉靖《山东通志》卷二七《名宦下·杨震》，《天一阁藏明代方志选刊续编》影印明嘉靖十二年（1533 年）刻本，上海书店出版社 1990 年版。

• 乾隆《莱州府志》卷九《宦迹·杨震》，清乾隆五年（1740 年）刻本。

• 《后汉书》卷五四《杨震传》，中华书局 1965 年点校本。

（撰稿：张富华、何霁欣）

刘宠：

『一钱太守』美名传

淑景初升宿雾收，朝来城郭尽歌讴。

一钱相送追刘宠，五鼓才闻挽邓侯。

凤诏会从天阙下，隼旌肯为野人留。

给扶汉殿前朝事，即见安车觐冕旒。

——宋·晁公溯《嵩山居士集》卷二七

《管领交代范知郡·口号》

宋人晁公溯在写诗送别某位范姓知州时，以"一钱相送追刘宠"赞誉其为政清廉，深得人心。刘宠为官以仁惠爱民、清廉自律著称于世。

刘宠，字祖荣，东汉东莱牟平县（治今山东省烟台市福山区古现街道）人，汉室宗亲，为西汉齐惠王刘肥之孙牟平侯刘渊的后代。他的父亲刘丕是儒学大家，博览群书，精通经史，人称"通儒"。刘宠少年时就跟随父亲学习，家学渊源深厚，博学多才。后因通晓经学而被举为孝廉，出任东平陵（治今山东省济南市章丘区西）县令。

刘宠初任县令，就因施政仁爱惠民而颇受百姓爱戴，后因母亲患病而弃官回家。临行时，全县的百姓都来为他送行，将县衙围得水泄不通，车辆无法前进，刘宠只好穿着便服悄悄地离开了。后来刘宠几经升迁，出任会稽（治今浙江省绍兴市）太守。在会稽太守任上，刘宠深受官民爱戴和敬重，赢得了"一钱太守"的美誉，成为中国历史上清官廉吏的典范。

刘宠到会稽上任前，当地官员为了收敛钱财，无休止地派人至各地搜求盘剥。会稽山中的百姓十分淳朴，生活本来自给自足，可以按时缴纳赋税。然而，他们平静的生活被那些贪官污吏打破了。官吏们甚至夜晚还到百姓家中勒索钱财，百姓的哭泣声和狗吠之声经常彻夜不绝。

刘宠到任后，经过一番调查，一改前政，下令废除了那些烦琐苛刻的规章制度。他还严禁部属骚扰百姓，一旦查到，便严肃惩处。一时间，官吏不敢再四处扰民，从而还民以清净，郡中秩序井然。

不久之后，朝廷征召刘宠入朝担任掌管宗庙、宫室、陵园等修建工程的将作大匠。刘宠离任时，郡治所在的山阴县若邪山（今浙江省绍兴市柯桥区化山）中，有五六位须发皆白的老人相互搀扶着来为刘宠送行。老人们各带着百枚钱币，要送给刘宠做盘缠。老人们说："自您上任以来，再没有官吏到我们家中敲诈勒索，大家又过上了平静的生活。我们这些人一辈子都没到过郡城，不承想在年老时得以遇见您这位贤明的太守。现在听说您即将卸任，我们当然应该前来相送。"刘宠听了不胜感激，但对一百文钱推辞不受，老人们执意相请。刘宠只好从每人手中选了一文钱，老人们这才心满意足地离开了。刚出山阴县界，刘宠就把收下的钱投于江中。刘宠投钱的江，叫西小江。相传刘宠投钱后，江水变得更加清澈了。后人为了纪念这位勤政廉洁、为民尽瘁的太守，将该地称为"钱清"，将这段江改称为钱清江。

之后，刘宠相继出任掌土木建设等事的司空、掌国家军政的太尉等朝廷要职，屡获赞许。东汉谢弼称赞刘宠"断断守善"（《后汉书》卷五七《谢弼传》），蔡邕称赞刘宠"忠实守正"（《后汉书》卷六〇下《蔡邕传》）。

刘宠虽居高位，却清廉依旧，生活节俭，家无余财。有一次，刘宠出京到外地，路经一个亭舍，想进去休息。亭吏阻止他说："我们打扫亭舍是专门接待刘宠大人的，你现在不能在这里休息。"刘宠听后，一言不发，悄然离去。人们听到这件事，都称赞刘宠是一位忠厚的长者。

刘宠去世后，会稽百姓在钱清江畔建了一座"一钱亭"，还盖了一座"一钱太守庙"，四时供奉祭祀刘宠。钱清江、一钱亭、一钱太守庙，处处提"钱"，却处处无钱。

宋人王十朋有《清白堂》一诗（《王十朋全集》卷一三），称颂刘宠的清廉事迹：

> 钱清地古思刘宠，泉白堂虚忆范公。
> 印绶纷纷会稽守，谁能无愧一贤风。

元朝时，江浙行省参知政事王克敬从庙前经过，写下《一钱太守庙》（陶宗仪《南村辍耕录》卷二九）：

> 刘宠清名举世传，至今遗庙在江边。
> 近来仕路多能者，也学先生拣大钱。

王克敬在褒扬刘宠的同时，也讽刺了元朝那些贪墨之辈。明代冯梦龙在他的《古今笑史》中再次提到这件事，借以针砭时政，足见"一钱太守"刘宠对后世的影响之深。清乾隆十六年（1751年），乾隆皇帝南巡时经过钱清，听闻刘宠投钱的故事和当地百姓建亭庙以作纪念的佳话后，当场留下御诗《钱清镇》（爱新觉罗·弘历《御制诗二集》卷二五）：

循吏当年齐国刘，大钱留一话千秋。

而今若问亲民者，定道一钱不敢留。

清乾隆御诗碑拓片（邵明昌　供图）

后人将御诗刻碑立于一钱亭内，供人们瞻仰，刘宠的事迹得到了更加广泛的流传。

刘宠清廉俭朴的事迹载于《后汉书·循吏传》。他被奉为古今循吏的典范，不少官员都将成为"当世刘宠"当作自己的政治追求。

明朝有位清官叫黄绾，曾任绍兴知府，以仁政爱民著称。他废除各种烦苛政令，禁止非法行为；重视水利工程，在郡内开挖河道、修建桥梁、疏通水渠等；重视农业生产，推广教育，使郡中大治，因此得到了百姓的拥护和爱戴。当他因母亲去世而辞职回乡时，百姓纷纷前来送别。有些人还带来财物相赠，以示对黄绾的感激之情。黄绾坚决不收任何财物，向百姓致谢道别。百姓执意让黄绾收下，黄绾只好从每人手中收下两个铜钱，作为纪念。百姓们都说黄绾是"刘宠之后"，是清官廉吏的典范。

清朝也有一位"刘宠"，名叫刘继圣。他在湖南慈利县任知县时廉洁自律，体恤百姓，为民申冤，并多次上疏弹劾贪官污吏。他重视教育，在当地设立学校，亲自讲学。离任之日，百姓自发相送。刘继圣对百姓赠送的财物一文不取，百姓都称他是"今之刘宠"。

从汉至清，从刘宠到刘继圣，这些清官廉吏都以"一钱"为代名词，表现出他们对百姓的关爱和对财物的淡泊。这正是刘宠之名不断被人提及的意义所在。

◈ **史料来源**

• 嘉靖《山东通志》卷二五《名宦上·刘宠》、卷三二《人物五·刘宠》，《天一阁藏明代方志选刊续编》影印明嘉靖十二年（1533 年）刻本，上海书店出版社 1990 年版。

• 道光《章邱县志》卷九《名宦志·刘宠》，清道光十三年（1833 年）刻本。

• 同治《重修宁海州志》卷一七《人物志·仕进·刘宠》，清同治三年（1864 年）刻本。

• 《后汉书》卷七六《循吏传·刘宠》，中华书局 1965 年点校本。

（撰稿：邢娜娜、马德青、高智国）

羊续：悬鱼拒贿美名扬

鱼悬洁白振清风，禄散亲宾岁自穷。
单席寒厅惭使者，葛衣何以至三公？

——唐·周昙
《咏史诗·后汉门·羊续》

中国传统建筑上常有一种"悬鱼"装饰。这种鱼状饰物悬于搏风板下，寓意有二：一是传统建筑多为木制，惧火，取鱼游于水、水能克火之意，祈求住宅平安；二是彰显主人清廉守节的德行。这后一种寓意，源于东汉羊续悬鱼拒贿的典故。

羊续（142—189），字兴祖，东汉太山郡平阳（今山东省新泰市）人。他出身东汉安帝以后逐渐兴起的豪强大族泰山羊氏。祖父羊侵在汉安帝时任司隶校尉，除监督皇亲国戚和朝中百官外，还负责督察京畿地区，掌京师治安，权势很大。羊侵在此任上，执法严明，不畏权势。后任河南尹，掌管京都洛阳附近二十一县。父亲羊儒在桓帝时官至太常，掌管礼仪祭祀，位列九卿之首，有"忠臣"之誉。羊续年轻时就以忠臣之后拜为郎中。建宁元年（168年），他被大将军窦武征辟，到其府上做官。不久，窦武在同宦官集团的政治斗争中失败，羊续被视为窦氏同党而免职。随后党锢之祸爆发，凡被列为党人者，其门生、故吏、父子兄弟及族亲都被免官禁锢，永远不许再做官。羊续由此被禁锢十几年不能为官，但他并不在意荣华富贵，即使独处也坚守本心，无所企求。

中平元年（184年），黄巾起义爆发，党锢方才解除，羊续被太尉杨赐征辟为府掾，此后凭借才干四次升迁，被任命为庐江（治今安徽省庐江县西南）太守。中平三年（186年），又调任南阳（治今河南省南阳市）太守。南阳是他为官最久、政绩最显著的地方。

一、以身作则，整顿吏治

南阳郡是当时的大郡，光武帝刘秀就发迹于此，故其有"帝乡"之称。郡内豪门大族是追随刘秀建立东汉政权的核心力量，占据着东汉官僚体系中的大量高位，并世代为官。这些有权势的家族在生活上往往追求极端奢华，受这种风气的影响，南阳官吏间互相勾结、贿赂现象十分严重。羊续十分痛恨这种行为，于是在前往南阳上任之前，乔装打扮，仅带一名童子作为侍从，暗中到各县调查。每到一处，他都详细询问当地吏治状况与风土人情，深入了解情况。羊续就任时，属下官员见他对各县长官的作风、官吏百姓的品性等情况均了如指掌，都非常钦佩，不敢再有隐瞒，郡内风气因之稍有改善。

羊续喜欢吃鱼。有一名郡丞为讨好羊续，给他送了一条鲤鱼。羊续再三推让不得，无奈收下后，便将鱼悬挂在庭院里，权作警示。郡丞以为送礼得到了羊续的默许，之后又去送鱼。羊续指给他看庭院中悬挂着的已经变干的鱼，说："上次你一番好意，我不好拒绝。但收下的话，又会败坏官场风气，也不符合我的为人原则，于是我便将它悬挂了起来。上次你送来的尚未解决，新带来的这份你还是拿回去吧。"羊续采取这种相对委婉但又决绝的方式，让属下知道他的廉洁自律。郡丞看着那条悬挂着的没有动过的干鱼，含愧离开，断了再给羊续送礼的念头。这件事情传开以后，羊续就有了"悬鱼太守"的美名。

山东省新泰市民间文艺家协会剪纸作品——羊续悬鱼（贾冉冉　供图）

不收受属下礼物贿赂，表明羊续有极强的自制力，但他的廉洁还不限于此。即使在面对较大的外部压力时，他也仍然坚持本心。羊续在南阳为官时，官场风气极坏，汉灵帝甚至公开卖官鬻爵，二千石级别的需二千万钱，四百石级别的需四百万钱，如果是凭借德才任职者，可以减半或缴纳三分之一。那些被拜为三公者，都要向东园缴纳上千万的礼钱。东园隶属于少府，掌管皇帝陵墓内器物、葬具的制造与供应。该处的钱财属于皇帝私藏，便于其随时取用。为确保礼钱的收纳，灵帝还专门派出号称"左骏"的宦官前去监督。中平六年（189年），灵帝任命幽州牧刘虞为太尉，刘虞推辞，向灵帝推荐了羊续等人，灵帝拟任命羊续为太尉，并派宦官前去收钱。

通常情况下，对于左骏，地方官员多以礼相待，甚至还以厚礼贿赂之。然而羊续不仅没有这个财力，而且更不愿意为了一个升迁的机会就去行贿，同当时朝廷上下的贪腐风气同流合污。左骏到南阳后，羊续的待客之道十分特别。他将其带到自己生活的地方，让其坐在单薄的席子上，将自己已磨得露肘的破旧衣袍举给他看："臣之所资，唯斯而已。"（范晔《后汉书》卷三一《羊续传》）意思是，我只有这些破旧衣物，既不能买官，也不可能贿赂你。有这样的廉洁之臣，本是国之幸事。但当左骏将此事说给灵帝听时，灵帝当即表示不悦，放弃了升羊续为太尉的打算。羊续在权力诱惑与皇权压力下仍能坚守本心，在汉末贪腐的风气中保守清节，更显可贵。

羊续不仅为官清廉，而且在平日生活中也非常节俭。他的衣食住行往往只能满足基本需求，穿破旧的衣裳，吃简单的食物，就连出行都是乘坐羸弱马匹拉的破旧车子，没有半分一郡之长的样子。史书中也不乏对羊续俭朴生活的描述，称："时权豪之家多尚奢丽，续深疾之，常敝衣薄食，车马羸败"（范晔《后汉书》卷三一《羊续传》），"唯卧一幅布绹，穿败，糊纸补之"（谢承《后汉书》卷二《羊续传》，周天游辑注《八家后汉书辑注》，上海古籍出版社1986年版，第30页）。羊续自奉甚薄，是要通过以身作则来纠正当时社会上的奢靡之风。

二、守土保民，善待降兵

作为乱世中的地方官，羊续很称职地尽到了守土保民的责任。在庐江太守任上时，黄巾军大举来攻，纵火焚烧城郭。由于当地兵力不足，羊续便调集全县20岁以上男子数万人，组织其上阵杀敌，派年少羸弱者去背水灭火，运输粮草，最后大败黄巾军，郡中得以安定。之后，当地又有戴风等人四处作乱侵扰，羊续又率军生擒之。他对待降兵尤其是黄巾军中的普通民众并不粗暴，而是采取了宽恕和安抚之术，给其粮食、种子和农具，让他们在本地进行农业生产。这也反映出羊续的战略眼光，因为乱世中最匮乏的就是劳动力与粮食，此举能加强本郡的防守能力。

中平三年（186年），江夏兵赵慈反叛，杀了当时的南阳太守秦颉，攻下六个县。羊续临危受命，出任南阳太守。他没有立即大张旗鼓地平叛，而是在正式上任前暗访南阳各县，了解吏治及辖境内的情况。在顺利接任了太守之职后，他马上同荆州刺史王敏联络，计议一同攻打赵慈，最终大胜，斩杀赵慈及其部下五千余人，剩余的叛兵见状纷纷请降。羊续到上级那里为降兵说情，称这些人都是从犯，应该予以宽恕，最终获准。清除叛军之后，羊续又多方询问百姓的困难与需求，颁布政令，逐一解决，百姓对他愈发心悦诚服。

三、清廉家风，世代传承

中平六年（189年），朝廷征召羊续做太常卿，并且特意免去他的礼钱。可惜羊续尚未来得及出发便染病去世，享年48岁。在遗言中，羊续特意嘱咐儿子："我有老马一匹，卖了购置棺材；我有牛车一辆，用之载运灵柩返乡，不要给官府添麻烦。"他嘱咐下属要薄葬，不接受朝廷的赠钱。当时社会上流行厚葬，如王符《潜夫论·浮侈》篇就说："今京师贵戚，郡县豪家，生不极养，死乃崇丧……多埋珍宝偶人车马，造起大冢，广种松柏，庐舍祠堂，崇侈上僭。"按惯例，二千石级别的官员去世，应当由朝廷拨钱百万用于葬礼。府丞焦俭遵守羊续的遗愿，不取一分一毫。灵帝得知后，下诏褒奖羊续的品格，敕令太山太守以太山府的名义赐钱给羊续家人，用以操办后事。

羊续在南阳任上时，他的妻子带着儿子羊秘前来投靠。他赶忙把门关上，不让他们进屋。他的妻子说，倘若是怕他们拖累其处理公务，可以将羊秘留下，自己返回。羊续带妻儿看了自己的全部家当，居然只有一床布做的被子、几件破短衣、一点儿盐和几斛麦子。羊续对儿子说："我只有这些东西，怎么能养活得起你们娘俩呢？我一人尚能保证清廉，你们留在这里，又怎能防止有人为了奉承我而送礼讨好你们呢？"羊秘和母亲只得返回。

其实，这是羊续言传身教的一种方式。他是在用自己的行为告诫儿子，平日里一定要勤俭节约，为官时则要公私分明。在羊续的教导下，羊氏子孙传承践行了清廉节俭的家风。羊续死后，泰山羊氏一族崛起，人才辈出，冠冕蝉联，出仕者大多能廉洁奉公，有很好的政声，这同他们良好的家风、祖辈的清誉密切相关。

山东省新泰市羊氏家族墓地（阿滢　供图）

羊续的孙子羊祜，在西晋初年镇守荆襄，手握军权，同东吴对峙数年。即使在远离朝廷的边境，羊祜仍"立身清俭，被服率素，禄俸所资，皆以赡给九族，赏赐军士，家无余财"（《晋书》卷三四《羊祜传》），传承了节俭朴素的良好家风。

羊祜之子羊篇曾任西晋青州刺史，离任时，他自己的一头牛刚在官舍产下了一只小牛犊。为免侵吞官物之嫌，他毫不犹豫地把牛犊留下交公。

羊敦在北魏时任广平太守，以清廉著称。赶上灾荒之年，羊敦的衣食也不能自给，需要家中支援。家中有时未能将粮食及时送到，他只能到野外的陂塘中寻找藕根充饥。这在官吏被称为"白昼大劫"的北魏末年尤为难得。

"悬鱼""留犊""食藕"都是官员清廉的典故，充分显示了泰山羊氏清廉家风的世代传承。尤其是羊续"悬鱼"，后世将之作为清廉的代名词，频频引用。许多人家住宅搏风板下的悬鱼装饰，警示着主人要清廉守节，尽责为民。

◈ **史料来源**

• 万历二十四年《兖州府志》卷三一《人物志二·羊续》，齐鲁书社 1985 年影印本。

• 乾隆《新泰县志》卷一五《人物上·名臣·羊续》，清乾隆四十九年（1784年）刻本。

• 《后汉书》卷三一《羊续传》，中华书局 1965 年点校本。

（撰稿：袁琳、何霁欣）

贾琮：
乱世清吏为民生

銮坡初罢直，西去惜离群。

载笔唐供奉，襄帷汉使君。

浊流河驿雨，高树岳祠云。

公暇应怀古，登临赋夕曛。

——明·高启《青邱高季迪先生诗集》卷一二

《送鲍翰林迁官陕右》

　　明人高启送友人鲍颍出知耀州（治今陕西省铜川市耀州区）时，写诗鼓励他向古人学习，体恤民情，为民解忧。诗中"褰帷"一词，指的是撩起车前的帷裳，意指倾听民意，用的是东汉末年贾琮的典故。

　　贾琮，字孟坚，东郡聊城（治今山东省聊城市东昌府区）人。《后汉书·贾琮传》载其"举孝廉，再迁为京兆令，有政理迹"。汉朝实行察举制，由地方官员推举士人任官，推举的依据之一即为"孝廉"。士人只要孝敬双亲、办事廉正，就有做官的资格。贾琮官至交阯和幽州刺史，不畏权贵，于交阯（汉武帝置十三刺史考察郡国，交阯刺史部辖境相当于今广东、广西大部和越南北部、中部）和幽州（十三刺史部之一，辖境相当于今北京市，河北北部，山西恒山、阳高、灵丘以东，辽宁大部，天津市海河以北，以及朝鲜半岛北部地区）两地做出了不小的成就，为世人所赞扬。

一、为官交阯，平定动乱

　　东汉桓、灵二帝疏于国政，缺乏有效作为，导致内忧外患此起彼伏，东汉统治岌岌可危。就内忧而言，从桓帝起，民间便频繁出现自称皇帝的现象，如中平元年（184年）由张角等人领导的黄巾起义，给东汉政权带来重创；外患方面，早在汉安帝时期，边地便多有动乱。此外，国家财政空虚，用官仕进混乱，加之一系列大小反叛，将东汉王朝置于风雨飘摇中。

　　纵观汉灵帝时期的政治形势，不难发现，皇帝、宦官、外戚与士人之间的政治斗争仍在继续，甚至有愈演愈烈之势。灵帝刘宏依靠外戚窦武登上皇位，可以说是宦官集团与外戚集团相互妥协的结果。一方面，灵帝即位后立即重用了清流士人。作为具有传统儒家思想的士人代表，窦武与太傅陈蕃合力，欲改变宦官专权横行的局面，实现以士人官僚为主的清明政治。另一方面，灵帝完全信任宦官，导致宦官势力更加膨胀。宦官集团与士人集团存在本质上的利益冲突，双方彻底对立。同时，灵帝荒淫享乐，社会矛盾冲突激烈，政治较前朝更加昏暗。东汉名臣贾琮的故事就在此背景下开始了。

两汉时期，交阯地区的百姓除种植稻谷等粮食作物外，还遍植荔枝、芭蕉、甘蔗、橘、龙眼、桂等特色果蔬。《齐民要术》卷一〇引《异物志》记载："交阯所产甘蔗特醇好……围数寸，长丈余，颇似竹。斩而食之既甘，迮取汁如饴饧，名之曰糖，益复珍也。"豆蔻、砂仁、薏苡等也有广泛种植，可作药用。尤其是荔枝、橘、龙眼等名优特产，不仅是上贡的重要珍果，而且可以充当朝廷在当地征收的赋税。

正因如此，历任交阯刺史大多不甚清廉。他们对上巴结讨好权贵和掌权者，对下接受贿赂，无休止地盘剥百姓。不出几年，这些赃官即可积累起巨额财富，随之另寻门路，升迁转任他地。朝廷征税过重，郡县官吏贪婪暴虐，加之上层统治者耽于享乐，贪恋珍稀土产，导致当地民众遭受的压榨和盘剥不断加重。宋人费枢曾评论道："好治而恶乱，人之本心也。远方之民，邈尔中都，为吏者贪冒无畏，诛求无艺，剥肤椎髓，民不堪命，则怨叛作矣，非斯民之喜乱也。"（费枢《廉吏传》卷上《贾琮》）交阯地区的百姓甚至基层官吏，在这般压迫下，无不怨声载道，燃起造反之心。

俗话说，麻绳偏从细处断。东汉朝廷正处在多事之秋，危机重重，偏偏又爆发了交阯动乱，这无异于雪上加霜。中平元年（184年），驻守交阯的屯兵因不满役使及克扣军饷而叛汉造反，其首领自称"柱天将军"。叛军势如破竹，所向披靡，很快攻陷各郡城池，囚禁了交阯刺史与合浦（治今广西壮族自治区浦北县南）太守。当地百姓由于久受墨吏赃官的欺压盘剥，怨气冲天，故纷纷加入叛军，其队伍如滚雪球般迅速膨胀，俨然形成席卷天下之势。交阯情势危急，汉灵帝令三府（即太尉府、司徒府、司空府）迅速推举能臣贤吏。有司官员商议良久，一致认为只有贾琮能平息这场祸乱，故推举他为交阯刺史。

贾琮到任后，首先体察当地民情，查明动乱的真实原因。他发现当地赋税徭役过重，百姓家财空虚，民不聊生，又因其远离京城，无处告状申冤，所以只能聚众为盗。贾琮立即发布文书告示，减免徭役和赋税，劝诫、开导、招抚四处流散之民及参与动乱者返回家园，安心本业。他诛杀了恶意煽动百姓的叛军首领，挑选贤能官吏管理郡县。一年之内，交阯动乱悉平，百姓各安其业，生活重归平静。街巷道路之中传诵着百姓歌颂贾琮事迹的民谣：

> 贾父来晚，使我先反。
> 今见清平，吏不敢饭。

这首民谣既反映出当时百姓对于苛政的厌弃，又表达了百姓对贾琮到任后施行利民之举的肯定。

宋代费枢《廉吏传·贾琮》书影，文渊阁《四库全书》本贾琮在任三年，交阯成为十三州中治理最出色之地，他也因此升迁，官拜负责顾问、议论的议郎。黄巾起义之后，刺史雄踞一方，成为威胁皇权的割据势力。交阯地区能保持清明的政治与和平安定的社会环境，与贾琮的治理是分不开的。贾琮离任后，继任的交阯刺史朱符再度横征暴敛，侵凌百姓。百姓被逼无奈再次起义，交阯地区重新陷入水深火热之中。《三国志·吴书·薛综传》称朱符"多以乡人虞褒、刘彦之徒分作长吏，侵虐百姓，强赋于民，黄鱼一枚收稻一斛，百姓怨叛，山贼并出，攻州突郡。符走入海，流离丧亡"。由此对比，可见贾琮与民休息、清廉为官之道在乱世中的可贵。

二、广开言路，肃清吏治

黄巾军起义暂时被平息后，其残余势力依然活跃。同时，豪强地主雄踞郡县，横征暴敛，百姓苦不堪言。

东汉朝廷焦头烂额，于是下诏征选清正贤能的官吏，精择刺史、太守等官员。此次派到各州掌握地方治理大权的基本上是一些宗室重臣，而贾琮作为孝廉出身的普通官员却被任命为冀州（治今河北省临漳县西南）牧，可见其立身之正深得朝廷信任。

依据旧例，刺史上任时，应由当地派出车马，垂下红色帷裳，到州界迎接。贾琮上车之后却说："刺史应当眼观六路、耳听八方，审察美言恶行。哪有垂着帷裳把自己掩藏起来的呢？"于是他命驾车人揭起帷裳。冀州所属郡县官员闻之大为震动，那些往日贪赃枉法、为非作歹之徒大惊失色，都清楚了这位刺史激浊扬清的决心。他们怕自己平日作威作福、欺压百姓的丑事被贾琮知悉，赶忙交出官印，溜之大吉，只有清廉的瘿陶县令董昭、观津县令黄就在官府等待贾琮的巡视。

贾琮就任之后，励精图治，冀州很快就政治清明，吏民关系也和顺起来。贾琮声誉更隆，得到了大将军何进的重视。中平六年（189年）四月，汉灵帝刘宏驾崩，大将军何进掌权，上表推荐贾琮为平息边乱的度辽将军。贾琮为摇摇欲坠的东汉政权站好了最后一班岗，逝世于任上。

"呜呼！得一清贤，遂能弭叛乱，摘奸伏，其利顾不博哉！"（费枢《廉吏传》卷上《贾琮》）乱世中得此清贤，实为不易。两袖清风，一腔赤诚，刺史贾琮是也。

◈ **史料来源**

• 嘉靖《山东通志》卷三一《人物四·贾琮》,《天一阁藏明代方志选刊续编》影印明嘉靖十二年（1533 年）刻本，上海书店出版社 1990 年版。

• 嘉庆《东昌府志》卷二六《列传一·贾琮》，清嘉庆十三年（1808 年）刻本。

• 《后汉书》卷三一《贾琮传》，中华书局 1965 年点校本。

（撰稿：张富华、刘若余）

魏晋南北朝时期，中国再次陷入长期分裂割据的局面。为了加强对山东地区的控制，各个政权不断派出重臣、能臣治理山东各地，其中不乏有名的清官廉吏。除广为人知的曹魏之郑浑、裴潜、韩宣，西晋之郑默、江统，北朝之慕容白曜、韩均、游明根、高祐、杨机等外，还有列入《晋书》《魏书》《北齐书》《南史》《北史》等正史"循吏传"或"良吏传"的鲁芝、胡威、曹摅、范广、杜坦、杜骥、申恬、王洪范、鹿生、张应、辛术、张华原、宋世良、孟业、崔伯谦、苏琼、房豹、路邕、杜纂、苏淑、梁彦光、公孙景茂、王伽等23人，接近以上五部正史所记循吏良吏的三分之一。

这一时期，大量山东籍士人四处流徙，依违于不同政治力量之间，为自己选择的政权效劳，不少人以清正廉洁、勤政忠诚闻名，如曹魏之满宠、王脩，蜀汉之诸葛亮，孙吴之是仪，西晋之羊祜、刘毅，东晋之卞壶、吴隐之，前秦之王猛，南朝之刘善明、何远、徐勉、王僧孺，北朝之张彝等，就是其中的杰出代表，在中国廉政文化史上留下了浓墨重彩的一笔。

魏晋南北朝

王脩：

冒难独肯来

玉貌先生为客哀，经年燕市自徘徊。

变形魏邵谁争识，冒难王脩独肯来。

狭巷疲驴冲雨雪，敝裘土炕拥烟煤。

壶中旧有芳兰约，底事依人不肯回。

——清·周亮工

《赖古堂集》卷九《送卓初荔返闽》

东汉末年，群雄逐鹿，既出现了许多豪杰义士，又涌现了诸多忠臣廉吏，王脩即以忠贞清廉闻名于世。唐代名士薛稷应试时作《临难不顾徇节宁邦科策》一文，提及"九卿居府，王脩从赴难之义"（董诰等编《全唐文》卷二七五）。清人周亮工也在诗中称赞"冒难王脩独肯来"。

王脩，字叔治，东汉北海营陵县（治今山东省昌乐县东南）人。他年少时就以孝义闻名。20岁的时候，王脩赴南阳郡（治今河南省南阳市）游学，住在张奉家。张奉全家不幸染疾，亲属无人敢来探望，一家人全靠王脩悉心照料。张奉病愈后，王脩才继续游学。学成后，王脩回北海为官。

一、孔融数次举荐

在王脩任职于北海时，他忠诚清正的品质就已经得到世人的认可。汉朝在地方施行的是郡国并行制，北海属于国，由国相负责日常政务。东汉初平年间，名士孔融任北海相，命王脩署理高密（治今山东省高密市西南）县令。

东汉时期，各地豪强众多。他们经营私人田庄，招揽宾客，扩充私人武装。东汉开国皇帝刘秀曾试图压制他们，以失败告终。后来的地方官府更是对其束手无策。在高密，有一孙姓豪强，时常收留违法乱纪之人。他凭借自家的势力，拒不交出那些罪犯，官府也无可奈何。王脩上任后，有一伙强盗逃入孙家请求庇护，官吏都不敢进入孙宅捉人。王脩带领手下包围了孙宅，孙氏率领门客拒捕，还威胁王脩手下官吏。王脩让手下不要惧怕孙氏，还告诫他们不敢进攻孙氏者与之同罪。孙氏害怕了，乖乖地交出了犯人。此后，高密豪强不敢再作乱。

时值各郡国向朝廷举孝廉，孔融鉴于王脩出色的品行想要举荐他。在往来信件中，孔融评价王脩"清身洁己，历试诸难，谋而鲜过，惠训不倦"（孔融《孔北海集·又答王脩教》）。王脩被孔融举荐了三次，但一次也没有接受。他极力请孔融举荐另外一位有操行的官员邴原。随着董卓之乱愈演愈烈，这次举荐也就不了了之。

北海后来发生叛乱。孔融对手下说："敢冒险前来支援我们的，只有高密县令王脩了。"时间不长，王脩果然率众星夜兼程抵达北海郡衙。孔融十分感动，任命王脩署理负责人事的功曹，留在自己身边。

后来胶东县（治今山东省平度市）也出现叛乱，王脩临危受命，署理胶东县令。当地一名叫公沙卢宗强的豪强组织宗族、宾客等私人武装，修筑营垒，暗中结交叛乱者，反抗官府。王脩只带数名骑士，径入公沙氏的田庄，将公沙卢宗强兄弟斩首。王脩抚慰了公沙氏余众，强调自己只诛首恶。公沙氏以及胶东县其他大族也随之听命，胶东局势稳定下来。当时天下已乱，北海境内变乱频仍，孔融多次依靠王脩才渡过难关。有时王脩在家休假，但一听到孔融有难，就立刻前去救援，闻者无不赞叹。

二、袁谭得以成军

建安元年（196年），曹操打出"奉天子"的旗号，将汉献帝接至许县（今河南省许昌市），被汉献帝拜为掌管军事的司空。袁绍被拜为大将军。时袁绍与盘踞在河北、山东一带的前将军公孙瓒互相攻击。袁绍派长子袁谭领兵进驻平原（治今山东省平原县西南）。袁谭击败了公孙瓒的部下青州（治今山东省淄博市临淄区北）刺史田楷，又逼走了孔融。孔融南下许都，被任命为负责宗庙、宫室修建的将作大匠。建安四年（199年），袁绍在易京（今河北省雄县西北）击败公孙瓒。公孙瓒和田楷身死，辖地被袁绍吞并。汉献帝随之授任袁谭为青州刺史，掌管原来田楷和孔融的辖区。王脩成为袁谭的属下。袁氏的胜利一度结束了当地连年征战的局面，吏民十分高兴。袁谭敬重宾客，礼贤下士，在为政初期取得了一定的成绩。王脩鉴于此，答应出任袁谭的治中从事，负责文书工作。

在军阀混战期间，王脩忠诚清正的品质得到了各方势力的敬重。王脩被辟为治中从事后，受到袁谭的副手、别驾刘献的嫉妒。刘献数次在袁谭面前诋毁王脩，但袁谭不为所动。后刘献犯了死罪，王脩不计前嫌，替刘献说情，使其免于一死。时人因此对王脩更加赞佩。袁绍也因此想任命王脩为即墨（治今山东省平度市东南）县令，在袁谭的坚持下，又命王脩为袁谭的别驾。

建安五年（200年），袁绍在官渡之战中败于曹操，两年后郁郁而终。谋士审配等人依照袁绍遗愿，立其幼子袁尚为继承人。袁谭很生气，自号车骑将军，屯兵黎阳（今河南省浚县东）。袁谭、袁尚两兄弟间产生了隔阂。

建安七年（202年）九月，曹操领兵进攻袁尚与袁谭。袁谭在黎阳与曹军对峙，袁尚只派少数军队前去救援。后袁谭告急，袁尚才发动大军相助。袁尚又怕袁谭夺取军队的指挥权，遂亲自领兵前去。次年三月，袁尚和袁谭被曹军包围于黎阳城中，只得趁夜色逃走。

建安八年（203年）八月，曹操进攻刘表，袁尚与袁谭反而在此时同室操戈。袁谭兵败，退守平原。袁谭部下刘询于平原郡漯阴县（治今山东省齐河县东北）起兵反抗袁谭，其他地方纷纷响应。袁谭叹息道："如今各地均发生反叛，难道我真要命丧于此吗？"这时，王脩带着召集来的兵马前来救援袁谭。袁谭高兴地说："成吾军者，王别驾也！"（《三国志》卷一一《王脩传》）王脩还对袁谭说，东莱（治今山东省莱州市）太守管统虽远在海滨，但为人忠义，必定前来救援。十余日后，管统果然率军前来，其妻儿却在东莱为人所杀。袁谭命管统为乐安（治今山东省邹平市东北）太守，稳定了后方。

袁谭想要继续反攻，向王脩求教。王脩直言进谏："兄弟如手足，互相攻击的话，恐怕距败亡之日不远。希望您与袁尚重归于好，不要听信手下谗言，这样才能平定天下。"袁谭听后不高兴，拒绝了王脩的建议，但也越发佩服其操守志向。袁谭继续反击袁尚的军队，不料再次战败，只得求援于曹操。曹操派军解了平原之围，进军袁尚的大本营邺城（今河北省临漳县西南邺镇），击溃其部众。袁谭出兵追击袁尚，收揽袁尚余众，还借机扩大地盘。曹操见袁谭撕毁和约，调转兵锋攻击袁谭，于建安十年（205年）正月斩杀了袁谭。

三、曹操称其贤名

曹操杀袁谭时，王脩正在乐安督运粮草。听说袁谭情势危急，他仅带着十余名手下连忙赶回。到达时，袁谭已被杀。王脩哭着去见曹操，请求收葬袁谭尸身。曹操在南皮（今河北省南皮县）大败袁谭后，查封袁谭属官的家产，其中就包括王脩家。袁氏为政不严，手下大肆收敛钱财。审配就聚敛了数以万计的财产，全部被充军饷。而王脩家中只有不满十斛的粮食以及数百卷书。曹操赞叹道："士不妄有名！"（《三国志》卷一一《王脩传》）这次见到王脩，曹操想看看王脩诚意如何，所以起初并不吭声。王脩说："我受袁氏厚恩，如果能收殓袁谭尸身后受戮，死而无憾。"曹操对王脩的忠义赞叹有加，不仅同意了他的请求，而且还命他督运赴乐安的粮草。当时袁谭部将悉数投降，唯独管统拒不听命。管统被擒后，王脩亲自松了管统的绑绳，在曹操面前为他求情。曹操也赦免了管统。

有感于王脩忠正清廉的品行，曹操任命他为自己的属官司空掾。后为筹措军需，曹操在河北组织冶金，命王脩为司金中郎将。任职的七年间，王脩尽心尽力，时常夜不能寐，日旰忘食，终于不负众望，取得了不菲的成绩。曹操手下数次举荐王脩升职，曹操也深知王脩才高于此，但因无人能接替王脩的位置，曹操便特意写信向王脩解释，希望他不要介意，信中还称赞王脩"澡身浴德，流声本州，忠能成绩，为世美谈，名实相副，过人甚远"（《三国志》卷一一《王脩传》注引《魏略》）。后王脩升任魏郡（治今河北省临漳县西南邺镇）太守，他依法从政，抑制豪强，帮扶百姓，得到吏民的一致称赞。

建安十八年（213年），曹操被册封为魏公，加九锡。王脩先后任负责魏国财政的大司农和宫廷侍卫的郎中令，又与孔融等人阻止了陈群和钟繇恢复肉刑的提议，随后被任命为掌管宗庙礼仪祭祀的奉常。一日，有一个叫严才的人聚众数十人，意图反叛，突袭至宫门以外。王脩听说后，来不及准备车马，徒步率众前去救援。相国钟繇对他说，按旧制，京城有变，九卿应各居其府。王脩答道："食其禄，焉避其难？居府虽旧，非赴难之义。"（《三国志》卷一一《王脩传》）曹操在铜雀台上望见一队人前来救援，十分肯定地对左右说，来者必定是王脩。

明代黄汝亨《廉吏传·王脩》书影，明万历四十三年刻本

王脩为人清正廉洁，忠贞不贰。他教导儿子王忠不仅要勤奋读书，还要学做人，要"见举动之宜，观高人远节，闻一得三，志在善人，左右不可不慎。善否之要，在此际也"（欧阳询《艺文类聚》卷二三《鉴诚》）。后王忠官至东莱太守。陈寿称赞王脩"忠贞，足以矫俗"（《三国志》卷一一《王脩传》）。王脩去世后，葬于安丘（今山东省安丘市）城南。当地百姓不仅敬重王脩忠心廉洁，而且称赞他为人慈爱孝顺，称其墓葬处为"慈阜"。

⊗ **史料来源**

• 嘉靖《青州府志》卷一二《名臣传·王脩》，明嘉靖四十四年（1565 年）刻本。

• 乾隆《莱州府志》卷九《宦迹·王脩》，清乾隆五年（1740 年）刻本。

• 《三国志》卷一一《王脩传》，中华书局 1959 年点校本。

（撰稿：邢娜娜、王逸临）

是仪：

清恪贞素，榱椽之佐

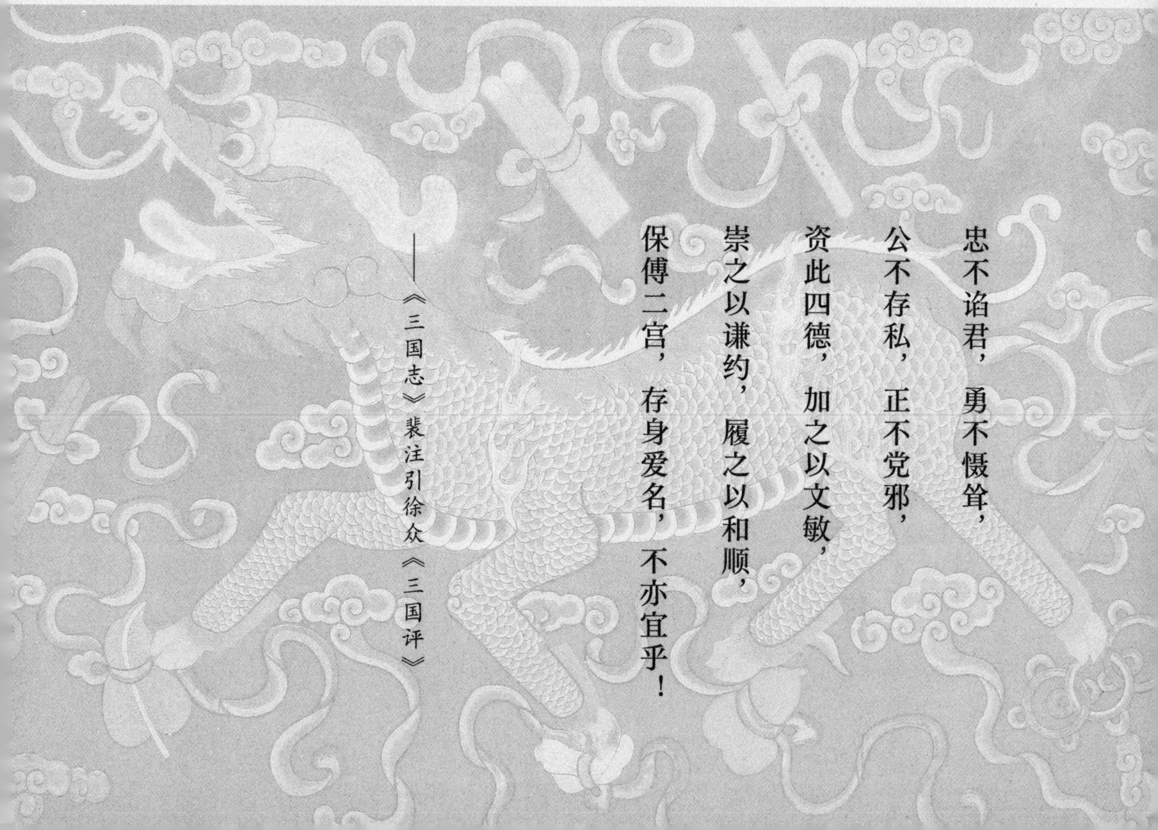

忠不谄君，勇不慑耸，
公不存私，正不党邪，
资此四德，加之以文敏，
崇之以谦约，履之以和顺，
保傅二宫，存身爱名，不亦宜乎！

——《三国志》裴注引徐众《三国评》

是仪画像

（采自《江苏是氏宗谱》卷四《像赞》，民国三十七年刻本）

嘉禾年间的孙吴政坛，笼罩在一片腥风血雨之中。吴主孙权任用中书典校事吕壹，大规模检举揭发将相大臣，屡屡兴起大狱，以致孙吴官僚人人自危。吕壹用法苛惨，不避权贵，丞相顾雍、左将军朱据等高官皆不能免。《三国志·是仪传》载："吕壹历白将相大臣，或一人以罪闻者数四。"按此记载，孙吴政权的高级臣僚，几乎全被吕壹检举揭发过。其中独独有一人，为官清廉，立身贞正，不曾犯错，使得吕壹没有找到他一条罪状。吴主孙权因而感叹道："假使人们都像他一样奉公守法，又何必动用律法条令啊！"此人是谁？他就是是仪。

是仪先后出任省尚书事、侍中、尚书仆射等官。他竭忠尽诚，清廉持家，深得吴主孙权的赞赏。

一、客仕孙氏，专典机密

是仪，字子羽，北海国营陵县（治今山东省昌乐县东南）人。他原本姓"氏"，最初在本县担任吏员，后到北海国任职。当时的北海国相孔融跟他开玩笑，说他的姓"氏"是"民"去掉上半部分，岂不是隐喻民众没有皇上，诅咒大汉皇帝？应该改为同音的"是"。颇具名士风度的孔融或许只是开玩笑，但是仪真的听从了他的话，将自己的姓由"氏"改作了"是"。

是仪这一做法在东汉盛行的"二重君主观"之下是可以理解的。什么是"二重君主观"呢？钱穆在《国史大纲》中说，地方政权渐渐成长，亦有一种道义观念为之扶翼。因郡吏由太守自辟，故郡吏对太守，其名分亦自为君臣。也就是说，郡国的官吏不仅要效忠大汉天子，而且要忠诚于自己的长官。是仪作为北海国吏员，与国相孔融也有一种"君臣之分"，故而应该忠谨地对待长官的指示与教导。是仪对长官的玩笑也认真对待，以至于更改自己的姓氏，其忠忱事上、严肃认真的性格，于此可见一斑。

后来天下大乱，兵寇并起，是仪前往江东避乱，依附扬州刺史刘繇。建安元年（196年），刘繇被东渡而来的孙策击败，逃亡到豫章（治今江西省南昌市东）。是仪只好离开刘繇，移居会稽（治今浙江省绍兴市）。建安五年（200年），孙策遇刺身亡，孙权继承大业，统领江东，下了一封言辞尊敬的文书征召是仪。是仪应命而往，官拜骑都尉，专门负责处理机密文书。在孙吴政权的巩固和发展过程中，是仪作为孙权的亲信，参与决策，处理机务，做出了重要贡献。

东吴始终以占据荆州为立国之策。建安二十二年（217年），都督吕蒙图谋袭击镇守荆州的关羽。孙权询问是仪的意见，是仪深表赞同，并在之后直接参与了袭讨关羽的战役，被拜为忠义校尉。孙权还鼓励是仪如春秋时期著名诤臣周舍一样时常进谏。

二、内奉帷幄，外与兵事

擒杀关羽之后，孙权被曹魏策命为吴王，定都武昌（今湖北省鄂州市）。是仪被拜为裨将军，后又封爵都亭侯，代理吴王府侍中的职务，继续参与机密谋划，侍奉于帷幄之中。孙权不仅给他升官晋爵，还想让他亲自统领一支兵马。是仪自知无带兵打仗之能，坚决推辞不受。孙吴政权采取"世袭领兵制"。兵有点像私有财产，可以代代传授下去。在这样的制度之下，君主为加强自己的权威，总是"收兵权"多，"授兵权"少。孙权想授兵于是仪，可见他对是仪的亲近信任程度之深。而是仪坚辞不受，也说明其品行公正无私。

黄武七年（228年），是仪参与了巩固孙吴政权的关键战役——石亭之战。《三国演义》中有一回"周鲂断发赚曹休"，讲的是孙吴的鄱阳太守周鲂向曹魏大司马、都督扬州诸军事曹休诈降，以断发骗得曹休信任，成功诱其深入，使其被陆逊等孙吴将领大败于石亭（在今安徽省桐城市境内）。是仪在这场战役中发挥了重要作用，他作为孙权的代表，参与、协调了诈降计划，并与皖城（今安徽省潜山市）守将刘邵一同袭击曹休。

石亭之战可谓孙吴政权的立国之战，短期内解除了来自曹魏方面的军事威胁。次年，孙权由吴王进位为帝。是仪也因功升任偏将军，继而受命省尚书事，即在宫中的尚书台审阅文书，负责评议各官署呈报的公事，兼管各种案件的审理，还教导孙权的儿子们读书学习，履行一部分宰相、师傅的职责，更受信任。

三、不畏刀斧，仗义执言

孙权称帝之后，将都城东迁到建业（今江苏省南京市），让太子孙登留守武昌，命是仪留在武昌辅佐太子。太子孙登对是仪很是尊重，处理政事都要先向他咨询意见。此后，是仪又进封都乡侯。嘉禾元年（232年），是仪跟从孙登回到建业，被拜为侍中、中执法，像之前一样负责评议各官署呈报的公事，兼管各种案件的审理。

如前所述，嘉禾年间，官吏营私舞弊的现象日益增多，加之"吏多民烦"，于是孙权任用吕壹纠察监督诸臣，结果掀起了一场血雨腥风，诸多重臣受到牵连。是仪因自身清白，没有被吕壹找到一条过错。此外，他还反对吕壹对无罪大臣的诬陷，展现出了不畏刀斧、仗义执言的品格。

曾担任江夏（治今湖北省鄂州市）太守的刁嘉被吕壹诬告"谤讪国

政"，引得孙权大怒，将刁嘉关进了监狱，并把相关官员也叫来查证审问。官员们害怕吕壹，都说曾听到刁嘉有恶毒的言论，应当予以惩处。唯独是仪说没有听到，结果他一连多日都受到追根究底的盘问。孙权为此下达的诏令也变得非常严厉，群臣都不敢多言。而是仪是这样回答的："而今锋利的刀锯已经架到臣的脖子上，臣又怎敢替刁嘉隐瞒，自取灭亡，成为不忠之鬼？不过既然听说过，就应当有对应的事实本末！"他依然据实回答讯问，供词丝毫不变。最终刁嘉得以免罪。

嘉禾三年（234年），蜀汉丞相诸葛亮病卒。孙权对诸葛亮逝后的蜀汉局势十分关心，于是派是仪出使，继续巩固吴蜀的联盟。是仪不辱使命，成功地维系了吴蜀联盟，孙权十分满意，拜他为尚书仆射，作为尚书台的副长官。

赤乌四年（241年），太子孙登去世。次年，孙权立三子孙和为太子，立幼子孙霸为鲁王。二子同居宫中，并没有区分礼制等级的高低，孙吴政权由此陷入了漫长的"二宫之争"当中。是仪被孙权任命为鲁王孙霸的王傅，教导孙霸。是仪明白这种不分礼制高下的做法是取祸之道。他不忍见孙吴在可能到来的党争与继承人危机之中耗尽元气，于是上言道："臣之愚见以为，太子、鲁王之间的恩宠待遇，后者应当降低一等，以便摆正上下之次序，彰明教化之根本。"是仪屡次为此事上书，然而孙权并没有听从劝谏，以至于朝臣分为两派，各自支持一方，引发了严重的内斗。

四、不置产业，清素而逝

《三国志·是仪传》用六个字概括了是仪的处世风格："事上勤，与人恭。"

是仪素来不置产业，也不接受别人的赐予恩惠。他修建的宅子，刚好够自家居住。是仪的邻居家兴修了一座大宅院，孙权外出时远远望见，问："修大宅院的是谁家？"左右侍从回答说："看起来像是仪家。"孙权说："是仪节俭，必定不是他家！"一问，果然是其他人家。

是仪穿的衣服不够精美，吃的菜肴不够丰盛，却常常救济穷困，家中不留积蓄。孙权听说之后，特地前去是仪家，亲自品尝他吃的饭食，不禁感慨叹息，立即下令给他增添俸禄，扩大田产和宅邸。是仪一再辞让，把受到恩惠当作足以忧心的事，不敢有所自满。

81岁那年，是仪病卒于家。他病重时留下遗嘱：要使用不加涂饰的本色棺材，入殓时穿与时令相应的平常衣服，丧事务必从简。

在乱世之中如何为官？有人阿附君主、诬陷大臣，有人榨取民脂、残害百姓，然而也有人像是仪这样，不治产业、清廉自守，始终坚守正道，不违背自己的本心。千载之后，他的子孙记得他，家乡方志的编修者记得他，编写《廉吏传》的人也记得他。

是仪的故事，一直流传至今。

◈ **史料来源**

• 嘉靖《山东通志》卷三二《人物五·是仪》，《天一阁藏明代方志选刊续编》影印明嘉靖十二年（1533年）刻本，上海书店出版社1990年版。

• 咸丰《青州府志》卷三九《人物传二·是仪》，清咸丰九年（1859年）刻本。

• 民国《潍县志稿》卷二〇《职官列传·是仪》，民国三十年（1941年）铅印本。

• 《三国志》卷六二《是仪传》，中华书局1959年点校本。

（撰稿：袁琳、王家琦）

王猛：功盖诸葛第一人

及见西秦王，始顺鸿毛风。

一岁竟五迁，神契功益崇。

枋头遏晋旅，伐燕成战功。

释晋除羌卑，先机如神聪。

——清·吴名凤《竹庵诗钞》卷六

《嵩高山（节选）》

王猛立像

（采自《故宫周刊》第 90 期，1931 年 6 月 27 日）

　　"关中良相唯王猛，天下苍生望谢安"，这一流传甚广的对联赞誉的是东晋时期的两位名相：王猛和谢安。两人生活的年代大体相同，但所辅佐的政权不同。谢安是东晋王朝的宰相，王猛是北方前秦政权的宰相，两人一南一北，都凭借过人的政治才能，为自己辅佐的政权做出了不可磨灭的贡献。谢安辅佐的东晋虽偏安一隅，但仍被视为"正统"王朝。前秦是由北方氐族人建立的政权，当时多数汉族士人仍坚持传统的华夷观念，不愿为其效力。王猛却摒弃偏见，仕于前秦，官至丞相，并且与前秦君主苻坚精契神交，成为中国历史上君臣相得的典范。前引清代吴名凤的诗也强调了这一点。

　　王猛（325—375），字景略，祖籍北海郡剧县（今山东省寿光市），幼时因战乱随家人移居魏郡（治今河北省临漳县西南邺镇）。他文武全才，对内辅佐前秦天王苻坚诛杀暴君，铲除豪强，改革政治，发展生产及文化教育事业，关心民众疾苦，使当时战乱频仍的北方一度出现升平之象；对外统军攻灭了与前秦并立的前燕，并进攻前凉，削弱其力量，为前秦最终统一北方做出了重要贡献。

一、择明主而事

王猛生活在东晋十六国这一乱世。当时黄河流域出现了多个北方少数民族建立的政权，彼此不断攻杀，并与偏安江南的东晋在军事上对峙、交战。正所谓乱世出英雄，王猛便是乱世中成长起来的英雄豪杰。他仪表堂堂，丰神俊朗，天生一股英雄气概。

早年间，他因家贫，曾于洛阳以卖簸箕为生，后被一位神秘人物引入嵩山，拜见一位须发皓然的老者，从此就隐居深山，学习兵法。他性格庄重深沉，严谨刚毅，气度宏远，从不受细小琐事困扰，只同与自己心思契合的人来往，即便常为此受到虚浮之士的轻视和嘲笑，他也从不在意，始终秉持本心，怡然自得。他身怀治国济世之才，默默观察着天下形势的变化，渴望得遇一位明主，实现自己的远大抱负，让百姓过上安定太平的日子。青年时期的王猛宛如一只雄鹰，敛翅蓄势，等待好风借力，直上青云。他在投效前秦政权之前，曾有过两次出仕为官的尝试。

第一次在他少年时代出游后赵国都邺城（今河北省临漳县）时。当时，没有人认识到王猛的才华，只有后赵侍中徐统见而奇之，想召请他担任功曹。他觉得时机未到，在后赵不能得到很好的机会，也不想为石虎的残暴统治效力，因此逃避入关，隐居于华阴山。

第二次在东晋永和十年（354年）。这一年，东晋大将桓温北伐前秦，进入关中地区，驻军灞上（今属陕西省西安市）。王猛得知消息后，穿着粗布短衣前去拜见，一边与桓温谈论当时的天下大事，一边旁若无人地捉着身上的虱子。桓温通过观察，认识到王猛是个与众不同的奇才，便向他询问天下之事。桓温说："我奉晋天子之命，率精兵十万伐秦，为百姓除害，但不知为什么三秦之地的英雄豪杰没有人前来投奔。"王猛说："公不远千里而来，深入敌境，如今前秦已是四面楚歌，长安近在咫尺，您却迟迟不渡灞水，成就大业。三秦豪杰摸不清公到底做何打算，故而不来。"王猛用几句话便解答了桓温的疑惑，并巧妙地指出了其留敌自重的心思，让桓温大为震惊。这就是著名的"扪虱而谈"的典故。桓温撤退之时，许以王猛高官厚禄，希望王猛和他一起回江南。王猛回山请教老师，老师认为，跟随桓温到门阀制度森严的东晋任职并不是一个好的选择，像他这样的寒士留在北方可以更好地建功立业。因此，王猛没有随桓温南行，仍回华阴山。

东晋升平元年（357年），王猛已经32岁了。当时的前秦君主苻生残忍暴虐，不得人心，而东海王苻坚则广受赞扬，受到群臣拥戴。苻坚与众人都希望能推翻苻生的残暴统治，尚书吕婆楼向苻坚力荐王猛。苻坚也久闻王猛之名，便邀其出山共谋大事。论起国家大事，两人见识十分契合。苻坚高兴地说："我遇到你，就像是刘备遇到诸葛亮了！"

从此，王猛将苻坚视为明主，忠心辅佐，为之出谋划策，帮助其除掉苻生，登上王位。又用了十年时间，王猛随苻坚东征西讨，平定了北方各部势力，推动前秦政权发展至鼎盛。王猛去世之前，前秦已经基本统一了北方，所辖领地远远超过了南方的东晋政权。弥留之际，王猛还不忘为苻坚谋划国家未来的走向，如同诸葛亮一样做到了"鞠躬尽瘁，死而后已"。

二、惩奸除恶

前秦寿光三年（357年），苻坚诛灭苻生，自立为大秦天王，改元永兴，任用王猛为中书侍郎。当时，前秦的都城在长安（今陕西省西安市），位于都城西北的始平县（今陕西省兴平市）是跟随前秦建立者苻洪起兵的氐族豪强的聚居地。这些贵戚勋臣自恃有功，在乡里横行霸道，导致始平治安混乱，盗贼丛生，民众不堪忍受，却投诉无门，社会矛盾极其尖锐。苻坚于是改命王猛为始平县令，让他去治理当地的乱象。王猛一到任便雷厉风行，严明法度刑罚，体察民情，惩奸除恶，打压地方豪强势力。

有一次，王猛用鞭子打死了始平县一名奸吏，受到当地贵族奸党的弹劾，被押送回长安。苻坚亲自责问王猛："为政之道应该是先以德化育人，为什么你刚刚上任便进行这么残酷的杀戮呢？"王猛回答："我听说治理安宁的国家要用礼教，治理混乱的国家要用法律。陛下不嫌弃臣愚笨，让我去治理始平县，我一定要为陛下彻底铲除凶残狡猾之人。我现在仅仅杀了一个奸吏，而这样的人成千上万。如果您因为我不能彻底消灭奸恶、肃清法治而治我的罪，我怎么会不甘心接受审判呢？但如果您因为我使用严酷的刑法惩治奸恶就要治我的罪，我实在不能接受。"苻坚听后深以为然，对群臣说："王景略真是管仲、子产那样严格执法的人物呀！"于是赦免了王猛的罪过，让他大胆地治理地方。

王猛始终秉持刚正不阿、不畏强权的本色，一心一意忠君报国，因此深受苻坚的信任，官职不断晋升。前秦甘露元年（359年），王猛一年之中接连升迁五次，受到了许多宗室与老臣的妒忌。他们常常诋毁刁难王猛，刚毅正直的王猛总是用最锐利坚决的语言予以反击，让对方恼羞成怒。最终，对王猛发难的人都依律受到了惩罚。渐渐地，朝廷上下再也没有人敢毁谤王猛，全都对王猛心怀敬畏。

前秦甘露二年（360年），王猛调任侍中、中书令，兼任负责维护京城治安的京兆尹。前秦景明帝苻健的妻弟、氐族贵族强德酗酒成性，在京城横行霸道，欺压百姓，无人敢管。百姓恨之入骨，但都敢怒不敢言。王猛一上任便逮捕了强德，太后找苻坚求情。传达苻坚赦免命令的使者骑马赶到时，王猛已将强德斩杀，并将尸首陈列在街市上示众，以儆效尤。这充分展示出王猛不畏权贵、秉公执法的刚毅之风。王猛与同样秉性耿直的御史中丞邓羌通力合作，在几十天内诛杀了违法作恶的权贵豪强二十多人，文武百官大为震恐，宗室贵族不敢再违法乱纪，百姓得以安居乐业，一时政治清明，社会安定，路不拾遗，夜不闭户。苻坚也不禁感叹："我今日才知道治理天下必须依法行事的道理，也开始真正体会到天子的尊严了！"

三、治国安民

除了惩奸除恶，打击豪强贵族，王猛还主持实施了一系列有益于国盛民安的举措。

首先，整顿吏治，以求才尽其用，官称其职。王猛创立了荐举赏罚制度和新的官吏选拔考核机制，挑选得力官员巡察四方，查处地方官员刑罚失当和虐杀百姓等劣行，革除流放了一批尸位素餐的官吏；拔擢大批有真才实学却因没有门路而难以出头的贤士，使他们的学识才能有了用武之地，提高了前秦官僚队伍的整体水平。王猛自己就向苻坚推荐了房默、房旷、崔逞、韩胤、田勰等一批关东名士担任朝官或地方长官。

其次，兴办学校，培养人才。在王猛的主持下，前秦恢复了太学和地方各级学校，聘任有学识者执教，并强制要求公卿以下子孙入学。苻坚每月亲临太学一次，与教官讲论学问，并考问诸生，成绩优秀者立刻任以官职。灭前燕后，苻坚亲率太子及王侯公卿子弟祭祀孔子，宣扬儒学，标榜以孝治天下，多次表彰"孝友忠义"和"孝悌力田"，让百姓懂礼仪、知廉耻。

最后，发展经济。关中地区虽土地肥沃，但降水量少，干旱是该地区农业生产的最大威胁。针对这种情况，王猛积极推行汉代以来发明的区田法。这是一种适合位于干旱地区、畜力不充足、农具不齐备的小农采用的耕作方法。为解决关中少雨易旱的问题，王猛兴修水利，征调豪富之家的仆役三万人，在泾水上游凿山起堤，疏通前代留下的白渠、龙首渠等沟渠，以灌溉梯田及盐碱地。王猛还尽力节减政府开支，减轻百姓负担，修整道路，沿途种植槐树和柳树，二十里建一亭，四十里建一馆驿，便利商旅往来，推动经济发展。

在王猛的治理下，前秦兵强国富，人民生活丰足安乐。民间纷纷传唱："长安大街，夹树杨槐。下走朱轮，上有鸾栖。英彦云集，诲我萌黎。"（《晋书》卷一一三《苻坚载记上》）长安大街之上，杨槐夹道栽种；树下车水马龙，树上鸾栖凤舞；国家英才云集，教诲黎民百姓。在前秦民众的心目中，国家能出现一片升平景象，很大程度上都是王猛这只"栖鸾"的功劳。

四、谦廉自律

王猛虽然在前秦有极高的地位，却不热衷于官职利禄，也不贪图享乐，而是始终坚持谦廉自律，不谋私利。

前秦建元年间，王猛两度统率秦军讨伐前燕。他带兵军纪严明，对百姓秋毫无犯。秦军所到之处，攻无不取，战无不胜，于建元六年（370年）正月攻克关东名城洛阳。苻坚论功行赏，以王猛功劳最大，便要加封王猛为司徒、录尚书事，封平阳郡侯。王猛多次上表辞让，拒不接受。

王猛率军攻克前燕都城邺城（今河北省临漳县）后，这座曾经盗贼横行的都城在他的整治之下，再无盗乱发生，当地百姓过上了安定的日子。面对王猛的赫赫军功，苻坚决定加封王猛为清河郡侯，并赏赐给他宝马华车、美女姬妾。王猛仍然上疏辞谢，婉拒了苻坚的封赏，始终坚持自己清廉简约的作风，不愿收受过厚的赏赐。

苻坚常常将身为丞相的王猛比作自己的姜太公、诸葛亮，把他当作自己最重要的心腹，并常对太子和子侄们说："你们对待王公，要像对待我一样去奉敬。"前秦建元十一年（375年）六月，王猛积劳成疾，卧病在床，苻坚亲自到城郊、宗庙和社稷坛为他祈福，并分派使臣前往全国各地的名山大川为王猛祈祷，足见王猛在苻坚心中的地位。王猛临终前仍然心系社稷，在遗言之中希望苻坚学习先贤圣王，戒奢从简，兢兢业业，守住王朝基业，并为苻坚指明了国家的内外形势，谋划了未来的战略方向；他没有为子孙求官求财，只是请求苻坚给其子十具耕牛务农谋生，其他一无所求。

七月，王猛逝世，终年51岁。苻坚下令按照汉朝大将军霍光的葬礼规格安葬王猛，追谥王猛为"武侯"。苻坚三次临棺祭奠，并对太子苻宏说："难道上天不想让我统一天下吗？为何这样迅速地夺去了我的王景略啊！"民间大街小巷也是哭声不绝，持续三日。

虽然前秦政权在漫长的历史长河中仅是昙花一现，但因为王猛等杰出政治家的存在而一度屹立于十六国乱世。明万历年间，寿光一地的人掘井时发现了王猛墓。清康熙三十七年（1698年），寿光知县刘有成重新为其修建墓道，并建祠立碑以纪念。直到今天，人们还将王猛与姜尚、管仲和诸葛亮等贤相名臣相提并论。这既是因为他出色的军事才能，更是缘于他作为干国之臣的夙夜操劳。他为政选贤举能，以民为本；性格不畏权贵，刚毅果敢；作风谦廉自律，不慕虚荣。如此为国为民的忠诚本色和卓越品质，跨越了时空，受到后人的怀念和肯定。

◈ **史料来源**

• 嘉靖《青州府志》卷一二《名臣传·王猛》，明嘉靖四十四年（1565 年）刻本。

• 嘉庆《寿光县志》卷一二《人物志·事功·王猛》，清嘉庆五年（1800 年）刻本。

• 咸丰《青州府志》卷五四《杂传一·王猛》，清咸丰九年（1859 年）刻本。

• 《晋书》卷一一三《苻坚载记上》、卷一一四《王猛传》，中华书局 1974 年点校本。

（撰稿：张富华、李殿政）

吴隐之：

饮贪泉而不染

外物终难换肺肠，隐之清介顿生狂。

便教饮尽贪泉水，只觉通身白雪香。

——宋·郑思肖《所南翁一百二十图诗集·

吴隐之饮贪泉图》

西晋人鲁褒有篇奇文，叫《钱神论》，以嬉笑怒骂之语描绘了金钱无所不能的魔力，并给它起了一个后来流传颇广的别称"孔方兄"。该文可谓处于长期动荡生活中的人们的扭曲金钱观的生动反映。现实中也的确有一些疯狂追逐孔方兄的"名士"，如《世说新语·俭啬》记载的琅邪人王戎。但也有不少仍然坚持传统义利观、不为金钱等外物所动的清廉之士，篇首所引诗中表彰的东晋濮阳鄄城（今山东省鄄城县）人吴隐之（？—413）就是其一。那么，诗中所言让一位清廉之士"饮尽贪泉水"是怎么回事呢？

一、贪泉的"魔力"

从汉朝开始，广州就是南方重要的外贸港口和商业都会，不仅当地多产奇珍异宝，还有各国商船带来大量的珍宝和名贵药材。广州虽然富裕，可气候湿热，瘴疫流行，北方人大多不愿前往任职，只有那些家境穷困且急于发财者才愿前往做官。东晋南朝时，广州地方官的贪墨之风愈演愈烈，社会上出现了"广州刺史但经城门一过，便得三千万"（《南齐书》卷三二《王琨传》）之说。在该处任职者容易获得暴利，几乎成为当时人对广州乃至岭南官场的一致印象。东晋中后期，连续几任广州刺史都因巧取豪夺、枉法受贿、假公济私获罪。罪行败露后，他们却众口一词地说是自己误饮了贪泉水所致。

什么泉水，竟有如此大的魔力？原来，在广州西北郊的石门，路边有一眼泉水，终年清澈见底，口感十分甜润，与周边受海潮影响导致的咸涩之水大不相同。岭北人由西江入广州必经石门，这眼泉水就成了途经行旅的重要饮用水源。不知从何时起，当地出现了一个奇怪的说法：不论多么廉洁自律的人，只要喝了该处泉水，就会变得贪得无厌，欲壑难填。该泉因此被称为"贪泉"。一些正直的人路经该地，大都绕道而行；也有一些人为了标榜自己清白，即使口干舌燥，也决不喝一口贪泉水。

广东省广州市白云区石井街道办事处庆丰村贪泉遗址

二、勇饮贪泉水

东晋安帝隆安年间，朝廷封吴隐之为龙骧将军，出任广州刺史，外加假节称号，领平越中郎将。

原来，吴隐之素以清廉节俭著称。朝廷这次派他到广州担任最高军政长官，就是希望他能改变当地官场的不正之风。

吴隐之是曹魏名臣吴质的六世孙。他出生时家道业已中落，生活十分窘迫。史称其"弱冠而介立，有清操"（《晋书》卷九〇《良吏传·吴隐之》）。虽然家贫，每天都是简陋饭食，有时甚至吃不上饭，但他始终保持清操，不取"非其道"之财物，即不义之财。一次，他吃到了一种咸菜，觉得味道非常好，但他担心日后抵挡不住诱惑，便将其扔掉，不再食用。他任将军谢石的主簿时，要嫁女儿。谢石知道他家中贫寒，嫁女一定会从简，就派人带上厨子和物品去帮忙。帮忙的人到了以后，见吴家非常冷清，只有一名婢女正牵着一条狗往外走。一问情况，方才得知，他家因为缺钱，需要将狗卖掉换点儿钱准备婚事。至于官宦人家喜庆之日的热闹场面，更是一点儿都没有。吴隐之后累迁至晋陵（今江苏省常州市）太守，依旧非常清廉节俭，从不侵扰百姓，甚至连仆人都不用，家中背柴烧饭的事情都是他妻子亲自操持。后来，他入朝为中书侍郎、国子博士、太子右卫率，转散骑常侍，领著作郎，后迁左卫将军。当时的左卫将军为四品，是禁卫军主要统帅之一，权任很重，只有皇帝亲信才能担任。吴隐之将获得的俸禄和赏赐都分给亲戚和同族，自己家中却同贫苦百姓家一样，甚至"冬月无被，尝浣衣，乃披絮"（《晋书》卷九〇《良吏传·吴隐之》）。这样一位高官，家中境况竟然到了一旦洗衣服，不仅没衣服替换，而且连被子也没有，只好披一床绵絮的地步。

吴隐之在上任途中就听闻了"贪泉"的传说，但他认为官员贪不贪，关键在于自身能否严格自律，与泉水没有任何关系。为戳穿那些贪官的谎言，他经过那里时，说："不喝泉水也可能产生无尽的贪欲，能否保持清廉，关键在于能否保持自己的心志坚定。越过五岭来到物产丰饶的岭南，人很容易丧失廉洁之志。这一点我真正体会到了。"说完后，他不顾劝阻，毫不犹豫地喝了贪泉的水，并赋诗一首：

> 古人云此水，一歃怀千金。
> 试使夷齐饮，终当不易心。

人们都说，只要喝一小口贪泉水，人就会变得贪婪无比。但如果是伯夷、叔齐那样宁愿饿死也不改志向的先贤来喝这贪泉水，一定不会改变初心。吴隐之借诗言志，表达自己虽饮贪泉水，但不会改变操守的决心。

三、整顿岭南吏风

吴隐之上任后，时刻牢记自己在贪泉边的誓言，处处严格要求自己。前任刺史在州衙使用了不少华丽帷帐和贵重饰物，他将之全部撤掉，归入州库。他平时不沾酒肉，吃的菜肴只是蔬菜和一些干鱼。一名下属发现他天天吃干鱼，误以为他喜欢吃鱼，便弄了些上等好鱼，将鱼刺剔除干净后把鱼肉进献给他。不料，吴隐之非但没有领情，还狠狠地批评了他，并将他撤职。

吴隐之不仅以身作则，改变了广州官场上的奢侈和媚上之风，还兴利除害，严惩了一批贪官污吏和不法商人，使岭南的社会风气大为改观。从此，官吏奉公守法，百姓得以安居乐业，偏安东南的东晋朝廷也能够从岭南获得稳定的财政收入。晋安帝对其作为十分满意，特地下诏进行褒奖：

> 夫孝行笃于闺门，清节厉乎风霜，实立人之所难，而君子之美致也。龙骧将军、广州刺史吴隐之孝友过人，禄均九族，菲己洁素，俭愈鱼飧。夫处可欲之地，而能不改其操，飨惟错之富，而家人不易其服，革奢务啬，南域改观，朕有嘉焉。
> （《晋书》卷九○《良吏传·吴隐之》）

该诏书的大意为：在家孝敬父母严谨不息，在官清廉之操凛如风霜，这的确是一个人立身处世很难做到的，也恰恰是君子最可贵的美德。龙骧将军、广州刺史吴隐之孝顺友爱超过常人，俸禄均分给九族，自养菲薄，廉洁朴素，俭约过人。身处充满物欲诱惑之地，却能始终不改操守，在海边纷繁富庶的环境中，家人却不换旧衣，革除奢侈，务求节俭，使岭南风气大有改观。从总体上看，主要是表彰吴隐之能砥砺节操，身处充满诱惑之地却能坚守本心。由此，朝廷给他进号为更重要的前将军，并赐钱五十万、谷千斛。后来他卸任北归时，几乎没有添置任何行装。夫人节衣缩食，精打细算，省下钱来买了一斤沉香，计划着到北方换点儿钱贴补家用。吴隐之发现后，随手将它扔到了江水中。当地人追慕他的廉洁自律，将石门下游的沙洲称作"沉香浦"。

当时有些人认为吴隐之是故意做作，他丝毫不为所动，始终如一。回到京城后，吴隐之家只有数亩地的小宅院，篱笆与院墙又矮又窄，内外共有六间茅屋，妻子儿女住得十分拥挤。当时执掌朝政的刘裕赐给他牛车，又要为他修造住宅，都被他谢绝了。吴隐之升任负责全国财税征管的度支尚书后，家中陈设依旧简陋，以竹篷为屏风，没有用来坐的毡席。后来他又升任总领禁军的中领军。虽已成为对朝政有决定性影响的高级官员，但其清廉俭朴之风不改。每月领到俸禄，他只留下口粮之需，其余则用以救济贫困的亲戚和族人。家里靠妻子纺织来补贴家用，经常会出现困难缺粮的情况，有时两天吃一天的粮食；身上总穿着破旧不堪的衣服，妻子和儿女一点儿都不能分享其俸禄。

义熙八年（412年），吴隐之以年老致仕，因清操不渝而屡受朝廷表彰，清廉之士都以之为荣。他的子孙也能恪守清操，将廉洁谨慎作为家风世代弘扬。

吴隐之在南朝梁时已成为廉吏的典范，其事迹被钟岏收入《良吏传》。吴隐之去世200多年后，唐太宗下令重修《晋书》，也将其列入《良吏传》，称"晋代良能，此焉为最"。著名诗人王勃将其事迹写入了《滕王阁序》——"酌贪泉而觉爽"，使之流传更广。元曲等俗文学和《笠翁对韵》等童蒙读物中的记载更提高了其在普通民众中的知名度。后世广州吏民更是将吴隐之视为不为外物所诱而改变心志的典范，画像、建祠、立碑以纪念之。

❀ **史料来源**

• 嘉靖《山东通志》卷三一《人物四·吴隐之》，《天一阁藏明代方志选刊续编》影印明嘉靖十二年（1533年）刻本，上海书店出版社1990年版。

• 乾隆《曹州府志》卷一四《人物志·乡贤·吴隐之》，清乾隆二十一年（1756年）刻本。

• 《晋书》卷九〇《良吏传·吴隐之》，中华书局1974年点校本。

（撰稿：邢娜娜、谭景玉）

刘善明：遗储唯书八千卷

广固城西隅，遥见孟尝居。

云有淘米涧，养士三千余。

——明·冯琦编《海岱会集》卷四

《陈经〈孟尝君淘米涧〉（节选）》

山东青州曾经有一座著名的寺院，叫龙兴寺。这座寺院建立于南朝刘宋时期，明洪武年间被毁坏，持续存在了八百多年。鲜为人知的是，这座寺院的前身其实是一处私人宅院。那么，这所宅院的主人是谁呢？其间又经历了怎样的沧桑变化呢？

一、"淘米涧"传说的原型

唐代封演《封氏闻见记》卷八记载，龙兴寺最早是战国时期孟尝君田文的住宅，里面曾经有两口大锅，专门用来给孟尝君的门客做饭。当地还流传着一个"淘米涧"的传说：龙兴寺东有一片水域，是孟尝君的三千门客取水淘米之处，因此被称作"淘米涧"。这片水域就是今天青州的洋溪湖。篇首所引明代陈经的诗讲的就是这个传说。传说毕竟是传说，实际上，这所宅院的主人并不是孟尝君，而是一位乐善好施、扶危济困的清廉仁爱之士，他的名字叫刘善明。

山东省青州市龙兴寺遗址碑

刘善明（432—480），祖籍青州平原郡平原县（今山东省平原县），曾在南朝宋、齐两朝做官。平原刘氏是魏晋南北朝时期的显赫世族，祖先是汉代胶东康王刘寄。刘善明的祖父刘询曾官拜给事中，父亲刘怀民是南朝宋时的大臣，历任齐郡（治今山东省淄博市临淄区）、北海郡（今山东省潍坊市）二郡太守，后官至散骑侍郎、建威将军、盱眙（今江苏省盱眙县）太守。同族之中，还有刘怀珍、刘孝标、刘休宾、刘文晔等诸多名士，均名列青史。

出身名门望族的刘善明从小就受到了良好的家庭教育，有高尚的情操。他年少时常独自在静处读书，崇尚朴素简约，不喜爱声色热闹，也不追求权势富贵，哪怕刺史特地前来结交，他也避而不见。"在家当孝，为吏当清，子孙楷栻足矣"（《南史》卷四九《刘善明传》），这是刘善明一直奉行的，意思是在家中应当行孝，做官应当清廉，便足够作为子孙后代的楷模了。

南朝宋文帝元嘉末年，青州发生了严重的饥荒，哀鸿遍野，民不聊生。刘善明毫不犹豫地打开家中粮仓散粮，赈济受灾的乡里百姓，而他自己却只食稠粥。刘善明的赈灾义举令大量灾民得救，百姓们十分感激他的活命之恩，称呼刘家的田地为"续命田"。这时候的刘善明才二十岁出头，然而其扶危济困、福泽乡里的善举已颇有战国时期孟尝君的风范。

泰始二年（466年），刘宋晋安王刘子勋起兵反叛宋明帝，自立为帝，青州刺史沈文秀积极响应。家住青州城内的刘善明不愿跟随沈文秀造反，秘密召集门族部队三千人杀出青州，投奔时任北海太守的伯父刘怀恭。刘善明留在青州的旧宅便被后人改造成了寺院，也就是后来的龙兴寺。龙兴寺"宅饭客鼓""淘米涧"等传说中真正的主人公就是刘善明。

二、恪守初心，淡泊名利

刘善明最初无意于功名富贵，只想修身齐家，希望"或携手春林，或负杖秋涧，逐清风于林杪，追素月于园垂"（《南齐书》卷二八《刘善明传》），如此恬淡一生。但在父亲刘怀民的期盼和推动之下，他最终决定出仕为官。

不久，刘善明被刺史刘道隆辟为治中从事，负责文书工作。为官之后，刘善明恪守初心，廉洁奉公，一心为民。泰始三年（467年），刘善明被宋明帝封为屯骑校尉，出任海陵（治今江苏省泰州市海陵区）太守。海陵郡境临近大海，缺少树木，刘善明便带领百姓种植榆树、槚树及各种果树，让百姓从中受益，过上富足的生活。元徽二年（474年），刘善明出任青、冀二州刺史，仍是清正廉明，以民为本，修建城防，发展经济，深受治下百姓的爱戴。

泰豫元年（472年）四月，宋明帝刘彧去世，皇太子刘昱继位。幼主年少，群臣争权夺利，政治形势十分混乱。刘善明决意追随当时的右卫将军、领卫尉萧道成。二人在泰始初年便已结识，刘善明视萧道成为知己，不断为其出谋划策，帮助他多次平定叛乱，稳定局面，屡建功绩，最终执掌朝政大权。

建元元年（479年）初，萧道成自封齐王后，刘善明被拜为右卫将军。这一职位只有君主极为信任的人才能担任，而刘善明面对这样的重权高位，却假称生病，拒不接受。他说："我本来就没有做官的意愿，只是因为遇见了知己，所以奋力奔走效劳。现在天下太平，局势稳定，朝廷人才济济，我的理想已然实现，不敢再贪图富贵了。"由此可见，刘善明即使是为官做宰，跻身高位，也始终秉持着淡泊名利的初衷，以修身、齐家、治国、平天下作为自己的人生目标，同时也深谙功成身退的政治智慧。

建元元年四月，萧道成登基称帝，史称齐高帝，建立南齐。萧道成深知刘善明的忠诚和功勋，认为他是亲近贤臣，希望给予他高官厚禄，便派他担任淮南（今安徽省淮南市）、宣城（今安徽省宣城市）二郡太守，治理临近京城的淮南地区，又封他为新淦伯，食邑五百户。

到任之后，刘善明上表奏事，提出了十一条有关执政的重要建议，除两条讲对外应对匈奴，其他九条都是讲对内如何治国利民。他希望皇帝广布恩泽，体察民间疾苦，收纳逃难流民，落实宽赦条令，废除前朝苛政，倡导简易节约，暂停征战讨伐，体恤远征将士。他还提出皇室百官要以身作则，皇帝应停止大兴土木，皇子妃嫔应推行节俭，文武百官应敢于建言；对于"忠贞孝悌"和"清俭苦节"之士，应当给予提拔，授予官职。只有这样，民众才能解于倒悬，安居乐业，国家方能强盛兴旺。

刘善明还撰写了《贤圣杂语》上奏皇帝，以历代圣贤智者之语，劝诫皇帝应以人为本，推行仁政，戒奢崇俭，居安思危，以使国家长治久安，政权稳固安定。刘善明的这些诤言都得到了皇帝的肯定。

三、勤俭持家，清廉如水

刘善明的节俭之风绝不是纸上谈兵，虽然他担任过的官职无数，治理过的地域众多，但他的居所都是用砍伐的粗糙木材搭建的简易茅屋，日常用的桌案、床榻也从不刨削修饰。在晚年与友人崔祖思的信中，刘善明表明心迹："藿羹布被，犹笃鄙好，恶色憎声，暮龄尤甚。"（《南齐书》卷二八《刘善明传》）不爱声色犬马，住着最简陋的房屋，吃着最简单的食物，穿着最朴素的衣服，刘善明从少年立志到安度晚年，俭朴行事之风一直如此，而他心里装着的始终是天下百姓的疾苦。他自述"唯知奉主以忠，事亲以孝，临民以洁，居家以俭"（《南齐书》卷二八《刘善明传》）。诚哉斯言，这的确是他一生行事的准则和写照。

建元二年（480年），刘善明去世，享年49岁。他在遗嘱中告诉家人，丧事不可铺张，薄葬即可。刘善明虽然一生为官，却始终清廉如水。他将家中的积蓄全部拿出来救济灾民，身后没有遗留下任何钱财，只有八千卷书而已。齐高帝下诏追赠他为左将军、豫州刺史，谥号烈伯，让他的儿子刘涤承袭爵位。齐高帝深知刘善明清廉节俭的作风，赐给刘涤家葛塘屯谷五百斛，说："葛屯亦吾之垣下，令后世知其见异。"（《南史》卷四九《刘善明传》）意思是葛塘屯是他的私人土地，他要让后世之人都见识到刘善明的过人之处。

刘善明救民危难、崇尚节俭、废除苛政、清廉为官的事迹为后世所传颂。"淘米涧"等传说至今仍被青州当地的百姓口口相传。这些事迹与传说，提醒着后世官员都应当像刘善明那样清廉正直、崇尚节俭、心系民众、为民造福。

◈ **史料来源**

• 嘉靖《山东通志》卷二九《人物二·刘善明》，《天一阁藏明代方志选刊续编》影印明嘉靖十二年（1533 年）刻本，上海书店出版社 1990 年版。

• 康熙十五年《青州府志》卷一二《名宦·刘善明》，清康熙十五年（1676 年）刻本。

• 光绪《益都县图志》卷四八《人物志二十·外传·刘善明》，清光绪三十三年（1907 年）刻本。

• 《南齐书》卷二八《刘善明传》，中华书局 2017 年点校修订本。

• 《南史》卷四九《刘善明传》，中华书局 1975 年点校本。

（撰稿：袁琳、李殿政）

隋唐五代

　　隋朝和唐朝前期，出现了"开皇之治""贞观之治"和"开元盛世"等被历代史家称颂的"盛世"局面。这既与隋文帝、唐太宗和唐玄宗的励精图治有关，也离不开臣僚的同心勠力。这期间，齐鲁大地涌现出了大批著名的清官廉吏，属今山东籍者有房彦谦、房玄龄、贾敦颐、李勣、贾敦实、马周、孙伏伽、员半千等；外地在今山东地区任职者如隋朝之赵轨、薛胄、公孙景茂、辛公义、苏威、张允济，唐朝前期之刘仁轨、姚崇、宋璟、苏干、阳峤等。他们或以忠直敢谏著称，或以爱民惠政闻名，或以清白声名传世。

　　"安史之乱"后，唐王朝由盛转衰，但仍有不少清官廉吏以天下为己任，积极进取，以谋国而不谋身的抱负试图挽大厦于将倾，属今山东籍者如颜杲卿、张镐、崔圆、刘晏、颜真卿等，外地在今山东地区任职者如裴耀卿、李邕、杜佑等。即使在吏治极为黑暗的五代时期，也有少数如崔沂、高汉筠等洁身自好、以民为本者，十分难能可贵。

赵轨：
不与百姓交水火

漫道投钱事邈追，使君清更畏人知。

耶溪剩有一杯水，留取西陵饯别离。

——明·祝彦
《侣窟堂诗集》卷八《题会稽彭明府德政录三首·清溪一钱》

读了明代祝彦的以上诗作后，读者可能感到疑惑：既然是饯别友人，怎么能只用清水呢？其实这是祝彦在借用一位古人在齐州（今山东省济南市）任上的典故，赞扬友人为官清廉。这位古人就是隋代的官员赵轨。

赵轨，河南洛阳人，以清廉著称。他的这一品质与父亲赵肃的培养息息相关。赵肃曾任西魏政权的司州（治今河南省洛阳市东北）别驾一职，负责军需粮饷。他表现出色，被丞相宇文泰称赞为"洛阳主人"。大统十三年（547年），宇文泰特意为赵肃赐爵位，并允许他自己选择受封的名号。赵肃说："河海清晏是天下太平的景象，我一直盼望天下太平，请允许我以此为封号。"于是宇文泰封他为清河县子。大统十六年（550年），赵肃出任廷尉卿，掌管刑法狱讼。他为官清廉刚正，执法公允，不以权谋私，虽多年身居要职，却少有田产，赢得了人们的广泛称赞。后来，他又承担起编纂法典的任务，在家中也少有闲暇。年少的赵轨一直陪在父亲身边。在父亲的言传身教下，赵轨品行优良，好学不倦。北周时，蔡王宇文兑任命赵轨为记室参军，分管一些具体事务。赵轨也如父亲一样清廉，不贪图财物，以清苦闻名。

一、酌水饯离赵别驾

隋文帝即位后，赵轨出任齐州别驾，在一州之中地位仅次于刺史。赵轨邻居家的庭院里栽植了几棵桑树，经常有熟透的桑葚掉落到赵轨家。赵轨的儿子赵弘安拾起这些桑葚，想喂给年幼的弟弟赵弘智吃，被赵轨严厉制止。赵轨让赵弘安把桑葚全部还了回去，告诫儿子们："我并非要借此事沽名钓誉。桑葚虽不值什么钱，但不是咱们家的东西，就绝对不能占为己有。你们要引以为戒！"

赵轨在齐州为官四年，兢兢业业。他常常身着百姓服装，深入民众家中，了解情况，并帮他们解决一些实际问题。在齐州官员的考核中，赵轨一直被评为优等，非常难得。

开皇四年（584年），隋文帝派邵阳公梁子恭等人分赴全国考察官吏。在齐州众多官吏中，赵轨出色的才能和清廉的品行令梁子恭另眼相看。看到梁子恭所呈赵轨的事迹后，隋文帝大喜，命人赏赐给赵轨布帛和钱米，还让赵轨入朝为官。齐州百姓听说赵轨荣升后，都想去送别。大家本来要准备些好酒，但有人说，赵别驾这四年"水火不与百姓交"（《隋书》卷七三《赵轨传》)，如果我们这样相送，岂不是让他为难吗？

赵轨动身那一天，百姓将府衙围得水泄不通。人们恋恋不舍地说："您为官清如水，明如镜。我们不敢用美酒饯别，姑且以一杯齐州水来送您吧。"赵轨接过水杯，一饮而尽，离开了齐州。这杯清水，便是赵轨清廉品行的最好象征。

二、为官有贤名

在朝廷，隋文帝注意到赵轨的父亲赵肃曾参与北魏律法的修订工作，于是让赵轨加入苏威和牛弘等人更定《开皇律》的工作，敦促他尤其要注重减省刑名。修订后的《开皇律》废除了前代枭首、车裂等酷刑，减死罪81条，流罪154条，徒、杖等千余条，只保留律令500条，刑纲简要，疏而不失，后世多沿用之。

后来，隋文帝担心在原州（治今宁夏回族自治区固原市）任职的卫王杨爽年轻气盛，处理政务经验不足，于是派赵轨去协助他。

一天夜里，赵轨一行人路过一片田地。赵轨属下所乘马匹突然受惊，闯入田

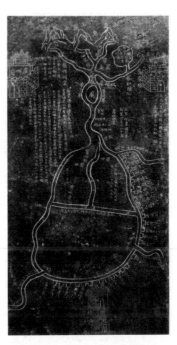

明代刻芍陂全景平面示意图拓片
（邵明昌　供图）

中，踏坏了一片禾苗。赵轨当即命令队伍停止前行，一直等到天明，才去找田地主人并赔偿他的损失。原州官吏听说后，莫不赞叹。

赵轨又先后出任硖州（治今湖北省宜昌市）刺史、寿州（治今安徽省寿县）总管长史。寿州毗邻淮河，水患多。春秋时期楚国令尹孙叔敖在当地陂塘周边修筑了大堤，又在大堤西、北、东三面分别开凿了五个水门，用来控制陂塘进水、放水灌溉和排泄洪水，由此形成了中国现存最早的大型水利工程——芍陂。到隋代，芍陂的五个水门因年久失修已经无法通水。赵轨带领寿州民众在大堤上又开了36个水门，极大改善了芍陂引节蓄灌的功能。芍陂修缮后，五千余顷田地得以灌溉，寿州几代百姓因此获益。

寿州总管长史任满不久，赵轨就去世了，享年62岁。在赵轨的教育下，赵弘安与赵弘智两兄弟都品行超群，成为隋唐名士。唐武德三年（620年），李世民出任益州道行台尚书令，赵弘安为行台郎中，后官至唐代中央官学国子监的最高长官国子祭酒。赵弘智以孝顺出名。赵轨去世后，赵弘智对待赵弘安如同对待赵轨一样，所得俸禄都交由兄长管理。赵弘安去世后，赵弘智抚恤孤侄，以慈爱著称。唐太宗时，赵弘智还曾任负责教育太子的太子右庶子一职。唐高宗时，他出任陈王李忠的老师，还曾向高宗陈述《孝经》之道，官至国子祭酒致仕。

在唐人编修的《隋书》中，赵轨被列入《循吏传》。史官由衷地感叹："赵轨秩满，酌水饯离，清矣！"（《隋书》卷七三《循吏传赞》）他为官清廉的事迹还被收录于各地方志以及类书中。后世诗文中"还葚东邻""杯水奉饯"等用典均来自赵轨的事迹。

⊗ **史料来源**

• 嘉靖《山东通志》卷二五《名宦上·赵轨》，《天一阁藏明代方志选刊续编》影印明嘉靖十二年（1533年）刻本，上海书店出版社1990年版。

• 道光《济南府志》卷三三《宦迹一·赵轨》，清道光二十年（1840年）刻本。

• 《隋书》卷七三《循吏传·赵轨》，中华书局2020年点校修订本。

（撰稿：张富华、王逸临）

薛胄：
持法宽平有惠政

湖椿报道过潮痕，一夕惊涛下海门。

行水已闻来薛胄，填堤不见有王尊。

酾渠瓠子流难塞，送棹桃花浪易浑。

东郡陆沈夷甫责，不加盘剑是君恩。

——清·孙尔准

《泰云堂集》卷一二《感事》

在我国历史长河中，有许多仁人贤者，也总有一些投机钻营的小人。前者如隋朝官员薛胄，开皇年间任兖州刺史，主持水利工程建设，遗利后世，清人孙尔准还在诗中怀念薛胄的贡献。后者如与薛胄同时代的陈州（治今河南省周口市淮阳区）人向道力，此人极其善于投机。他曾冒名担任海陵（治今江苏省泰州市）太守，还瞒过了下属和上级。法网恢恢疏而不漏，就在向道力得意扬扬地将海陵郡的油水捞完，准备继续去高平（今山东省济宁市）捞一笔的时候，却碰上了一个搅乱他"好事"的人，这个人正是薛胄。那么，薛胄究竟是何许人呢？

薛胄（？—604），字绍玄，河东汾阴（治今山西省万荣县）人。他出身于官宦世家，父亲薛端曾任州刺史，因性格坚强正直，不避权贵，被赐名为"端"。薛胄在小时候就表现出极高的天赋，善于读书，有很强的理解能力。他在读书学习时有自己的主见，常常叹息注释者不能理解原作者的深意。每当儒生们聚会谈论时，薛胄总能别出心裁，说出自己独到的看法，令在座的儒生听后都发自内心地佩服。不过，薛胄并不满足于做一个儒生，他性情慷慨，意气风发，年纪轻轻便立志从政，要为国做贡献，为民谋福利。

一、明情理持法宽平

北周明帝时，薛胄承袭父亲的爵位，开启了他的政治生涯。聪慧谨慎的薛胄在官场上如鱼得水，不久后官至司金大夫，掌管矿藏开发、金属冶炼与器物制作，后被加封为开府仪同三司。

开皇元年（581年），隋文帝杨坚登基后，薛胄升任鲁州（治今山东省郓城县）刺史。还未到任，就改任检校庐州（治今安徽省合肥市）总管事。当时隋朝初建，北部的突厥虎视眈眈，南方的陈朝准备负隅顽抗。隋文帝希望薛胄稳住陈朝，便于自己先平定突厥。不久，名将韩擒虎接任庐州总管，薛胄改任兖州刺史。满腔抱负的薛胄终于找到了可以让他一展身手的舞台，他与山东的故事也自此开始。

薛胄刚上任就遇到了一个难题，即前任刺史给他留下的一笔"厚礼"——监狱已经被等待详细审讯的犯人塞得满满当当。面对监狱里犯人的申诉哀嚎、堆积如山的卷宗，薛胄沉着冷静，耐心地剖析断案，将桩桩案件处理得快速准确而又条理清晰。不过十天，那些蒙冤的百姓便得以昭雪，薛胄受到百姓交口称赞。

再说回开篇的向道力。沾沾自喜的向道力赶着去高平郡继续钻空子，在路上恰巧遇到了出巡地方的薛胄。薛胄一看这位远道而来的太守不学无术，谈吐举止丝毫没有一个高官的样子，便起了疑心，拟将其扣留在兖州，待之后详细询问。薛胄的副手王君馥劝其不要蹚浑水："现在谁有这个胆量敢冒充郡守呢？官场上关系复杂，谁知道向道力会不会有更深的背景？如果向道力是名副其实的太守，我们私自扣押朝廷大臣，可是重罪。您精通律法，不会不知道后果，还是小心谨慎一点儿，睁一只眼闭一只眼，多一事不如少一事为好。如果他是假的，到地方后自然会露馅，不需您在此擒他。"薛胄犹豫了半天，同意了王君馥的意见。

回到府邸后，薛胄越想越觉疑窦重重。他想起了自己为官时曾许下公正廉明的愿望，也想到了如果放任向道力这种冒充高官、投机倒把的小人胡作非为，则不仅危害一方，祸害百姓，而且败坏官场风气，破坏朝廷威严。听之任之确实简单，但坚守原则、正直为官才是薛胄的本心。想到这里，薛胄赶紧派主簿去追赶向道力。

得知此事后，薛胄的部下徐俱罗心生忐忑。徐俱罗曾担任过海陵太守，也就是向道力的前任。他想，向道力安安稳稳地担任海陵太守至任期满，朝廷和百姓都没发现端倪。一旦向道力出了问题，自己这个前任太守可脱不了干系。因此，徐俱罗对王君馥说："向道力接替我担任海陵太守，是经朝廷任命的，刺史大人怎么能怀疑他呢？"于是，本来就主张息事宁人的王君馥又去找薛胄，劝说他放过向道力。此时的薛胄已经坚定信念，对王君馥说："我已经察觉到向道力冒任太守，你身为朝廷命官，却纵容奸细小人，罪当连坐！"王君馥听后连忙住口。向道力被扣押后十分慌乱害怕，很快便露出了马脚，招供了冒任太守的行径。

薛胄在兖州刺史的任上一直秉持着刚正不阿、敢作敢为、公正廉明的风格，被百姓赞誉为"神明"。宋代郑克撰写的《折狱龟鉴·察奸》中，也收录了薛胄巧识伪官的故事。郑克称赞道，徐俱罗和王君馥都不觉得向道力有问题，只有薛胄察觉并敢于扣留他，"可谓明矣"。倘若薛胄不明情理，怎么能察觉出奸细小人呢？

薛胄为官始终将持法宽平的原则记于心间。后来他担任大理寺卿、刑部尚书等司法部门的官职时，依然依法断案、恪尽职守，"名为称职"（《隋书》卷五六《薛胄传》），深得朝廷和百姓信赖。

二、明地利常有惠政

薛胄任兖州刺史期间，除明察秋毫、持法宽平外，还做了不少惠及百姓之事，其中最著名的便是兴修水利，治理泗水。

水利是农业生产的命脉，在科技不发达、抵御自然灾害能力低下的传统社会中更是如此。因此，治水向来是地方官员重要的任务之一。兴修水利不仅有利于农业发展，完善的水路也有利于社会经济的发展。

兖州城东面有两条河，名为泗水和沂河。兖州地势平坦，而泗水上游地势较高，每当夏秋暴雨季节，河水猛涨，淹没岸堤，使得下游变为滩涂。沂河在兖州城东注入泗水。泗水水势较强，沂河水势较弱，致使两河汇集后，水向南流，经常发生水灾，淹没沿岸的民田，百姓深受其害。

薛胄了解到这个情况后，亲自去当地走访，观察地势。他组织民众在兖州城南积石筑堰，设立水闸，夏秋时节约束泗水猛涨的水势，而在冬春水势衰减之际，引导河水经过黑风口向西流入马场湖，方便民众灌溉用水。这一水利设施兴建后，下游的滩涂都变为了良田，促进了兖州当地农业发展。

薛胄还命人挖了一条渠道，导入拦截下来的泗水，使之成为一条运河。这条运河经兖州城向西延伸至济宁，长60里，不仅方便了周边农田的灌溉，而且沟通了兖州和济宁间的水路交通。济宁百姓可以通过这条运河抵达淮、海一带，沿岸商业和漕运业由此兴起。

山东省济宁市兖州区城东泗河之上的金口坝

为纪念薛胄的功绩，百姓称水渠为薛公丰兖渠。隋炀帝时，地方官员也想模仿薛胄治水，大开板渚，引河入之。但薛胄引导的是泗水，后人引的却是黄河，泗水可以引导，黄河不能随意引导。黄河水导入后，大大增加了薛胄所修水闸的压力，最终反而使得水流难以节制，造成河水泛滥。由此可以看出，薛胄治水充分考虑了当地的地理形势，善用水文和地利，才能真正施政惠民。

薛公丰兖渠作为当地的基础水利设施，历代都会翻修和补建。元至元二十年（1283年），开浚会通河时，重修薛公旧堰为滚水石坝，以引导泗水。元延祐四年（1317年），都水太监阔阔将水闸疏通为三洞，以此缓解引导水势。此后明成化、嘉靖年间又翻修，称为金口坝。以薛公丰兖渠为基础的水利设施一直沿用了近千年，为当地百姓带来了切实的利益，改善了百姓生活。这一设施作为水利兴修的经典案例，被收入《泉河史》《漕河图志》《治河全书》等治水著作，为后人提供借鉴。

除了惠及百姓，薛胄在地方任职期间也心系朝廷。西汉刘向《五经通义》称："易姓而王，致太平，必封泰山，禅梁父，何？天命以为王，使理群生，告太平于天，报群神之功。"（《史记》卷二八《封禅书》正义引）也就是说，建立一个新的王朝后，新任君主要去泰山和梁父山封禅，以此来告知天下，报答群神。泰山封禅借助了传统信仰，也暗合儒家大一统的思想，有利于加强统治、稳定局势。泰山在兖州境内。薛胄看到天下太平，便派遣学者登临泰山，寻访古代圣迹，撰封禅图，设定相关的礼仪，上奏朝廷。虽然最终隋文帝谦让辞受，未能封禅，但说明薛胄在就任地方的同时，依然关心着朝廷。

薛胄任兖州刺史期间，克忠职守，刚直不阿。他明情理，断案如神；善用地利，心系百姓，关心朝廷。薛胄以自身之作为，践行着"能去私曲就公法者，民安而国治"（《韩非子·有度》）的为官准则。斯人已逝，但流传至今的文献记载与那薛公丰兖渠一起，依旧默默诉说着这样一位清官廉吏的事迹。

◈ **史料来源**

• 嘉靖《山东通志》卷二六《名宦中·薛胄》,《天一阁藏明代方志选刊续编》影印明嘉靖十二年（1533 年）刻本，上海书店出版社 1990 年版。

• 万历二十四年《兖州府志》卷二七《宦迹志二·薛胄》，齐鲁书社 1985 年影印本。

• 《隋书》卷五六《薛胄传》，中华书局 2020 年点校修订本。

（撰稿：邢娜娜、王鹏霄）

房彦谦：

唯以清白留子孙

人皆因禄富，我独以官贫。

佩父清白训，为唐第一人。

——宋·林同《孝诗·房玄龄》

山东省济南市历城区彩石街道办事处房彦谦墓

宋人林同作诗称赞唐代著名的宰相房玄龄时，提及房玄龄的父亲房彦谦对儿子的谆谆教诲："人皆因禄富，我独以官贫。"（《隋书》卷六六《房彦谦传》）这条训诫实际上也是房彦谦对自己为官生涯的准确概括。房彦谦（547—615），隋代临淄（治今山东省济南市）人，久经宦海，正直依旧，因广济亲友而家无余财，其事迹一直被人们广泛传颂。

一、清廉家风，志行高远

房彦谦的家族以清正廉洁传家，在乱世中显耀一方。房彦谦的高祖房法寿曾因功被北魏政权赐予壮武侯的爵位。房彦谦的父叔辈多是一地官长，且品行端正、政声卓著。房彦谦的父亲房熊为人十分孝顺，聪明有气概；叔父房豹为官时，辖区内"风教修理，称为美政"（《北史》卷三九《房法寿传》）。这样的家族风气为房彦谦的成长及其良好品格的培养提供了卓越的条件。

房彦谦在家排行第六。因房熊去世早，长兄房彦询承担起了监督弟弟学习的责任，房彦谦的聪颖与极高的悟性时常赢得房彦询的赞叹。7岁时，房彦谦已经能诵读数万言的经典了。15岁时，房彦谦被过继给另一位叔父房子贞。房彦谦继承了父亲房熊孝顺的品行，对待继母如亲生母亲一般恭敬。继母去世后，房彦谦很悲伤，连续五天都吃不下饭。房子贞十分感动，尽全力抚养房彦谦。适逢房豹官迁乐陵（治今山东省乐陵市东南）太守，相距不远，房子贞便托付房豹教导房彦谦。

乐陵郡滨海，水的味道又咸又苦。房豹时常带着房彦谦一起寻找适宜饮用的泉脉，闲暇时教他礼法知识。房彦谦在叔父的言传身教下，越发懂得做人要遵礼守法，为官要清正廉洁。他慢慢成为同辈中的榜样人物。为了给房彦谦提供更好的教育，房豹将房彦谦推荐给了五经博士尹琳。房彦谦不负父兄和老师的期望，终日手不释卷，在文章、书法与口才上均有所造诣。

入仕后，房彦谦开始践行当一名清正廉洁的官员、为民造福的志向。他18岁那年，北齐世宗高澄第二子、广宁王高孝珩出任齐州（治今山东省济南市）刺史。当时北齐王室内部争权夺利，他们招揽各色人等以为佐助，但也为恩幸之人大开方便之门。史载："齐氏诸王选国臣府佐，多取富商群小、鹰犬少年。唯襄城、广宁、兰陵王等颇引文艺清识之士。"（《北齐书》卷一〇《高祖十一王传·襄城景王淯》）房彦谦因为出色的学识被广宁王辟为主簿，协助其处理政务。北齐后期法纪松弛，地方官员更是纵情声色，不务正业。房彦谦上任后清简守法，秉公办事，一定程度上转变了本州的风气，官员们对他又敬又怕。他还推广文教，真心为民办事，赢得了百姓的爱戴。

北周武帝建德六年（577年），北周军队攻入北齐都城邺（今河北省临漳县邺城镇），北齐皇室东逃济州（治今山东省聊城市茌平区附近）等地，先后被北周大将尉勤擒获，北齐灭亡。当时房彦谦已因申明狱讼、进善黜恶而升任齐州治中从事史，依旧协理州务。他痛惜北齐覆灭，试图组织队伍勤王，配合尚在冀州（治今河北省衡水市冀州区附近）抵抗的北齐任城王高湝。怎奈高湝很快就被北周齐王宇文宪和柱国隋公杨坚击败，房彦谦只得放弃。他不顾北周召集齐地饱学之士的诏令，毅然弃官还家，与叔父房豹一起悠游山水。

北周静帝大定元年（581年），杨坚剪除了北周内部反抗自己的几大势力，迫使静帝禅位，建立了隋朝。开皇二年（582年），隋文帝设置三个行台尚书省，以宗室为长官尚书令，以稳定各地形势，推行新朝政令。其中，在原北齐重镇洛州（今河南省洛阳市）置河南道行台尚书省，以秦王杨俊为尚书令。杨俊屡次听人称赞房彦谦的才能，于是想召他来辅助自己。当时房彦谦依然不愿入仕，州县官员苦苦相求，房彦谦推托身体有病，坚持不赴任。开皇七年（587年）正月，隋文帝下诏各州每年要向朝廷举荐三名优秀人才。本州刺史韦艺连续几次都举荐房彦谦，房彦谦只得应命入朝。

二、入仕隋朝，抚慰百姓

重入仕途后，房彦谦仍旧秉持清正廉洁的品行。主管人事的吏部尚书卢恺和侍郎薛道衡负责考察受贡举者，并为他们排定等级、安排职务。当时隋朝不承认北齐政权授予的官员品级，所有原北齐官员均需被重新授予官品，且要从最低的九品开始。另外，各地人才会集京师等待安排职务，但当时并没有足够多的空缺，导致人们需等待较长时间才能获得具体职务。房彦谦因其名望与较高的才能得到卢恺和薛道衡的赏识，擢授承奉郎，很快就被任命为监察御史。在任上，房彦谦一身正气，每次都秉公直言，不避权贵。

开皇九年（589年），隋朝仅用了不到两个月的时间就结束了南朝陈政权的统治，随即开始了急切的制度与社会改造，于次年年底引发了南朝陈故土三十万人的反叛。隋文帝派晋王杨广和上柱国杨素前去平叛，并从朝中派官员前去安抚江南百姓。房彦谦受命安抚泉（治今福建省福州市）、括（治今浙江省丽水市东南）等十州，因处置得当，江南平定后获得朝廷赏赐。

之后，房彦谦出任秦州（治今甘肃省天水市）总管录事参军事一职。隋朝定都长安，秦州正是门户之地，因此朝廷很重视对当地官员的考察。房彦谦再次进京接受考核时，正值宰相尚书左仆射高颎亲自参与对官员的评定工作，于是房彦谦对高颎谈论起当时评定考课的利弊。他正气凛然地说："考课之法是为了进贤臣、退小人，但各州考课情况参差不齐。那些清介孤直的清官廉吏未必能获得较高的评价，阿谀谄媚之徒反而高居榜首。希望您能精加采访，秋毫之善也应嘉奖，细微之恶也应处罚。"高颎又问他秦州等地的风土人情和官员品行，房彦谦均对答如流，引得高颎等人赞叹不止。高颎转过头来，对殿内其他接受考课的各州总管与刺史说道："和各位交谈，远不如与房彦谦交谈获益多啊！"

录事参军事一职任满后，房彦谦出任许州长葛（治今河南省长葛市东北）县令。他在长葛传播礼乐，教化百姓，不为享乐而大兴土木；断案公正，但凭礼法，使长葛路不拾遗，夜不闭户。长葛百姓安居乐业，称房彦谦为"慈父"。仁寿元年（601年）六月，隋文帝派出16位使者，分赴全国各地巡视，考察地方官员的政绩。这次评定中，房彦谦位列"天下第一"，超授都州（治今湖北省钟祥市西北）司马。长葛百姓听说这个消息后十分不舍，说："房明府如今卸任了，我们该怎么办啊！"为了表达感激之情，同时希望接任的县令能如房彦谦一样清正廉洁，长葛百姓立碑歌颂房彦谦的政绩。都州地区因经济发展落后，包括当地刺史在内的官员都不愿去上任，但房彦谦毅然赴任，并担负起全州的政务。他以仁爱教化当地百姓，期月之间，都州风俗就有了明显改观。

三、激浊扬清，举荐贤才

房彦谦有意继续在一方政坛激浊扬清，但朝局变化让他感到担忧。仁寿四年（604年）七月，隋文帝驾崩，杨广即皇帝位。八月，隋炀帝杨广的五弟汉王杨谅起兵造反，旋即兵败，隋炀帝大肆搜捕与杨谅有关人员，一时间人心惶惶。大业元年（605年）三月，隋炀帝下诏营建东都洛阳，由宰相杨素监修。隋炀帝要求东都既要有长安大兴宫的规模，也要有南朝建康宫的华丽，仅城郊的西苑就占地方圆二百里，"其内为海，周十余里，为蓬莱、方丈、瀛洲诸山，高出水百余尺，台观殿阁，罗络山上，向背如神"（《资治通鉴》卷一八〇）。这一浩大的工程可谓劳民伤财。房彦谦不愿朝政败坏，寄信给炀帝宠臣、黄门侍郎张衡，请他直言劝谏炀帝，不要曲意奉承。信中说："贤能之人，既不在于武力强大，也不在于文学才华，只需要自身正直无私，勇于担当重任，志向坚定而不动摇。就像栋梁安置于房墙之上，骨骼支立于人身体内，这就是所说的栋梁骨鲠之材。"在房彦谦看来，贤才最应具备的是正直的品性，而文才武略其次。张衡为杨广夺取帝位出力甚多，受炀帝宠信，但终究未敢向炀帝直言进谏。

后来，都州被废除，房彦谦解任。他痛心于朝纲败坏，意图再次归隐。大业三年（607年），炀帝改组监察系统，增设谒者台与司隶台。其中，司隶台负责对地方官的监察与考绩，设大夫一人为长官，有别驾二人监察畿内、刺史十四人分巡地方。房彦谦的好友薛道衡担任大夫。房彦谦也因清正廉洁的品行，众望所归，被授予司隶刺史之职。此次制度调整，重新激起了房彦谦激浊扬清的雄心壮志，他毅然接受任命。房彦谦正直无私，巡查地方时有贤必举，有过必劾，"进擢者縻爵不致谢言，绳纠者受刑而无怨色"（董诰等编《全唐文》卷一四三《唐故都督徐州五州诸军事徐州刺史临淄定公房公碑》），被晋升者即使是连续晋级也不必向他表示感谢，有过者即使受刑也都心服口服。司隶别驾刘炟专横跋扈，经常利用职务之便搜罗他人把柄，其他刺史都害怕他，每次见面都对他恭恭敬敬地下拜。房彦谦清正廉直，不惧刘炟，每次见他只是依礼长揖，刘炟虽气愤，却无可奈何。

随着朝政日渐败坏，房彦谦在朝中的立足之地越来越小。大业五年（609年），薛道衡大力称赞前朝高颎执政时的政令。因高颎当年不同意文帝立杨广为太子，炀帝怀恨在心，这次则迁怒于薛道衡，找了个借口将他杀掉了。大业九年（613年），炀帝再征高句丽，大批百姓被迫充军服役，怨声载道。前任宰相杨素之子杨玄感趁机起兵造反。炀帝平定叛乱后又大肆搜捕涉案人员，万余名无辜者被杀。在这样的环境中，房彦谦仍秉持清正廉洁的品性，不愿同流合污，也因此得罪了很多同僚。大业十一年（615年），房彦谦被贬为泾阳（治今陕西省泾阳县）县令，当年在官舍中去世。

房彦谦为官时拔擢清正之士，在家时教导子侄清廉俭朴。他的衣食住行十分朴素，父辈留下的财产和自己的官俸均被他用于周济亲友。他说："别人都因官俸致富，我却因为做官而更穷了。我能留给子孙的，只有'清白'了。"在他的教育下，儿子房玄龄后来成为唐朝宰相。贞观三年（629年），唐太宗李世民下诏追赠房彦谦为持节都督徐、泗、仁、谯、沂五州诸军事、徐州刺史，并颂扬了他清正廉洁的品行。贞观五年（631年），房玄龄将房彦谦灵柩葬至齐州亭山县赵山之阳（位于今山东省济南市历城区彩石街道西彩石村北），唐代著名史学家李百药撰写碑文，书法家欧阳询书。1977年，房彦谦墓被公布为山东省级重点文物保护单位。2018年，山东省文物局等多部门联手建成房彦谦历史文化公园，其中专门建有一座根据房彦谦为官公正廉洁的品质而打造的"廉文化广场"。

◈ **史料来源**

• 嘉靖《山东通志》卷二五《名宦上·房彦谦》，《天一阁藏明代方志选刊续编》影印明嘉靖十二年（1533年）刻本，上海书店出版社1990年版。

• 道光《济南府志》卷三三《宦迹一·房彦谦》，清道光二十年（1840年）刻本。

• 《隋书》卷六六《房彦谦传》，中华书局2020年点校修订本。

• 《全唐文》卷一四三《唐故都督徐州五州诸军事徐州刺史临淄定公房公碑》，中华书局1983年版。

（撰稿：袁琳、王逸临）

辛公义：

奉国罄心之循吏

隋无明天子，公卿皆备员。
试探循吏传，二子足称贤。
辛公化岷俗，床舆满厅屋。
刘君临平乡，狱中芳草绿。
讼端不复兴，黎庶咸亲睦。
上无还阁卧，下拟攀辕哭。
贤哉二使君，阳春布寒谷。
虽非廊庙勋，庶使群生育。
孰与苏威辈，营营空食禄。

—明·顾正谊《顾氏诗史·辛刘》

明人顾正谊翻阅隋朝历史后，认为有隋一代从君主到臣僚并无多少贤明之人，唯有辛公义和刘旷二人虽未居高位，却是真正心系百姓、为民办事的清官廉吏。二人治下的百姓均和睦相处，息讼止争。

辛公义（552—613），陇西狄道（今甘肃省临洮县）人。他出身官宦之家，幼年丧父，由母亲抚养成人。北周建德初年，被授为宣纳中士，不久升为内史上士，参掌机要。开皇元年（581年），被任命为礼部主客侍郎兼领内史舍人事。随后，又陆续升迁为岷州（今甘肃省岷县）刺史、牟州（治今山东省莱州市）刺史、扬州道黜陟使和司隶大夫等。

一、"慈母"化岷俗

辛公义在北周时进入太学读书，以勤苦著称。在每月的御前讨论中，他总能以独到的见解被百官称赞，是同辈中的榜样。杨坚担任北周宰相时，辛公义为其属官内史上士，协助其处理朝廷事务。入隋后，隋文帝将辛公义留在朝中，任礼部主客侍郎兼领内史舍人事。南朝陈政权派使臣来访，往往由他奉诏接待。后转任驾部侍郎，被派往隋和南陈边界处安抚百姓。开皇七年（587年），因处理马政事务成绩出色，隋文帝高兴地称赞辛公义："唯我公义，奉国罄心！"（《隋书》卷七三《循吏传·辛公义》）后因平陈之功，辛公义升任岷州刺史。

当时的岷州医疗水平落后，人们对疾病的认知水平不高，当地形成了一种很坏的习俗：家中有人患病，家人往往因害怕传染而将病患抛弃，致使病人常因无人照料而死去。辛公义到任后，以百姓为念，派人将所有患病者都安置在官衙内休养，自己则坐在病人中间处理公务。他的薪俸全部用来聘请医生，购买药材，供给病患饮食。经过精心护理，许多病患都逐渐恢复了健康。病人康复后，辛公义再将病人的家属找来，告诉他们不是所有的病都有较强的传染性，劝其用心照料患者。他说："我把病人都聚集到一起，自己日夜坐卧其间。如果会传染，第一个被传染的应该是我，可我现在不是还好好的吗？"就这样，岷州抛弃病患的风俗为之一变，家庭和睦，社会和谐，当地百姓纷纷称辛公义为"慈母"。

二、公正断案，牟州息讼

古代司法审判和刑狱事务中往往存在诸多弊端，那些能在纷繁复杂的利益网络中公正断案、为民解忧的官员一般会受到后世的广泛赞誉。辛公义就是如此。

自北魏以来，中国北方各政权的律法偏于残酷。隋朝统一天下后，对律法进行修订，废除了其中的酷刑，但在具体的判决上仍比较严苛。有隋一代，律法也没有被很好地贯彻执行。开皇十七年（597年），隋文帝杨坚下诏："所在官人，不相敬惮，多自宽纵，事难克举。诸有殿失，虽备科条，或据律乃轻，论情则重，不即决罪，无以惩肃。其诸司属官，若有愆犯，听于律外斟酌决杖。于是上下相驱，迭行棰楚，以残暴为干能，以守法为懦弱。"（《隋书》卷二五《刑法志》）可见皇帝许可使用超出法律规定范围的暴力手段，导致官员崇尚暴力手段，鄙视守法者，官场风气更恶。

杨素和刘子通等高官还经常迎合文帝崇尚刑法的心理，将案件从重判决，以致没有重罪却被判死刑者很多。他们还借机报复政治对手，导致"临终赴市者，莫不涂中呼枉，仰天而哭"（《隋书》卷二五《刑法志》）。隋炀帝时纪纲更为败坏。"其或善于侵渔，强于剥割，绝亿兆之命，遂一人之求者，谓之奉公，即时升擢。其或顾名节，存纲纪，抑夺攘之心，以从百姓之欲者，则谓之附下，旋及诛夷。"（《隋书》卷七三《循吏传序》）那些迎合上司、残害百姓的官员得到了嘉奖，爱护百姓的官员却可能面临灭顶之灾，以致普通百姓获得公正的裁断更为困难。

在这种政治环境中，辛公义在牟州刺史任上表现出的清正廉洁、关心百姓的品行更显得难能可贵。

开皇末年，也就是在隋朝执法环境急转直下之时，辛公义赴任牟州，他清正爱民的品性在此得到进一步彰显。一天，牟州的几名狱吏正在闲聊，猜测新任刺史之为人，只见另一名狱吏慌慌张张地跑进来，说："刺史辛公来了!"不一会儿，辛公义就带人到了。原来辛公义刚抵达牟州，就到狱中视察，清理狱讼。之前的官员都不像他这样重视处理狱讼之事，狱吏根本没来得及准备。同在岷州一样，辛公义让手下将案几和卷宗直接搬到狱中。他坐在牢狱中，亲自翻阅卷宗，提审犯人。他对每个犯人都详细按问，务求得实而无冤案。十余日后，辛公义将前人留下的未决案件悉数决断完毕，方才正式回到大堂办公。他不仅平反了很多冤案，更使很多受监押之人少受了无辜的牢狱之灾，赢得了牟州官吏与百姓的钦佩。

　　一般官员接到诉讼，都会让手下先把诉讼双方的情况记录下来，然后让诉讼双方回去等待，往往要过很多天才能审理。辛公义则是派遣当值官员立刻去询问案情，绝不拖沓。隋时，未被判决的犯罪嫌疑人及一些原告、证人，在案情确定前均需被关押，相关费用由受押者自行承担。为减少百姓不必要的损失，减少狱吏对受押者的剥削与摧残，对于那些无法快速厘清来龙去脉的案件，辛公义会一直在州衙中研究案情。夜深了，辛公义就直接睡在那里，直到案件解决才搬回自己的房间。

　　看着辛公义夜以继日地批阅卷宗，处理案件，其僚属于心不忍，纷纷劝他："这些事情本就无需立即完成，您何必让自己如此辛苦呢?"辛公义回答道："我作为本州刺史，没有足够的德行与能力引导所部百姓向善，还使他们身陷囹圄，我怎么能心安呢?"犯人听到刺史这么说，很受感动，纷纷表示要痛改前非。乡里的长辈听说后，也纷纷表示要担负起协调邻里百姓关系的责任，劝阻那些还要到刺史衙中上诉的人。大家都说："怎么能再用这些小事烦劳我们的刺史呢?"争讼双方也因此答应互相让步，不让辛公义为难。在辛公义的治理下，牟州诉讼稀少，百姓和睦相处。

　　辛公义又带领百姓兴修水利，发展生产。开皇十八年（598年）秋，河南、山东和河北境内暴雨连绵，自陈州（治今河南省周口市淮阳区）、汝州（治今河南省汝州市）直到沧海（治今河北省盐山县），境内水灾泛滥，庄稼颗粒无收，唯独牟州境内未受影响。这一年，当地还出土了黄银，在当时被视为祥瑞之兆。牟州百姓都说这是因为辛公义为官清正、为民解忧而感动了上天，上天以这些事来表扬他。

三、黜陟官吏，未尝有私

仁寿元年（601年），辛公义因出色的政绩被任命为扬州道黜陟大使，负责考察江南地区官吏政绩和民间境况。当时隋文帝的孙子、太子杨广的儿子豫章王杨暕是扬州总管。他害怕部内官员犯法，有损声望，于是悄悄派人央求辛公义不要深究。辛公义回答说："我奉诏前来，不敢有私。"他依律处事，秉公奏劾，惹得杨暕十分不满。杨广即位后，杨暕当年的属官、扬州长史王弘入朝担任黄门侍郎。他伺机中伤辛公义，导致辛公义罢官。辛公义曾经的属官和友人听说后，相继赴京鸣冤。在他们持之以恒的努力下，几年后，隋炀帝终于发现自己当年的处罚是错误的，遂为辛公义平冤昭雪。

大业年间，辛公义还曾出任专门负责考察地方官吏的司隶台的长官司隶大夫。他在司隶大夫任上，公正地考察各地官吏，希望为国家选拔一些优秀的人才。几年后，辛公义在跟随隋炀帝征高句丽时去世，终年62岁。

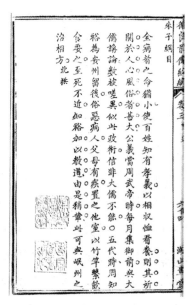

清代张星徽《历代名吏录》卷三《辛公义》北拱评论书影，清雍正九年张氏湖山草堂刻本

唐人编修《隋书》时，将辛公义列入《循吏传》，称赞辛公义等人"立严察之朝，属昏狂之主，执心平允，终行仁恕，余风遗爱，没而不忘"（《隋书》卷七三《循吏传序》），称赞其在苛政中还能清正自立，公正处事，为民解忧。直到今天，在山东、甘肃的一些地方，辛公义的故事还广为流传。

◈ 史料来源

• 嘉靖《山东通志》卷二七《名宦下·辛公义》，《天一阁藏明代方志选刊续编》影印明嘉靖十二年（1533 年）刻本，上海书店出版社 1990 年版。

• 光绪《增修登州府志》卷二四《职官志·前秩·辛公义》，清光绪七年（1881 年）刻本。

• 《隋书》卷七三《循吏传·辛公义》，中华书局 2020 年点校修订本。

（撰稿：张富华、王逸临）

张允济：
以爱利为行

地方百里身南面，翻手冷霜覆手炎。

赘婿得牛庭少讼，长官斋马吏争廉。

邑中丞掾阴桃李，案上文书略米盐。

治状要须闻岂弟，此行端为霁威严。

——宋·黄庭坚

《山谷外集》卷六《送徐隐父宰余干》

篇首所引诗作是宋代著名文学家黄庭坚为送友人徐隐父赴任江西而作，意在鼓励他为官清廉，为民做事。黄庭坚在诗中旁征博引，其中"赘婿得牛庭少讼"一句就是引用隋代武阳（治今山东省莘县西南朝城镇）县令张允济的典故。

隋大业年间，青州北海（治今山东省潍坊市）人张允济在武阳县任县令。他每天勤勤恳恳，为百姓操劳，大力推行德治，政声大著。一天，邻县元武县的一名百姓来到武阳县衙，向张允济寻求帮助。张允济问他："你是元武县民，为何到本县上诉呢？"这名男子哭泣不已，好容易才将事情的来龙去脉说清楚。

原来，这名男子饲养了一头母牛。婚后，他要到女方家生活，因此也将这头母牛带了过去。现在，他不想再和女方一起生活了，要将母牛带走。但女方一家坚决不归还这头牛，甚至不承认这头牛是他的。双方屡次对簿公堂，但元武县均不能做出准确的决断。无奈之下，这名男子只能跨县来找素有政声的张允济帮忙。

张允济答应了他，先让手下蒙住这名男子的头，随后一行人来到了其妻子所在的村落。张允济发布命令，说要捕捉盗牛贼，让村民将家中的牛都带过来，一一接受盘查。该男子妻家不知实情，因害怕被牵连，就指着男人的那头牛说："这是女婿家的牛，至于是不是他偷来的就不知道了。"听闻此言，张允济命人摘掉男人的头套，说："这就是你的女婿，现在把牛还给他吧。"妻家连忙磕头认罪。元武县的官员听说这件事后，既自惭形秽，又十分佩服张允济。

张允济还曾在行路途中碰到一位以种葱、卖葱为生的老太太。为了防止大葱被盗，这位老人特地在葱地旁搭了一间小屋子看守。张允济对她说："你不用在这里守着，回家休息就好了。如果有人来偷葱，你就来县衙找我，我会帮你解决问题的。"于是老太太回家休息了。不日，果然有人偷走了很多葱，老太太到县衙告诉了张允济。张允济来到葱地，召集周围的男女老少前来等待问询，不一会儿就找到了偷葱的人。

张允济辨识偷葱者的具体方法，正史中没有详细记载。南宋时有两部记述历代刑法断狱典型案例的著作，一部是郑克的《折狱龟鉴》，一部是桂万荣的《棠阴比事》，里面都记载了张允济找偷葱贼的故事。《棠阴比事》记张允济"悉召葱地左右居人，使之一一听其手，乃得盗者"，让失主逐一听周围居民的手，最终辨别出了偷葱者。

谁是偷葱者真能从手上听出来吗？郑克的《折狱龟鉴》卷七《察盗》在张允济的故事后有一段按语，揭开了其"听葱"之谜：

> 《周礼》以五声听狱讼，求民情：一曰辞听，观其出言不直则烦；二曰色听，观其颜色不直则赧；三曰气听，观其气息不直则喘；四曰耳听，观其听聆不直则惑；五曰目听，观其顾视不直则眊。允济召集葱地左右居人，呼令前一一听之，遂获盗葱者，盖用此术也。

大意是：《周礼·秋官·小司寇》中称，可以从五个方面审查囚犯，判决诉讼，了解民情。一是审查其供词，没有理的一方一定啰里啰唆；二是审查其神色，没有理的一方容易羞愧脸红；三是审查其呼吸，没有理的一方往往呼吸急促；四是审查其听觉，没有理的一方往往假装听不清楚；五是审查其眼神，没有理的一方往往假装看不分明。张允济召集葱地附近的居民，把他们一个个叫到跟前仔细观察其谈吐、神色、举止，最终抓住偷葱者，大概用的就是这种方法。至于"听葱"，恐怕只是动摇偷盗者心理的技巧。

在张允济的治理下，武阳县社会风气良好，秩序井然。曾有一名行人为赶路，天还没亮就急匆匆地离开了客栈，包裹在半路不慎掉落。他又前行了十多里路方才察觉，很是着急，担心包裹被别人捡走了。旁边的百姓对他说:"别担心,我们武阳县在张县令的治理下,路不拾遗,夜不闭户。你遗失的物品肯定还在原处,回去取就行了。"这名行人半信半疑地回去,发现失物果然原封不动地落在那里,令他很是惊讶。远方的官民听说这件事后,更是对张允济称赞不已。

因政绩突出,张允济后被调至高阳郡(治今河北省定州市)担任郡丞。当时因隋炀帝治国无方,山东、河北、河南等地已是起义军四起。朝廷原定的高阳郡守不敢上任,原为郡守助手的张允济毅然承担了郡里全部事务。在他的治理下,高阳郡成为遍地烽烟中的一片净土,吏民对他十分感激。

宋代桂万荣《棠阴比事·允济听葱》书影,元刻本

好景不长,大业十一年(615年),王须拔起兵反隋,自称"漫天王",手下兵力号称有二十万之多。高阳郡因地理位置重要,成为王须拔军队攻击的重点之一。王须拔率军将高阳城团团围住,张允济组织百姓抵抗达数月之久。当时城中粮尽,吏民们都取槐树叶或者藁节充饥,却没有一个人背叛张允济。十二月,高阳城破,张允济在百姓的保护下活了下来。

唐贞观初年，张允济升任刑部侍郎，受封爵位为武城县男，后在幽州（治今北京市西南）刺史任上去世。

后世史官评价张允济为官"以爱利为行"（《新唐书》卷一九七《循吏传·张允济》），也就是说张允济为官的目标是关爱百姓，做对百姓有利的事。史官认为，隋朝后期"朝廷无正人，方岳无廉吏。跨州连郡，莫非豺虎之流；佩紫怀黄，悉奋爪牙之毒。以至土崩不救，旋踵而亡"；唐太宗时"唯思稼穑之艰，不以珠玑为宝。以是人知耻格，俗尚贞修，太平之基，率由兹道"（《旧唐书》卷一八五《良吏传序》），因此他们特意表彰张允济等人的事迹，以期国家臻于治道。地方官员将张允济的故事编入方志、狱讼类书籍及类书中以资参考，"决争牛讼""允济听葱""路不拾遗"等故事广为流传。

◈ **史料来源**

• 嘉靖《山东通志》卷三三《人物六·张允济》，《天一阁藏明代方志选刊续编》影印明嘉靖十二年（1533 年）刻本，上海书店出版社 1990 年版。

• 乾隆《莱州府志》卷一〇《人物·张允济》，清乾隆五年（1740 年）刻本。

• 《旧唐书》卷一八五《良吏传上·张允济》，中华书局 1975 年点校本。

• 《新唐书》卷一九七《循吏传·张允济》，中华书局 1975 年点校本。

（撰稿：邢娜娜、王逸临）

房玄龄：

清风一万古

吾爱房与杜，贫贱共联步。

脱身抛乱世，策杖归真主。

纵横握中算，左右天下务。

肮脏无敌才，磊落不世遇。

美矣名公卿，魁然真宰辅。

黄阁三十年，清风一万古。

巨业照国史，大勋镇王府。

遂使后世民，至今受陶铸。

粤吾少有志，敢蹑前贤路。

苟得同其时，愿为执鞭竖。

——唐·皮日休

《皮子文薮》卷一〇《七爱诗·房杜二相国》

房玄龄像（房道国　供图）

房玄龄（579—648）在唐朝贞观年间的著名大臣中，虽然不像魏征那样以直言触犯龙颜著称，但他为相时"夙夜勤强，任公竭节"（《新唐书》卷九六《房玄龄传》），天下号为"贤相"。

房家祖居临淄（治今山东省济南市），父亲房彦谦在隋朝时即以清正廉洁著称。房彦谦清正廉洁的品行深深地影响了房玄龄。宋人林同在其《孝诗·房玄龄》中称赞道："人皆因禄富，我独以官贫。佩父清白训，为唐第一人。"（陈起编《江湖小集》卷九五）此诗前两句正是房彦谦对房玄龄的谆谆教诲，也是房玄龄为官坚守的训条。

一、乱世投明主

房玄龄自幼聪慧，博览群书。18岁时，房玄龄被举荐为进士。吏部侍郎高孝基见到房玄龄后对他大加赞赏，认为他日后必成大器。房玄龄在京城担任羽骑尉、秘书省校雠等官职，后出任隰城（今山西省汾阳市）县尉。早在开皇十七年（597年），隋文帝任命第五子杨谅为并州总管，隰城县归杨谅管辖。仁寿四年（604年）七月，隋文帝驾崩，杨广即皇帝位。八月，杨谅起兵反隋炀帝，旋即兵败。隋炀帝大肆搜捕与杨谅有关的人员，房玄龄也因在杨谅辖区内任职而被贬至上郡（治今陕西省富县）。

大业十三年（617年）六月，李渊趁隋炀帝巡幸江都（今江苏省扬州市），在晋阳起兵，派李建成与李世民分率左右三统军西进长安。房玄龄早知隋朝败亡之日不远，在听闻平日礼贤下士的李渊起兵后，决定前去投奔。适逢李世民兵至渭北，房玄龄去拜访，二人一见如故。李世民立即任命房玄龄为他的记室参军，专掌文书收发等工作。大业十四年（618年），隋炀帝于江都被杀，李渊在长安称帝。在李世民的奏请下，房玄龄获封临淄侯。

当时群雄逐鹿，房玄龄随李世民四处征伐。每攻下一地，李世民麾下众将争相夺取珍宝，房玄龄则一一拜访当地贤能之士，将他们邀至李世民幕府中。在房玄龄的努力下，李世民麾下诸人对李世民无不尽心尽力。李世民感慨地说："汉光武帝得到邓禹后，属下更加亲密。今天玄龄对我，正如当年的邓禹一般啊！"房玄龄工作能力也很突出。在李世民任秦王的十年间，房玄龄作为其心腹重臣，将相关的军政文书、符印事务管理得井井有条。高祖李渊也曾说："房玄龄深识机宜，足堪重任。他每次替李世民汇报事务都十分恰当，有如千里之外的李世民亲自向我汇报一样。"在玄武门之变中，房玄龄也发挥了重要作用。此后，李世民对房玄龄更加信任，君臣二人相得益彰。

二、屡进忠言

贞观三年（629年），房玄龄被任命为尚书左仆射，即首席宰相，与尚书右仆射杜如晦共掌朝政。出任宰相后，房玄龄继续坚持忠正廉洁的品德。他屡屡向唐太宗李世民进言。唐太宗虽然以能保全功臣著称，但并非对功臣没有怀疑。贞观九年（635年），李靖凯旋还朝，被人诬陷谋反。唐太宗虽在调查后还李靖清白，但李靖为保全自己，从此闭门谢客，连亲戚都少有走动。贞观十三年（639年），尉迟敬德也被诬谋反。太宗当面问尉迟敬德："有人说你谋反，这是怎么回事？"虽然尉迟敬德自证清白，但此后也少与人往来了。唐太宗十分了解房玄龄忠正的品行，故对他最为放心。

唐太宗不仅一直以房玄龄为相，而且在自己出京后便将朝廷之事委托给房玄龄处理。贞观十九年（645年），唐太宗征高丽，太子也不在京城，便将政务委托给房玄龄，允许其"便宜从事，不复奏请"（《资治通鉴》卷一九七）。后又有人要告密，房玄龄派人将其送至太宗面前。太宗先让刀斧手站立两旁，再问告密者要状告何人。听说要状告房玄龄后，太宗命刀斧手将这名告密者腰斩，还告诉房玄龄不要害怕这种告密者，自己很信任他。

在信任的基础上，房玄龄可以就一些敏感问题进言。对唐太宗而言，贞观十七年（643年）是伤心的一年，因为皇子间同室操戈的事情再度上演了。

太宗即位后就立李承乾为太子。自贞观十年（636年）起，太宗越发宠爱魏王李泰，魏王府的各种待遇甚至一度超过太子东宫。朝中出现了太宗要换太子的传言。虽然太宗于贞观十七年当众宣布不会换太子，但太子与魏王之间的裂痕越来越深。当年四月，在对一个案件的审查中，朝廷意外发现太子曾派人暗杀过魏王，而且还在谋划造反。"凌烟阁二十四功臣"之一的侯君集和太宗的弟弟李元昌都参与了其谋反计划。太宗废掉李承乾，杀了侯君集和李元昌。之后，魏王李泰为了获得太子之位，开始逼迫潜在的竞争对手晋王李治。在权衡朝臣态度、各皇子性格以及政权命运后，太宗选择了李治当太子，之后李泰因罪被贬，这一场涉及皇室和朝廷重臣的风波才渐渐停息。太宗问房玄龄等人："自古以来，创业君主的子孙多有纷乱，这是为什么？"房玄龄直白地说："这是因为这些皇室子孙多生长于深宫之中，从小就享受荣华富贵，不能辨识事情真伪与国家安危。"太宗说："你太着眼于君主。朕则认为是功臣子弟骄奢淫逸，没了祖辈的能力，无法在君主需要时提供有力的帮助，这才促成变乱。"

房玄龄进谏也注重方式方法。贞观二十一年（647年），太宗在终南山上的翠微宫中任命李纬为户部尚书。房玄龄正留守京城。太宗问从京师来的人："房玄龄对我任命李纬为户部尚书是什么意见？"那人回答，房玄龄只说李纬有一把漂亮的胡须。太宗因此改任李纬为洛州（治今河南省洛阳市东北）刺史。

房玄龄病重之时也不忘进谏。当时高丽地区形势恶化，太宗为了不留后患，决意亲征。房玄龄知道，隋炀帝举全国之力三征高丽，反使社会矛盾激化，他因此不顾病体，上表劝阻。他对儿子们说："我来日无多，所担心的只是皇上决意征高丽。大臣们没有敢直言进谏的。我要是再不说，恐怕会带着遗憾去世了。"太宗见到房玄龄的上奏后很是感慨："他病重至此还关心国家大事，可叹啊！"

三、为政公平

房玄龄坚持按照公平公正的理念处理政务。贞观二年（628年），太宗对房玄龄提及隋初宰相高颎，认为高颎公平正直、尤识治体。房玄龄回答道："臣听说治国之道在于公平正直。因此《尚书》云，无偏无党，王道荡荡；无党无偏，王道平平。孔子也说过，举直错诸枉，则民服。陛下所考虑的正是达到至公的诀窍。"

房玄龄在受命修订《贞观律》时，尽心尽力。他不仅减轻了一些过重的刑罚，而且力求在法律执行层面更加平等。贞观二十年（646年），刑部尚书张亮交结术士，询问自己能否"举大事"，被判处谋反罪。房玄龄等人与张亮诀别时说："法者天下之平，与公共之。"（《资治通鉴》卷一九八）

房玄龄举荐人才以忠正廉洁为标准。早在李渊尚未称帝时，房玄龄就向李世民推荐杜如晦。房玄龄说："杜如晦有王佐之才。如果您想经营天下，非此人不可。"李世民说："如果不是你提醒，我几乎要失去这个人才了！"后来杜如晦为李世民贡献颇多。李建成曾对李元吉说，李世民手下只有房玄龄和杜如晦难对付。太宗同房玄龄商议政务，房玄龄常说："这件事必须等杜如晦来决断。"杜如晦到后，又常常认可房玄龄的建议，正所谓"玄龄善谋，如晦能断"，"二人深相得，同心徇国，故唐世称贤相，

推房、杜焉"。（《资治通鉴》卷一九三）

　　李大亮也是房玄龄经常称赞的官员。房玄龄屡次称赞李大亮有汉代王陵和周勃的气节，堪当大任。李大亮虽然位高权重，但住所与衣着都很简陋朴素。贞观十八年（644年），太宗前去洛阳，留房玄龄和李大亮共同处理朝中事务。李大亮去世前，还上书请太宗不要伐高丽。太宗听闻噩耗，为之废朝三日。

　　房玄龄还负责对官员的考核与评定。房玄龄与王珪每日任劳任怨，治书御史权万纪却吹毛求疵，上奏房玄龄等人办事不公并利用职权结党谋私。权万纪的弹劾引起魏征、侯君集等人的强烈不满。侯君集抗旨，不对房玄龄与王珪进行调查。魏征为房玄龄等人鸣不平，说："房玄龄和王珪俱是国家重臣，为官忠诚正直。参与考评者众多，房玄龄他们难免在一两个人的评定上有瑕疵，但绝不是结党谋私。权万纪身为御史，以监察为责。房玄龄和王珪评定官员时，权万纪就在一旁。他当时不去纠正这些处理不当的事情，反在评定结束后弹劾房玄龄和王珪，非是诚心为国，无益于上，有损于下。"在魏征等人的论奏下，权万纪被外放任官，不再担任治书御史。可见房玄龄在政务工作中正直无私，无所偏向，得到了其他官员的高度认可。

　　房玄龄不仅自己不凭借高位作威作福，而且也严禁儿子借机谋取私利。他反复告诫儿子不能骄奢淫逸，更不能借自己的官位而欺凌他人。房玄龄特意将古今圣贤的家训写在屏风上，令每个孩子各取一具。房玄龄说："你们如果能留意这些家训，就能够保你们平安，功成名就。我一直尊崇汉代累世忠节的袁家，你们一定要向他们学习，做忠诚正直之人！"

　　房玄龄才能卓越，孜孜奉国，清正廉洁，时人对此常有赞誉。贞观十六年（642年），朝廷在加其为司空的制书中称赞他"器范忠肃，识具明允。才称王佐，望乃时英。霸图爰始，预经纶之业。鼎命维新，赞隆平之化。诚固金石，勋勒钟鼎"（宋敏求编《唐大诏令集》卷四四《命相一·房玄龄司空制》）。更值得称赞的是，房玄龄官居宰相却谦逊低调，推贤让贤，成人之美。唐代史学家柳芳高度评价房玄龄："佐太宗定天下，及终相位，凡三十二年，天下号为贤相；然无迹可寻，德亦至矣。故太宗定祸乱而房、杜不言功，王、魏善谏净而房、杜让其贤，英、卫善将兵而房、杜行其道，理致太平，善归人主。为唐宗臣，宜哉!"（《资治通鉴》卷一九九）

◈ 史料来源

• 嘉靖《山东通志》卷三二《人物五·房玄龄》，《天一阁藏明代方志选刊续编》影印明嘉靖十二年（1533 年）刻本，上海书店出版社 1990 年版。

• 道光《济南府志》卷四七《人物三·房玄龄》，清道光二十年（1840 年）刻本。

• 《旧唐书》卷六六《房玄龄传》，中华书局 1975 年点校本。

• 《新唐书》卷九六《房玄龄传》，中华书局 1975 年点校本。

（撰稿：袁琳、王逸临）

员半千：

振衣出世尘

此亦堪为政，无因笑傲轻。

尔能高治行，世止薄科名。

烟井流移复，春苗斥卤耕。

古来称一尉，何必尚专城。

——清·吴伟业

《梅村家藏稿》卷一二《送湘阴沈旭轮谪

判深州四首（其三）》

清人吴伟业在送友人左迁时，曾写诗来宽慰他。其中"古来称一尉，何必尚专城"之句，是告诉朋友，只要心中有百姓，为民干实事，即使是一名县尉也能受到后世的称赞，而不必非要出任一地最高长官。这里提及的古来所称赞的"尉"，就是唐代名士员半千（621—714）。

一、屡获赏识

唐太宗贞观末年的一天，宰相房玄龄正在考察各州至朝廷参加童子科的考生，原籍齐州全节县（治今山东省济南市章丘区）的考生员余庆吸引了他的目光。这名考生虽不足十岁，却已通《孝经》和《论语》，还能讲《周易》和《老子》，在众考生中较为突出。后来，员余庆成长为当世名士，改名"员半千"。位列"初唐四杰"的骆宾王、王勃及"初唐四大书法家"之一的薛稷均曾与他往来唱和。员半千令后人广为称赞之处就是他为官清正，"有清白节"（《新唐书》卷一一二《员半千传》）。

员半千清正的品格离不开成长过程中受到的教育。他通过童子科考试之后，问学于一名正直廉洁的官员王义方。王义方因揭露宰相李义府的恶行而遭陷害，被贬官后，转而传道授业。员半千超逸秀拔的品行深得王义方喜爱。王义方常对员半千说："每五百年就会有一位贤者降生，这个人应当是你吧。你一定要好好努力啊！"老师这番话正是员半千改名的缘由，他是想以此激励自己。王义方去世后，员半千与同窗何彦先在老师墓前栽种了他生前喜爱的松柏，守丧三年才离去。

上元年间，唐高宗李治下诏制定了八条标准，要求各地方按此举荐人才至朝廷，参与选拔。员半千凭借出色的成绩、正直的品行通过了选拔，被任命为河北道怀州武陟（今河南省武陟县）县尉，辅佐县令殷子良。

仪凤二年（677年）夏，河南道与河北道发生旱灾。员半千请殷子良立即开仓放粮，救济百姓，遭到殷子良的拒绝。因为在唐代，官仓粮食的出纳与灾情申报有严格且烦琐的程序。即使是专门为救灾设置的义仓，也需地方呈文至朝廷的尚书省，经核准后才能开仓放粮。相关流程会耽误很多时间，十分不利于及时救灾。员半千不忍百姓受苦，冒着身陷囹圄的风险，趁殷子良赴怀州城时，私自开仓，救济百姓。

消息传到怀州，州刺史郭齐宗听说后既震惊又生气，命人将员半千关了起来。恰逢宰相薛元超受命安抚河北道，抵达怀州。郭齐宗将这件事汇报给薛元超，请他正式给员半千定罪。薛元超说："你不能抚恤境内的百姓，使恩惠出于一名小小的县尉之手，难道不觉得羞愧吗？马上放了他！"员半千得以出狱，并得到了薛元超的赏识。

永隆元年（680年），唐高宗令各州举荐堪当地方长官的人选，员半千再次获举参加考试。高宗在武成殿亲自面试应举者。高宗问道："谁能解释兵书中的天阵、地阵和人阵？"员半千凭借丰富的知识储备率先作答，赢得了高宗的赞赏。在之后笔试策问的环节中，员半千同样作答出色，名列上第。因为给高宗李治、宰相薛元超等人留下了很好的印象，员半千得以在京师附近为官，先后出任华原（治今陕西省铜川市耀州区）县尉、武功（治今陕西省武功县）县尉。

二、触怒武后

垂拱年间，已经名满天下的员半千以左卫胄曹参军的身份再次进入朝廷。当时唐朝与西南的吐蕃政权发生摩擦，朝廷准备派员半千作为宣慰使出使吐蕃。员半千向皇帝辞行时，已掌权的武则天对他说道："我之前多次听说过你的大名，还以为是位古人，不料竟是本朝官员。这次只是边境上的小事，不需你亲自前往。你暂且留下担任待制，以备我咨询、查问吧。"到证圣元年（695年），员半千已经升至左卫长史，既与王勃等人共同入值弘文馆，又与路敬淳轮流在皇宫的显福门等待武则天问询，参议朝廷规章和礼仪。员半千特意撰写了《明堂新礼》一书进呈，以备武则天御览。万岁通天元年（696年），武则天在嵩山举办封禅大典，想强化自己统治的合法性。员半千所撰的《封禅四坛碑》十二首得到武则天的首肯。员半千获赐绢千余匹。

员半千虽然在政坛上青云直上，却没有抛弃自己清正的品性。圣历元年（698年），武则天已是75岁高龄，却宠幸新的面首张易之和张昌宗兄弟。次年，为了让二张兄弟有正式的官职，武则天专门设立控鹤府，以张易之为长官。控鹤府网罗英俊男子，也吸纳饱学之士，由二张兄弟领衔编修包含儒、释、道三教思想的大型类书《三教珠英》，以粉饰门面。二张兄弟常和控鹤府下属官员也就是控鹤内供奉一起博戏掷骰，甚至以在酒宴中取笑当朝官员为乐，"淫蛊显行，无复羞畏"（《新唐书》卷一〇四《张易之传》）。很早就得到武则天赏识的员半千也被授予正谏大夫兼右控鹤内供奉之职。

敦煌遗书中的《珠英集》残卷

员半千并不想接受这一职务。他对武则天说："自古以来就没有控鹤府，况且您选择进入控鹤府的人都是一些肤浅而偏狭的年轻人，不符合朝廷重视品德的标准，因此请您裁撤控鹤府。"其实他完全可以找借口婉拒，但刚直的员半千选择了直接向武则天表达他的看法，直面连武氏家族和当朝宰相都阿谀奉承的张氏兄弟。果然，员半千的上奏惹恼了武则天。她将员半千降为水部郎中，但仍要求他参与编修《三教珠英》。后来，有人将47名参编者创作的276首诗歌编为《珠英集》。

三、但求清白节

二张兄弟权势日盛。太子李显的儿子邵王李重润、女儿永泰郡主和女婿武延基议论二张兄弟干预朝政，武则天为此大骂李显。李显迫于张氏兄弟淫威，逼迫李重润和武延基自杀，已有身孕的永泰郡主大受惊吓，产下死婴后，自己也过世了。御史大夫魏元忠上奏说二张兄弟干政，张易之反诬奏魏元忠，致使他被贬为高要（治今广东省肇庆市端州区）县尉。清正的员半千由此心生去意。他趁着朝廷选拔刺史的时机，主动放弃朝廷中优厚的待遇与较多的升迁机会，要求外任。武则天同意了员半千的请求，任命他为棣州（治今山东省阳信县）刺史。

神龙元年（705年）正月，太子李显联合兄弟李旦、太平公主和宰相张柬之等人发动政变，诛杀了二张兄弟，迫使武则天退位。唐中宗李显复位称帝。员半千也被召回朝中，复为弘文馆学士。然而，唐中宗在内听任皇后韦氏和女儿安乐公主乱政，在外任由宰相武三思专权，朝政再次败坏。

员半千不被武三思所容，他毅然决定再求外任，先后出任濠州（治今安徽省凤阳县）与蕲州（治今湖北省蕲春县）刺史。在唐代地方政务运作中，有一个配合地方各级官员的被称作"吏"的群体，专门负责整理、保管、查验、处理各类官府文书。吏员的各项待遇远低于正式官员，其月俸甚至无法满足他们应付政务工作所需的开销，他们因此常常做出铤而走险、贪赃枉法的事情。新上任的地方官员不熟悉政务运作的各个环节及所辖地方复杂的社会网络，使吏员得以上下其手。员半千在刺史任上处处亲力亲为，监督吏员工作，防止了此前诸多弊政。他还发展当地的教育事业，使濠州和蕲州文治大兴。

景龙四年（710年）五月，唐中宗李显崩逝，韦皇后妄图临朝称制，效法武则天当女皇。唐隆元年（710年）六月二十日，相王李旦和儿子李隆基联手太平公主发动政变，诛杀了皇后韦氏和安乐公主。七月，李旦登基，即唐睿宗。景云二年（711年）二月，睿宗为了巩固太子李隆基的地位，提高太子声望，复设太子左右谕德等官职。员半千再次因其清正的品行被召进京，拜为太子右谕德兼崇文馆学士，后加至银青光禄大夫，累封平原郡公。

员半千上书请求退休时，皇帝仍命他每月初一和十五入宫朝谒，以便听取他的建议。唐玄宗开元初年，员半千去世。噩耗传来，员半千曾任职地方的百姓都为失去一位清正廉洁、为民解忧的好官而伤心落泪。

员半千一生清正。他有次听闻别人中伤自己，写下《陇右途中遭非语》（彭定求等编《全唐诗》卷九四）一诗，表达了自己淡泊名利与清正廉洁的心志：

赵有两毛遂，鲁闻二曾参。

慈母犹且惑，况在行路心。

冠冕无丑士，贿赂成知己。

名利我所无，清浊谁见理。

敝服空逢春，缓带不着身。

出游非怀璧，何忧乎忌人。

正须自保爱，振衣出世尘。

"名利我所无""振衣出世尘"等句，直观地表达了员半千的志向与品行。宋代欧阳修在《新唐书》中评价员半千"事五君，有清白节，年老不衰"(《新唐书》卷一一二《员半千传》)，表达了对他的敬佩。人们也纷纷传颂员半千的事迹与诗作，称赞他负有才气且清白自处的品质。

◈ **史料来源**

• 嘉靖《山东通志》卷二九《人物二·员半千》，《天一阁藏明代方志选刊续编》影印明嘉靖十二年（1533年）刻本，上海书店出版社1990年版。

• 道光《济南府志》卷四七《人物三·员半千》，清道光二十年（1840年）刻本。

• 《新唐书》卷一一二《员半千传》，中华书局1975年点校本。

（撰稿：张富华、王逸临）

张镐：

一生江海客

关中既留萧丞相，幕下复用张子房。

张公一生江海客，身长九尺须眉苍。

征起适遇风云会，扶颠始知筹策良。

——唐·杜甫《杜工部集》卷二《洗兵马（节选）》

清代沈炳震《唐书合钞·张镐传》书影，清雍正十一年刻本

唐代诗人杜甫的《闻官军收河南河北》一诗，抒发了其听闻唐军收复被叛军占领之地，安史之乱终于要结束的惊喜之情。其中"白日放歌须纵酒，青春作伴好还乡"一句脍炙人口。杜甫还写过一首长诗《洗兵马》，庆贺唐军捷报频传。在该诗中，杜甫大力称颂了为平定安史之乱做出突出贡献的官员。那么，诗中被杜甫比作张良的张镐是谁，他又是如何挽狂澜于既倒的呢？

一、"起家二年秉国钧"

杜甫诗言"张公一生江海客"，指的是张镐起自山野之中，为人淡泊名利。张镐（？—764），博州（治今山东省聊城市）人，相貌英俊，胸怀大志。他涉猎广泛，尤爱经史，好谈王霸之说。年少时赴长安问学于著名史学家吴兢。吴兢为人正直，不附权贵，多次直言进谏。他负责撰修武则天一朝的历史，其中涉及宰相张说的一段丑事。张说屡次请他曲笔掩饰，但吴兢坚持真相，不为所动。吴兢很器重张镐，不仅将知识倾囊相授，而

且注重培养他清廉正直的品格。张镐认为老师大行忠信之道，自己从老师身上受益良多，后来特意请求朝廷追赠吴兢谥号。在京期间，张镐居于家中，不像其他学子那样经营人脉，结交权贵。公卿贵族请他赴宴，他虽不推辞，但从不在席间言及政务。

天宝十一载（752年）十一月，杨国忠任宰相。他为收揽人心，请唐玄宗下诏令各地举荐人才。时张镐结庐于安陵（地处今河北省吴桥县安陵镇附近）。安陵隶属于平原郡，当地太守颜真卿听说张镐的名声后，亲自到张镐家中拜访。一番交谈后，颜真卿对张镐渊博的学识与清正的品行十分认可，立即向唐玄宗举荐他。张镐的好友萧昕时任左拾遗，专掌朝中扈从、讽谏等事。萧昕听闻颜真卿荐举张镐后，也上表说："陛下您不起用张镐，他便只是一名山野村夫。他一旦被起用，就足以担任君王的老师。"玄宗随即召张镐入朝，越级任命他为左拾遗。

天宝十四载（755年），安史之乱爆发，随后，安禄山进至洛阳称帝，派兵四下攻掠。而唐玄宗误信监军边令诚的谣言，于潼关诛杀大将高仙芝和封常清，临时起用已中风的将领哥舒翰守潼关，令唐军士气大挫。杨国忠毫无主见，他找到张镐、萧昕等人，让他们举荐将领。张镐举荐了西北宿将来瑱守颍川（治今河南省许昌市），称赞他有韬略，遇事果断，堪当大任。来瑱不负众望，守住了颍川城，时号"来嚼铁"。

天宝十五载（756年）六月，唐玄宗和杨国忠逼迫哥舒翰出潼关求战，致使哥舒翰兵败被俘，潼关失守。十三日凌晨，玄宗带着太子李亨、杨贵妃、高力士及宰相杨国忠、韦见素等仓皇西逃。张镐听说后徒步扈从玄宗一行。马嵬之变后，玄宗一行入蜀，太子李亨赴灵武（治今宁夏回族自治区吴忠市北）登基，遥尊李隆基为太上皇。八月十二日，玄宗获悉李亨即位，派韦见素、张镐等人携玉玺北上，辅佐唐肃宗。

面见肃宗后，张镐数度慷慨陈词，匡扶朝政。朝廷评价张镐"主善为师，志古之道。或直而温，可以居谏诤之任；或强而谊，可以在准绳之职"（董诰等编《全唐文》卷三六六《贾至〈授张镐谏议大夫制〉》）。这段褒奖之辞特意指出了张镐为人清正，温文尔雅，又敢于直谏，因此升他为谏议大夫。

至德二载（757年），房琯因受监察机关御史台弹劾而罢相，张镐继任为相。名臣独孤及提及张镐出仕两年便升任宰相时，赞叹地说："起家二年秉国钧，自古未有。"（李翱《卓异记·起家二年为丞相》）

张镐刚上任，就向肃宗进言。肃宗崇信佛教，他刚刚登基，就命人招揽了数百名和尚住在禁中，号为"内道场"。和尚们不分昼夜念经祈福，声闻数里。张镐上奏请求罢除佛事，他说："我听说天子谋求福祉，关键在于安养天下苍生，引导风俗健康发展，却从未听说仅凭吃斋念佛、接济僧侣就可以使天下太平。"肃宗听取了张镐的建议。

当时安禄山之子安庆绪继续分遣兵将，四下攻掠。安庆绪派大将尹子奇率军劫掠河南诸郡，以图攻陷江淮一带，夺取唐朝的重要财赋区。张巡和许远领唐兵千余人，被尹子奇上万精兵围困在江淮北部的睢阳（今河南省商丘市）已达数月之久。时任河南节度使贺兰进明领军驻守临淮（今江苏省盱眙县），却不分兵救援。肃宗知道张镐文武双全，就派他以宰相的身份兼领河南节度使，都统淮南等道军事。

张镐领命，不顾个人安危，急调四镇伊西北庭行营兵马使李嗣业、陕西节度使来瑱、河南都知兵马使吴王李祗立刻领兵南下，救援睢阳。途中闻听睢阳形势危急，张镐倍道而进，又移文濠州（治今安徽省凤阳县）刺史闾丘晓出兵解围。濠州距睢阳最近，但闾丘晓为人傲慢阴狠，不服从张镐调遣，拒绝出兵。张镐统领大军赶到时，睢阳已陷落三日，张巡等人被杀，许远被押送至洛阳。张镐十分生气，杖杀了闾丘晓，立下了军威，各部兵马不敢再违抗张镐的命令。在张镐的带领下，安庆绪在河南、河东等地的乱军被悉数平定。李白作《赠张相镐二首》（李白《李太白全集》卷一一）称赞张镐的功绩：

神器难窃弄，天狼窥紫宸。

六龙迁白日，四海暗胡尘。

昊穹降元宰，君子方经纶。

澹然养浩气，歘起持大钧。

秀骨象山岳，英谋合鬼神。

佐汉解鸿门，生唐为后身。

拥旄秉金钺，伐鼓乘朱轮。

虎将如雷霆，总戎向东巡。

诸侯拜马首，猛士骑鲸鳞。

泽被鱼鸟悦，令行草木春。

圣智不失时，建功及良辰。

丑虏安足纪，可贻帼与巾。

倒泻溟海珠，尽为入幕珍。

冯异献赤伏，邓生歘来臻。

庶同昆阳举，再睹汉仪新。

二、"扶颠始知筹策良"

在张镐平定河南等地的同时，郭子仪等将领率军收复了长安，安庆绪等从洛阳逃回河北。肃宗在长安听闻张镐取得的功绩后，降旨嘉奖，封他为南阳郡公。肃宗称赞张镐"谋猷惟允，纲纪立程，总兹戎律，懿是谋府"（董诰等编《全唐文》卷四四《唐肃宗〈收复两京大赦文〉》），命他驻军汴州（今河南省开封市），追捕其余叛军。

在唐朝形势向好之际，史思明一面招揽安氏旧部，继续扩充队伍，一面囚禁了安庆绪派来除掉自己的阿史那承庆等人，假意投降唐朝。肃宗正迫切地希望叛军归降，想也没想就接受了史思明的请求，封史思明为归义王、范阳（今北京市）节度使。

张镐听说后连忙上奏，指出史思明包藏祸心，又指责滑州（今河南省滑县）等地的节度使许叔冀阴险狡猾，不能忠心事主。肃宗不愿意接受这种建议。自唐中期开始，君主宠信宦官。当时肃宗派出一大批宦官分赴各地，负责监军、传递信息等事务。史思明与许叔冀在范阳和滑州贿赂宦官，请他们在肃宗面前说好话。宦官行至汴州，依然颐指气使，索要贿赂。张镐为官清廉正直，拒绝了他们的要求。宦官就在肃宗面前诋毁张镐，说他毫无韬略，又极力夸奖史思明与许叔冀忠心无二。肃宗因此认为张镐"不切事机"，将他贬为荆州（治今湖北省荆州市）大都督府长史。乾元元年（758年），史思明再叛，许叔冀投降史思明，均印证了张镐之前的判断。

张镐后来回到朝中，被任命为左散骑常侍，继续负责对皇帝进谏或接受问询。上元二年（761年），岐王李珍被告发意图谋反。事情缘于史思明当年在洛阳大败李光弼，引兵西进，逼迫长安。蔚州（今河北省蔚县）镇将朱融说，李珍的相貌与太上皇李隆基相像，暗示李珍趁势发动政变。朱、李二人一拍即合。肃宗知道后，命御史中丞、酷吏敬羽审理该案件。敬羽大兴狱讼，李珍与朱融一党被悉数处死。张镐也因曾购买了李珍的一处宅院而被贬为辰州（治今湖南省沅陵县）司户参军。唐代宗即位后，张镐被起用，至抚州（治今江西抚州市临川区）、洪州（今江西省南昌市）等地担任刺史。广德二年（764年），张镐卒于任上。

张镐出仕于风云变幻之际，献策于唐政权危急存亡之时。他虽然官至宰相，却居身清廉，不营资产，直言进谏，不交结权宦。他品德高尚，礼贤下士，能言善辩，又识大体，因此赢得了天下士人的尊敬以及后世百姓的怀念。

◈ **史料来源**

• 嘉靖《山东通志》卷三一《人物四·张镐》，《天一阁藏明代方志选刊续编》影印明嘉靖十二年（1533年）刻本，上海书店出版社1990年版。

• 乾隆《东昌府志》卷三六《列传一·张镐》，清乾隆四十二年（1777年）刻本。

• 《旧唐书》卷一一一《张镐传》，中华书局1975年点校本。

（撰稿：邢娜娜、王逸临）

刘晏：

职总均输，多济物之心

八龄正字授神童，绝代奇才榷算工。

直比酂侯迎渭上，其如杨相在朝中。

淮扬运速租庸济，盐铁官兼食货丰。

堪笑病民还误国，后来新法说荆公。

——清·罗惇衍

《集义轩咏史诗钞》卷三七《唐六·刘晏》

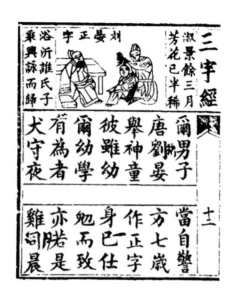

清代坊刻《三字经》书影

　　开元十三年（725年）十一月，正值开元盛世，至泰山封禅的唐玄宗在途中收到了州县献上的一篇赞扬封禅盛事的颂文。让唐玄宗感到惊讶的是，该颂文竟出自一小儿之手，于是他便令宰相张说亲自面试该小儿。更令唐玄宗惊讶的是，张说高度评价了这个叫刘晏的小儿的才学，甚至得出了其系"国瑞"的论断。对封禅之际出现的"国瑞"刘晏，玄宗十分高兴，当即将其封为秘书省正字。刘晏由此轰动一时，在当时就博得了"神童"的美名，甚至传统蒙学读物《三字经》中都有"唐刘晏，方七岁。举神童，作正字"之语。

　　刘晏（717—780），字士安，曹州南华（今山东省东明县）人。唐玄宗时，历任夏县县令、温县县令等，因为政有方而为人称颂。天宝十四载（755年），安禄山乱起，刘晏改官度支郎中，兼侍御史，领江淮租庸事。度支司是主掌国计并负责支度国用的户部下辖的一司，郎中为该司的首长。从此，刘晏开始了他的理财生涯。肃宗至德至乾元时，刘晏历任彭原太守，陇、华二州刺史，京兆尹。上元元年（760年），进户部侍郎兼御史中丞，度支、铸钱、盐铁等使。次年遭人诬陷而被贬为通州刺史。宝应元年（762年）四月，唐代宗即位。六月，刘晏又被重新任命为户部侍郎兼京兆尹，充度支、转运、盐铁、铸钱等使。宝应二年（763年），曾短期以吏部尚书同中书门下平章事，仍领财政使职。广德二年（764年），罢相，为太子宾客。寻授御史大夫，领东都、河南、江淮、山南等道转运、租庸、盐铁使。代宗时，刘晏先后与第五琦、韩滉分掌全国诸道财赋，他分管都畿、河南、淮南、江南、湖南、荆南、山南东各道。大历十四年（779年），韩滉改官太常卿，由刘晏总管全国财政。从唐肃宗上元元年至唐代宗大历十四年的近二十年间，刘晏长期充任有关财政的度支、盐铁、转运等使，参与管理并直接主持了唐朝中央政府的财政事务，成为唐朝近三百年间任职最久的财政权臣，为唐朝的财政事业做出了极大贡献。尤其难能可贵的是，刘晏主张理财不能片面考虑增加国家财政收入，还应该有利于社会生产的发展和经济的繁荣，即"理财以爱民为先"（《资治通鉴》卷二二六）。

一、理财护民两相举

天宝中期，刘晏历经数次升迁后出任夏县（今山西省夏县）县令。夏县自然地理条件不佳，境内山地多，农业生产易受旱涝灾害影响，土地收成不好。百姓经常拖延赋税缴纳，以致官府每到收税时节总是不断派人催征。刘晏上任后，从未督促百姓，百姓的赋税缴纳却从未违期。这是为何？

原来，刘晏积极组织民众修筑堤坝，既能蓄水，又能预防涝灾。同时，他采用平籴法，在粮食较为充裕时，以高于市价的方式收购粮食；到粮食缺乏时，低于时价卖出。夏县的流亡民户大大减少，民众不仅能把粮食卖个好价钱，困难的时候也能免受饥荒。百姓有了稳定的生活和产业，就能保证赋税的缴纳。刘晏在夏县的做法受到玄宗夸赞。初为地方官的他，展现了理财方面的极大天赋。可惜好景不长，安史之乱后，唐朝经济迅速走向凋敝。刘晏在乱世中，奋力通过自身才学，以理财之能，扶大厦之将倾，他对盐法的改革就是一个具体体现。

就盐法来说，虽然春秋时期有管仲的"官山海"，汉代有桑弘羊主持的盐铁官营，但自隋开皇三年（583年）以后，国家对盐业生产与贸易都采取自由放任的政策。唐朝沿袭这一政策达百年之久，直到安史之乱发生后，政府能够控制的地区大幅减少，实际掌握的户口数量锐减，收缴的赋税难以支撑战时巨额的开支损耗。在这种情况下，食盐专卖一事被重新提起。

乾元元年（758年），第五琦被任命为诸州榷盐铁使，大变盐法，"尽榷天下盐"（《新唐书》卷五四《食货志四》）。在他的运作下，食盐专卖遍及全国。然而，他所推行的食盐专卖是完全的食盐官卖，生产由百姓进行，官府承包了盐业的收购、运输、销售等其他环节。这种垄断式的食盐专卖虽在当时大大缓解了国家的财政压力，但也存在不少弊端，其最大的弊病在于几乎一切事务都需官方办理。然而，以国家有限的人力，难于将手续烦琐的官盐销售遍及整个国家的各个角落。有的地方买不到盐，有的地方食盐又滞销，这在很大程度上限制了官盐的覆盖面，而盐官见盐卖不出去便硬性按人头摊派，导致民怨沸腾。在机构设置上，从中央到地方广设盐官，机构臃肿，大大增加了运营成本，降低了利润，官员们办事效率低，贪污现象严重，这都限制了食盐专卖的获利空间。因此，改革盐法使之更适合于国家财政的需要，势在必行。这项工作最终落到了刘晏头上。

永泰二年（766年）正月，唐政府实行财赋分区管理，刘晏以户部尚书身份出任都畿、河南、淮南、江南、湖南、荆南、山南东道盐铁使，这使他有权力、有时间从组织和制度上对食盐专卖进行改革。与第五琦进行垄断式盐业官营不同的是，刘晏推行民制官收，同时商运商销。对于民制，刘晏在盐产区设立了专门的场官与盐监，裁撤冗官，通过招募亭户的方式进行生产，同时给予亭户免除其他徭役租税的待遇，制盐者的积极性由此大大提高。官府收购到食盐后，刘晏又放开销售渠道，允许商人批发官盐进行售卖，不仅不对商人出售食盐的地点进行限制，而且让商人在售卖食盐的过程中除向沿途要道缴纳税款之外，并不需要再交其他税款。由此，官府不仅节省了在食盐贩卖流通过程中的消耗，而且将榷税寓于批发价格之中，实现"官商分利"，通过市场经营获得更多的利益。

刘晏也深谙商人趋利的道理。为了避免没有商人前往偏远落后之地，他把盐业与常平仓挂钩，设置"常平盐仓"，调运官盐至偏远之地，在盐价过高和过低的时候也能开仓发卖，平抑市价。《新唐书》卷五四《食货志四》记载，刘晏在"出盐乡，因旧监，置吏、亭户、粜商人，纵其所之。江岭去盐远者，有常平盐，每商人不至，则减价以粜民，官收厚利而人不知贵"。此后一千多年间，盐法变化虽多，却都与刘晏之法一脉相承，可见其深远影响。

刘晏主持漕运时，用盐利的一部分雇用漕运船工，废除以往无偿征调的做法，极大地调动了漕运民工的积极性，提高了漕运效率。在漕运船只的建造上，他用高价雇用工匠，使其劳动力价值得以实现，提高了他们的生产积极性，从而保证了所造船只的质量，使漕运不再有沉覆之忧。

刘晏的盐法和漕运改革之所以成功，有"官商分利"之因，有平准之因，但更多的是因为刘晏在为国谋财的过程中始终心念百姓，通过经济调控达到双赢之局。理财护民两相举，这不仅是刘晏作为夏县县令时所怀之志，更贯穿到了他后来身居高位、处理国政的治理实践之中。

二、任人举官唯以心

《册府元龟》卷四六四《台省部·谦退二》收录了唐代宗的《答刘晏让官手诏》，其文曰：

> 卿蕴经国之文，怀济时之略。军储是切，转运攸难，励以公勤，适于通变。远疏沟洫，绩显京坻，爰奖勤劳，是明赏劝。俾迁六职，兼综九流。益用挖谦，切陈恳让。宜从雅旨，所请者依。

唐代宗夸赞刘晏公务勤勉，善于体恤沟通，心怀天下，却又谦虚恳让。代宗如此夸赞刘晏，是什么原因呢？

原来，安史之乱中，河北各郡多地相继失陷，唯有清河、博平、平原三郡没有陷落。在这种情况下，颜真卿却能坚守城池到至德元载（756年）十月。如此忠勇刚直的颜真卿，因与朝中权臣不和，被一贬再贬，最终的职位只是一个小小的蓬州长史。代宗即位后，颜真卿的仕途才有所起色。刘晏敬重颜真卿的才学胆识，主动请求将自己在户部的职位让给颜真卿，并将京兆尹职位让给在安史之乱中有平叛之功的严武。对刘晏来说，比自己仕途顺风顺水更重要的，是为国家举荐忠贞有能之才。

在权势与富贵面前仍能保持本心，此类胸襟难能可贵，代宗也深受感动。让官一事后不久，刘晏即被升为吏部尚书、同中书门下平章事，正式拜相。

在选官上，刘晏认为"办集众务，在于得人，故必择通敏、精悍、廉勤之士而用之"（《资治通鉴》卷二二六）。在他看来，要办成一件事情，离不开任用合适人选，因此一定要任用机敏通透、做事干练、廉洁勤勉的人。

在改革的过程中，他深知举贤与任人的不易。作为早早进入官场的"神童"，刘晏认为"士有爵禄，则名重于利；吏无荣进，则利重于名"（《新唐书》卷一四九《刘晏传》）。安史之乱后，国库空虚，停止了除租庸使以外官员的供职，众多人才奔赴租庸。刘晏将人才区分为"士"与"吏"两种："士"即初入仕途的官员，他们往往锐意进取，在执行公务时积极廉洁。"吏"指官场中的"老油条"，这类人长时间混迹官场，大多升迁无望，因此对他们来说，谋取更多经济利益自然比博得一个好名声重要得多，他们在执行公务的过程中就更容易懒政怠政，贪污渎职。基于以上认识，刘晏在分派各道的租庸使时，多使用锐意进取的"士"，为朝廷注入新鲜血液，给这批年轻人铺平建功立业的道路。同时，刘晏对这批"士"的任用也在很大程度上帮助他推行了自己的理财主张。对于"吏"，刘晏虽依旧给予他们较高的俸禄，但只是指派一些事务类工作，并不委以实职，以此减少他们渎职的机会。在刘晏的分配下，大小官员都按令办事，政务运作效率大为提升。

刘晏对"士"与"吏"清晰的认识与划分，很大程度上避免了官吏尸位素餐之弊。刘晏当政期间，提拔起许多德才兼备、有理想抱负、为政清廉的官员。这批官员在管理财赋方面发挥了重要作用，甚至在刘晏含冤而逝后，他提拔的这批官员仍旧在为中唐国家经济的发展与恢复做贡献。《新唐书》卷一四九《刘晏传》记载："晏殁二十年，而韩洄、元琇、裴腆、李衡、包佶、卢徵、李若初继掌财利，皆晏所辟用，有名于时。"

虽然刘晏更多的是因精于理财而在历史上留名，但他对于官吏的选任与推举告诉我们：为官主要是为国，而非为一己身家。他的谦让之德与知人善用之才，在中唐政治舞台上留下了浓墨重彩的一笔。

三、清白廉洁后世传

唐代韦绚的《刘宾客嘉话录》中记载了一件趣事：一个冬日的清晨，天气严寒，刘晏上朝途中经过一家胡饼店。闻到店里飘出来的香味，刘晏觉得肚中饥饿，于是派人买了几个，准备吃了再去上朝。等随从买来了热腾腾的胡饼，刘晏便用袍袖将其包起来，一边吃，一边和同僚感叹胡饼真是"美不可言，美不可言"。作为朝中高官，刘晏并不追求奢华之物，只是在上朝途中的小店里买几个胡饼吃，就可以让他发出满足的感叹。

宋代王谠的《唐语林》卷二《政事下》中记载："刘忠州晏，通百货之利，自言如见地上钱流。每入朝乘马，则为鞭算。尝言居取安便，不务华屋；食取饱适，不务多品；马取稳健，不务毛色。"刘晏作为最高的理财官员，经手钱财无数，但在居住上不求取华丽的屋室，在饮食上不讲究丰盛的菜肴，在挑选马匹上不考虑马的毛色，始终以清廉要求自己，保持着俭朴粗陋的生活。

唐代宗时，宰相元载协助皇帝除去了专权的宦官李辅国和鱼朝恩，由此获宠。元载因功自傲，一时风头无两，甚至放言，自古以来，论文才武略，没有人能比得上他。他大肆排斥异己，卖官鬻爵。《旧唐书·元载传》记载："江、淮方面，京辇要司，皆排去忠良，引用贪猥。士有求进者，不结子弟，则谒主书，货赂公行，近年以来，未有其比。"元载的贪腐、奢靡与狂妄让代宗十分不满，于是在大历十二年（777年）利用禁军将元载逮捕下狱。元载很快就被赐死，与之关系密切的吏部侍郎杨炎等多名官员被贬。刘晏时任吏部尚书，奉命主持了对元载的审讯，由此受到为人心胸狭隘的杨炎的忌恨。

杨炎一直期待自己有朝一日东山再起，来报贬官之仇。《旧唐书》卷
一一八《杨炎传》记载：

> 炎早有文章，亦励志节，及为中书舍人，附会元载，时
> 议已薄之。后坐载贬官，愤恚益甚，归而得政，睚眦必仇，
> 险害之性附于心，唯其爱憎，不顾公道。

大历十四年（779年）八月，杨炎被即位不久的唐德宗任用为宰相，
便立即想方设法陷害刘晏。首先是削夺刘晏的职权，然后将其贬至偏远的
忠州（今重庆市忠县）任刺史，又诬陷其密谋作乱。建中元年（780年）
七月，唐德宗突然命令宦官到忠州处死刘晏。刘晏去世几天后，宣布刘晏
罪名和赐死的诏书才发出，全国上下一片哗然，众人都认为刘晏是含冤而
死。杨炎却落井下石，在刘晏家人已经被发配岭南的情况下，还提议将刘
晏的家产充公。官员到刘晏的家中清点家产，发现掌握国家财政命脉的刘
晏，家中"唯杂书两乘，米麦数斛"（《新唐书》卷一四九《刘晏传》）而已。
他既没有万贯家财，也没有金银珠宝，平日里的饭食都清淡粗粝，家中也
没有多余的奴仆。刘晏掌管天下钱粮，只是绞尽脑汁为国家开源，为百姓
减负，自己并没有从中多拿取一分一毫。

重庆市忠县四贤阁中的刘晏雕像

当年初任尚书时，刘晏前往李廙家中拜访，见到他家门帘破败，刘晏暗自发笑，感叹李廙连一个破门帘都不能换成新的，却被李廙教育了以俭养廉的道理。此后，刘晏三次带着做好的新门帘来到李廙家门口，却都犹豫再三而没有送出。一过数年，刘晏始终不忘门帘之事，清廉也成了刘晏一生奉行的原则和他为官生涯的写照。

宝应二年（763年），朝廷在任命刘晏为宰相的制书中称其"职总均输，变而能通，弘适时之务，居难若易，多济物之心"（王钦若等《册府元龟》卷七三《帝王部·命相三》）。用今天的观点来看，刘晏称得上是唐朝的理财家和经济改革家，他的护民之心、理财之学、清廉之道，成为后世官员学习的榜样。金章宗曾评价刘晏道："理财安得如刘晏者，官用足而民不困，唐以来一人而已。"（《金史》卷九五《马琪传》）刘晏在为政期间不仅能知人善用，发挥其理财之能，更能体恤民情，注重民生，努力减轻百姓负担，并以身作则，廉洁奉公。他虽然因为理财受到后世一些人的批评，但其任职地的百姓长久地纪念他。忠州民众感念刘晏任刺史的政绩，把他同白居易、陆贽、李吉甫合称"四贤"，供奉于四贤阁。

◈ **史料来源**

• 康熙《曹州志》卷一五《人物一·贤行·刘晏》，清康熙十三年（1674年）刻本。

• 乾隆《东明县志》卷六《人物志·境内人物·刘晏》，民国十三年（1924年）铅印本。

• 《旧唐书》卷一二三《刘晏传》，中华书局1975年点校本。

• 《新唐书》卷一四九《刘晏传》，中华书局1975年点校本。

（撰稿：袁琳、谭景玉、高晓璐）

颜真卿：

忠说馨于臣节

平生肝胆卫长城，至死图回色不惊。

世俗不知忠义大，百年空有好书名。

——宋·龚明之《中吴纪闻》卷四《李行中〈读颜鲁公碑〉》

提起颜真卿（709—784），人们都知道他是唐代著名书法家，开创了"颜体"楷书，与柳公权、欧阳询、赵孟𫖯并称"楷书四大家"。他的《多宝塔碑》《颜勤礼碑》《祭侄文稿》等作品，一直是书法学习者临摹、学习的典范。实际上，颜真卿还是唐代忠义名臣。他开元年间中进士，曾四次被任命为监察御史，以公正廉直、忠心报国、刚正不阿知名，后遭权奸杨国忠排挤，任平原（治今山东省德州市陵城区）太守。安史之乱时，他联合堂兄常山（治今河北省正定县）太守颜杲卿奋起抵抗叛乱。唐肃宗时任宪部尚书（即刑部尚书），迁御史大夫。唐代宗时封鲁郡公，故世称"颜鲁公"。唐德宗建中元年（780年），朝廷在任命颜真卿为太子少师的文书中，称赞他"立德践行，当四科之首；懿文硕学，为百氏之宗。忠谠馨于臣节，贞规存乎士范。述职中外，服劳社稷。静专由其直方，动用谓之悬解"（董诰等编《全唐文》卷四四《唐肃宗〈授颜真卿太子少师敕〉》）。忠义是颜真卿的突出品行，宋代李行中的诗作《读颜鲁公碑》特别强调了这一点。

一、颜家名御史

颜真卿祖籍山东琅邪（今山东省临沂市），远祖可追溯至孔门弟子颜回。高祖颜之推不仅在南北朝时期官居要职，还留下了一部被称作"古今家训之祖"的名著《颜氏家训》。该书卷五《养生》篇中有一段被广为传颂的话：

> 夫生不可不惜，不可苟惜。涉险畏之途，干祸难之事，贪欲以伤生，谗慝而致死，此君子之所惜哉。行诚孝而见贼，履仁义而得罪，丧身以全家，泯躯而济国，君子不咎也。

颜之推告诫后世子孙不应放纵欲望，心术不端，而应诚实孝顺，行仁义之事，为国奉献，不怕牺牲。这样的家风家训培养了颜真卿正直敦厚的品性。

在颜真卿很小的时候，其父颜惟贞就去世了，母亲殷氏含辛茹苦地照料着颜真卿兄弟十人。为了给予他更好的教育，殷氏将颜真卿托付给了他的伯父颜元孙。颜元孙将颜真卿视为己出，悉心教导他的学业，培养他优秀的品格。颜真卿刻苦学习，不仅精通五经，而且身体力行正直仁义之道，年纪轻轻就已声名远扬。开元二十二年（734年），颜真卿进士及第，且被评入甲科。开元二十四年（736年），在吏部的授官考试中，颜真卿被判入高等，授秘书省著作局校书郎，负责校勘、整理国家藏书。颜真卿借此机会博览群书，虚心向秘书省中的博学鸿儒请教，进一步丰富了自己的学识。天宝元年（742年），扶风郡（治今陕西省宝鸡市凤翔区附近）太守崔琇举荐颜真卿博学、文辞秀逸，唐玄宗在勤政楼亲自考察了颜真卿，授予他京兆府醴泉（今陕西省礼泉县）县尉之职。

山东省德州市陵城区颜真卿公园内的颜真卿雕像

在醴泉县尉任上，颜真卿审理案件、征收赋税，协助县令将辖区治理得井井有条。天宝五载（746年），御史中丞王鉷受命考察京畿等地区官吏的任职情况。在醴泉县，他了解了颜真卿对当地的突出贡献，便向玄宗举荐颜真卿，称其为官清廉正直，堪当大任。颜真卿由此转任长安（今陕西省西安市）尉。天子脚下，权贵云集，难以治理。颜真卿不畏权贵，公正执法，有力地维护了当地社会治安，朝廷遂提拔他为监察御史。

唐朝以御史台行使监察权，以御史大夫、御史中丞为正副长官，下设侍御史、殿中侍御史和监察御史等。在给颜真卿的委任状中，朝廷评价他"文学擅于登科，器干彰于适用，宜先汗简之职，俾伫埋轮之效"（颜真卿《颜鲁公文集》卷一四《颜鲁公行状》）。"埋轮"引用的是东汉诤臣张纲的典故。当时张纲被派至地方巡查，但他说："豺狼当路，安问狐狸！"（《后汉书》卷五六《张纲传》）于是张纲将车轮埋于都城，上书批评外戚擅权，朝野震惊。朝廷是希望颜真卿继续保持清正廉洁的品行，能够直言进谏，为国家效力。

在监察御史任上，颜真卿秉公办事，夙夜操劳。天宝六载（747年）秋，朝廷派颜真卿同时充任河东（治今山西省太原市）、朔方（治今宁夏回族自治区吴忠市）试覆屯交兵使。他需赴两地检查军队屯田推行的情况以及军屯是否侵占了普通民众的田地。颜真卿在这次任务中尽心尽力，不仅详细核查了屯田推行情况，而且向朝廷如实报告了沿边士兵的训练与生活情况。

朝廷对颜真卿此次出使的成果十分满意，于次年派他为河西（治今甘肃省武威市）、陇右（治今青海省海东市乐都区）试覆屯交兵使。行至五原郡（今陕西省定边县），颜真卿看到当地干旱少雨，军民田地少有收成，便到郡衙翻阅卷宗，查看前人是否有应对之道。在此期间，他发现当地官员不务政事，诉讼裁决多有不公，便派人传讯上诉人，亲自为他们解决问题。不久，五原郡下起了雨，秧苗得到雨水的滋润。人们认为这场雨全是因为颜真卿公正地处理了案件，所以高兴地称这场雨为"御史雨"。

天宝八载（749年），颜真卿再次充任河东、朔方试覆屯交兵使。在太原，他发现一座佛寺中停放了一具棺椁。住持告诉他，这具棺椁停放于此已有29年，棺内是郑氏三兄弟母亲的尸骨。这三兄弟如今在京畿等要地或任县令，或为县尉，却无人愿意安葬母亲。颜真卿十分生气，向朝廷弹劾郑氏三兄弟。在他的坚持下，郑氏三兄弟全被罢官，永不叙用。

回朝后，颜真卿需要面对更多深得皇帝宠信的官员，他仍不畏惧，坚持直言进谏。负责京师巡警工作的左金吾将军李延业一直受到唐玄宗的恩宠。一次，李延业宴请外国使节，动用了车驾仪仗，却没有按规定向御史台报告。颜真卿指出了他这一失误，李延业竟恃宠在朝堂之上公然大肆吵闹。颜真卿将这件事上奏给唐玄宗，最终使李延业被外放为济南太守。唐玄宗升颜真卿为殿中侍御史，让他纠察那些在朝堂上不遵守礼仪法度的官员。陇右节度使哥舒翰凯旋还朝，玄宗赐宴款待。哥舒翰在宴会上过于喧哗，有违事君之礼，颜真卿直言指责。此后朝堂秩序更加井然，大家都知道颜真卿不会因为谁受到恩宠而对他有所通融。

天宝九载（750年）二月，御史吉温和崔珪告发御史中丞宋浑贪赃枉法，使宋浑被判流放岭南。在唐代，岭南之地尚未得到充分开发，多有瘴气，流放至那里，凶多吉少。宋浑是唐玄宗初期名相宋璟的儿子，颜真卿为之感到惋惜。他不怕触怒吉温、崔珪和此案的幕后指使者杨国忠，说："你们怎能因私怨而绝宋璟的后裔呢？"原来，当时杨贵妃已然得宠，杨国忠也青云直上，权势直逼宰相李林甫，扳倒宋浑是杨国忠削弱李林甫势力的重要一步。杨国忠不满于颜真卿不附和自己，便让吉温暗中找到御史中丞蒋沇，派颜真卿出任东都（今河南省洛阳市）采访判官。颜真卿赴东都巡察后，朝中少了一位正义直言的官员。十二月，颜真卿回朝，转为侍御史。杨国忠为减少颜真卿可能带来的阻挠，指使人将颜真卿调离监察岗位，转为武部（即兵部）员外郎。颜真卿在任上整理相关规章，简化官员迁转流程，深得人心。

二、"平原犹有一忠臣"

天宝十一载（752年），李林甫病故，唐玄宗从华清宫传出命令，拜杨国忠为相。颜真卿始终不阿附杨国忠,让杨国忠十分恼怒。次年,唐玄宗下令精选中央官员出任郡守,强化地方治理。杨国忠借机将颜真卿排挤出中央,命他担任平原太守。好友岑参特意作诗《送颜平原》(廖立笺注《岑嘉州诗笺注》卷一)为颜真卿饯行。诗中称:

> 为郡岂淹旬,政成应未秋。
>
> 易俗去猛虎,化人似驯鸥。
>
> 苍生已望君,黄霸宁久留。

黄霸是西汉名臣,以清廉著称。岑参以此诗寄托了对颜真卿清廉做官、为民造福的期望。

下车伊始,颜真卿就亲自寻访当地孝义名节之士,对他们加以表彰,号召百姓向他们学习。安陵处士张镐是一位饱学之士,一直隐居在当地。颜真卿亲自到他家去拜访,随即向朝廷举荐。后来张镐官至宰相。

平原当地富户常常与地方贪官污吏沆瀣一气,欺压良善。他们或是逼迫百姓,伺机兼并其土地;或是通过文书造假,将赋税、劳役等转嫁到普通百姓身上。颜真卿打击了当地富户偷税漏税的行为,制止他们肆意兼并百姓的土地,同时蠲免贫困人户的劳役。此举不仅减少了朝廷赋税的流失,而且造福了平原的普通百姓。高适听说他的政绩后,特意写了《奉寄平原颜太守》(徐俊纂辑《敦煌诗集残卷辑考》卷中)一诗称赞他。诗中说:

> 皇皇平原守,驷马出关东。
>
> 银印垂腰下,天书在箧中。
>
> 自承到官后,高枕扬清风。
>
> 豪富已低首,逋逃还力农。

颜真卿在平原任上时,安禄山正暗中召集人马,准备反叛。颜真卿为防祸事,修筑城墙,疏浚护城河,储备粮草和木材,并派亲信蹇昂奏报安禄山意图谋反的消息，可惜玄宗并未理会。安禄山起兵后，河朔一带州郡几乎尽数陷落。玄宗闻变大惊："河北二十四郡，难道没有一位忠臣吗？"直至接到颜真卿奏报平原郡尚存的消息，玄宗才稍微放宽心，对臣下说："我竟然不知道颜真卿如此忠心，不畏强暴！"宋人石介作诗《颜鲁公太师》（石介《徂徕石先生文集》卷四）称颂他道：

唐家六世树咸恩，外建藩翰御不宾。

二十三州同陷贼，平原犹有一忠臣。

颜真卿广募将士，联络河朔地区反抗安禄山的力量。在颜真卿的配合下，其兄长常山太守颜杲卿夺取了土门（位于今河北省井陉县），切断了行至洛阳的安禄山和河北大本营间的联系。同日，十七郡起兵反抗安禄山，在平原郡结盟，推颜真卿为盟主。后来潼关失守，玄宗西奔，安禄山派史思明率大军回防，河北形势急转直下。颜真卿无奈，只得放弃平原，赴凤翔（今陕西省宝鸡市凤翔区）朝见唐肃宗。

三、几经起落，不改忠节

至德二载（757年）四月，颜真卿到达凤翔。肃宗当时已任命他为宪部（即刑部）尚书，六月又命其兼任御史大夫。正是颜真卿正直、忠义的品行赢得了肃宗的欣赏，肃宗才放心地将监察权与司法权均交给他，称："乃今再造区夏，藉卿以振朝纲。"（颜真卿《颜鲁公文集》卷一《谢兼御史大夫表·肃宗批答》）颜真卿直言敢谏，先后弹劾吏部侍郎崔漪、谏议大夫李何忌、诸道兵马都虞候管崇嗣等人，最终不为宰相所容。十一月，颜真卿被外放，先后任同州（治今陕西省大荔县）、蒲州（治今山西省永济市西南）与饶州（治今江西省鄱阳县）刺史。

乾元二年（759年）六月，肃宗拜颜真卿为升州（治今江苏省南京市）刺史、充浙江西道节度使。次年正月，颜真卿接到诏书，入朝担任刑部侍郎。颜真卿虽然是管辖数州的节度使，但十分清廉，不蓄私财。他称，当时"阖门百口，几至糊口"（颜真卿《颜鲁公文集》卷四《与蔡明远帖》），多亏在饶州时的属下蔡明远接济进京路费。当时肃宗与太上皇李隆基等已回到长安。在心腹太监李辅国的挑拨下，肃宗以为李隆基有复辟的可能，默许他将李隆基幽禁至太极宫。服侍李隆基多年的高力士被流放，临行前请求再见李隆基一面，也被断然拒绝。颜真卿在此情形下联络了一些官员，上表问候李隆基起居，触怒了肃宗和李辅国。御史中丞敬羽借机发难，将颜真卿贬为蓬州（治今四川省仪陇县）长史，充当刺史的助手。

唐代宗即位后，颜真卿再次因正直、忠义的名声入朝为官，又与当权者产生了冲突。在户部侍郎刘晏的举荐下，颜真卿继任户部侍郎，次年改任吏部侍郎。广德元年（763年），吐蕃侵夺唐朝西北边疆，代宗仓皇东走。颜真卿是少数护驾官员之一，被授任尚书左丞，总领一路上吏部、户部与礼部诸事。还京后，颜真卿奏请代宗按照礼仪，先拜谒祖先陵庙，再入住宫殿。代宗并不情愿。宰相元载揣摩上意，对颜真卿说："你的想法是好的，但是有些不合时宜。"颜真卿本就不满于宦官鱼朝恩和元载等人的恃宠弄权，有些生气地回答："是否先拜谒祖庙全凭相公定夺。只是朝廷礼法，怎么禁得起相公一再破坏呢！"元载由此对颜真卿心存敌意。

宋拓本《争坐位帖》局部（付豪　供图）

颜真卿为官清廉刚正，虽为官多年，却少有余财。他甚至投书向好友李光进借米，说自己"拙于生事，举家食粥，来已数月。今又罄竭，只益忧煎，辄恃深情，故令投告，惠及少米，实济艰勤"（颜真卿《颜鲁公文集》卷一一《与李太保帖》）。可见颜真卿家已到了揭不开锅的地步。

虽然家境拮据，但颜真卿从不摧眉折腰事权贵。他与元载、鱼朝恩的冲突越来越多。广德二年（764年），郭子仪得胜还朝，代宗赐宴。负责安排座次的郭英乂为取悦鱼朝恩，不顾礼法，将六部尚书位次均排至鱼朝恩之下。颜真卿十分生气，挥毫写就《与郭仆射书》（亦称《争坐位帖》），其中说："朝廷纪纲，须共存立，过尔隳坏，亦恐及身。"（颜真卿《颜鲁公文集》卷一一《与郭仆射书》）我们现在观看该书的拓本，仍能体会到颜真卿写作时怒气凝于笔端，正气跃然纸上。

元载在朝中扶植党羽，假公济私。为防止大臣向皇帝揭发自己的恶行，元载命令官员须先将上奏内容告知本部长官和宰相，之后才能上报给皇帝。已任检校刑部尚书的颜真卿随即上了一篇言辞激切的奏章，其中说："如今日之事，旷古未有，虽李林甫、杨国忠犹不敢公然如此。今陛下不早觉悟，渐成孤立，后纵悔之无及矣！臣实知忤大臣者，罪在不测，不忍孤负陛下，无任恳迫之至。"（《旧唐书》卷一二八《颜真卿传》）鱼朝恩和元载更加痛恨颜真卿，随后给颜真卿定下一个"讪谤时政"的罪名，鼓动代宗罢黜了颜真卿。

大历十二年（777年），元载伏诛。在新任宰相杨绾和常衮的举荐下，颜真卿卸任湖州（治今浙江省湖州市）刺史，再次进入朝廷任职。唐德宗建中二年（781年），卢杞入相，竭力清除异己。颜真卿虽已年过七旬，但清正品行不改，拒不阿附卢杞。建中四年（783年），藩镇之乱愈演愈烈。原淮宁军（治今河南省汝南县）节度使李希烈以十四州发动叛乱，攻陷了汝州。卢杞意图借刀杀人，对德宗说："颜真卿忠正廉洁，为四方所信服。派他去李希烈军中，定能说服李希烈归顺。"德宗同意了卢杞的建议，令朝野上下为之大惊。人人都知道此行可能会命丧黄泉，但颜真卿毅然出行。后来，颜真卿被李希烈幽禁于龙兴寺，写下《奉使蔡州书》，提及自己"止缘忠勤，无有旋意"（颜真卿《颜鲁公文集》卷四《奉使蔡州书》）。贞元元年（785年），77岁的颜真卿被缢杀于龙兴寺中。颜真卿灵柩被送至长安后，德宗悲痛异常，为之废朝五日，赐谥文忠。

颜真卿公正廉直的品行，被记载于各类史籍方志中。他骨力遒劲、气概凛然的楷书中也倾注了其忠正的精神。元朝初年，被元军俘虏的文天祥途经平原时写下了诗作《平原》（刘文源校笺《文天祥诗集校笺》卷一二），可见颜真卿的事迹对后人的激励作用：

平原太守颜真卿，长安天子不知名。
一朝渔阳动鼙鼓，大河以北无坚城。
公家兄弟奋戈起，一十七郡连夏盟。
贼闻失色分兵还，不敢长驱入咸京。
明皇父子将西狩，由是灵武起义兵。
唐家再造李郭力，若论牵制公威灵。
哀哉常山惨钩舌，心归朝廷气不慑。
崎岖坎坷不得志，出入四朝老忠节。
当年幸脱安禄山，白首竟陷李希烈。
希烈安能遽杀公？宰相卢杞欺日月。
乱臣贼子归何处？茫茫烟草中原土。
公死于今六百年，精忠赫赫雷当天。

⊗ **史料来源**

• 嘉靖《山东通志》卷三〇《人物三·颜真卿》，《天一阁藏明代方志选刊续编》影印明嘉靖十二年（1533年）刻本，上海书店出版社1990年版。

• 乾隆《德州志》卷八《宦迹·颜真卿》，清乾隆五十三年（1788年）刻本。

• 《旧唐书》卷一二八《颜真卿传》，中华书局1975年点校本。

（撰稿：张富华、王逸临）

崔沂：

为搢绅之圭表，耸朝廷之羽仪

须应辞职效崔沂，岂合经时直紫微。

领郡尚叨分竹箭，羡君不肯裂荷衣。

高凤久已勤山仰，妙语新从得指归。

更待春时稍暄暖，共寻烟坞与苔矶。

——宋·刘才邵

《槜溪居士集》卷三《过唐兴寺（其一）》

五代十国时期，战乱频繁，社会动荡，官制与法制都很混乱，《旧五代史》卷六八《薛廷珪等传论》称：

> 自唐祚横流，衣冠扫地，苟无端士，孰恢素风。如廷珪之文学，崔沂之刚正，刘岳之典礼，舜卿之掌诰，洎梦征而下，皆蔚有贞规，无亏懿范。

在唐朝江山摇摇欲坠之时，正是崔沂等品行端正之人，抵制了污浊的社会风气，使升平气象有所恢复。那么，被赞为"刚正"的崔沂是何许人也？

崔沂（？—934），字德润，博州（今山东省聊城市）人。出身望族博陵崔氏，其父为唐末宰相崔铉，其兄崔沆在唐僖宗时任过宰相。崔沂历经唐末、后梁、后唐三代，曾任谏议大夫、礼部尚书、尚书左丞、太子少保等。相比其政绩，崔沂更多的是以不畏权贵、刚正不阿之名在历史上留下了浓重的一笔。

当时，武将寇彦卿深受梁太祖朱温宠信。一次，寇彦卿入朝，路过天津桥之时，有一名叫梁现的平民没有及时让路，被开路的士兵抓住，扔向桥边石栏，不料头部伤重而死。寇彦卿心知自己犯了错，但为了减轻罪责，便主动向梁太祖报告了此事。念及情分，梁太祖只是让通事舍人赵可封宣谕旨，命寇彦卿拿出一些财物，给梁现的家属以安慰和赔偿。

崔沂听闻此事后，立刻弹劾寇彦卿说："寇彦卿身为臣子，没有擅自杀人的道理。天津桥是御路要道，正对着端门，是皇帝车驾进出的地方，不是上街的使者发怒和耍威风的地方。况且梁现只是没有及时回避，要惩罚他的过错，只需要鞭打一顿就够了。把他的身体扔出去，摔打他的头，严重违背了我朝法律。臣请依法处罚寇彦卿。"崔沂的上奏有理有据，但梁太祖有心回护寇彦卿，便想让崔沂给寇彦卿判成过失罪。对此，崔沂坚定地予以回绝。他引用律法，极力争辩，认为应该把仗势杀人者定为首犯，其他参与的人罪轻一等。同时，他还引用有关斗殴的法条，认为虽不参与斗殴，但背后教唆的，要罪加一等。经过崔沂的据理力争，最终，寇彦卿被贬为游击将军、左卫中郎将。崔沂获得了刚正守法的名声，受到时人的称誉和推崇。

不难料想的是，崔沂刚正不阿，秉公执法，惹恼了骄纵无比的寇彦卿。被贬后，寇彦卿扬言说："有得崔沂首级者，赏钱一万贯。"崔沂赶忙将这件事情报告给了梁太祖，使之幡然醒悟。梁太祖派人警告寇彦卿道："崔沂若有毫发损伤，我就把你灭族！"这样才保全了崔沂。当时，正值战乱频繁，局势动荡，有功的武将大多行事骄纵，君主有时也要迁就几分。崔沂与寇彦卿一事发生后，嚣张跋扈的武将多有所收敛，朝局为之清肃。

清武英殿刻本《旧五代史·崔沂传》书影

崔沂与寇彦卿一事，为崔沂在民间博得了不少美名。这是因为崔沂所行之事，体现的不仅是他对律法的维护，更是他那颗为民申冤、体恤百姓的公正之心。

正是基于对律法的熟悉，崔沂才能够伸张正义。五代十国时期的司法监察机构其实多沿袭唐制，只是官职设定上有些许不同，御史台、大理寺、刑部大多仍掌握着监察权和司法权。由于朝政混乱，对君主来说，想要对官员进行正常的监察与约束较为困难。有些时候，监察甚至处于荒废的状态。后梁设有御史司宪一职，其作用相当于御史大夫、御史中丞等，负责监察百官。崔沂在后梁时就担任过这一职位。《旧五代史·崔沂传》记载他担任该职时，"纠缪绳违，不避豪右"。

梁太祖开平三年（909年），崔沂还与李燕、萧顷、崔诰等人共同刊定了《大梁新定格式律令》。该律令依据后梁的实际情况，在唐律基础上对律法进行了增加与删减，虽然被后唐批评为"删改事条，或重货财，轻入人命；或自徇枉过，滥加刑罚"（《旧五代史》卷一四七《刑法志》），刑罚明显过重，但崔沂参与刊定该律令，帮助他进一步熟悉了国家法律法典。以此为基础，加上灵活运用，崔沂才能据理分析寇彦卿罪责轻重，并说服梁太祖将寇彦卿绳之以法。作为执法者，崔沂不仅心系百姓，敢于对抗梁太祖的宠臣，勇于反驳梁太祖的决定，更是有着良好的专业素养。这几个方面结合起来，成为他行事刚正、维护正义的底气。崔沂对梁太祖的反驳，不仅使得寇彦卿被依法定罪，更是起到了威慑作用，让寇彦卿一类嚣张跋扈的官员有所收敛，其意义不只在维护律法，更在整肃官场。

崔沂系进士及第，唐昭宗时升任员外郎、知制诰。他性格刚正，坚守正道，为人称道。但美中不足的是，他并不擅长写作，不仅写作速度慢，文采也不佳。在和同舍的颜荛、钱珝一同执笔写作时，崔沂发现颜、钱二人下笔如有神，谈笑间就可以完成好几十份文章的草稿，崔沂觉得自己弗如远甚。于是在担任知制诰不久，崔沂立即去拜见宰相，称自己才疏学浅，能力不足以担任这种国之要职，请求调职。宰相见状，只好同意了他的要求，将其改任谏议大夫。

作为一名进士及第的官员，崔沂自然是才学俱佳，但他虚心不骄，能够清晰认识到自己的弱项。在他看来，在其位就要谋其事，既然自己能力不足，就应该主动让贤，避免才不配位。做官不求名与财，为职只思谋其事，这正是崔沂朴素的为官之道。后唐明宗时，被重新召回担任尚书左丞的崔沂，以年老病弱告老还乡，获授太子少保致仕，七十余岁时在龙门别墅去世。

五代十国短短数十年中，各路军阀混战不休，王朝兴废如在朝夕之间。在这种情况下，如崔沂这般在乱世中坚守律法，不畏强权，在其位而谋其政的官员，实属难能可贵，担得起"为搢绅之圭表，耸朝廷之羽仪"（《旧五代史》卷六八《薛廷珪等传论》）之名。

◈ **史料来源**

- 嘉庆《东昌府志》卷二六《列传一·崔铉》，清嘉庆十三年（1808年）刻本。
- 《旧五代史》卷六八《崔沂传》，中华书局2016年点校修订本。

（撰稿：邢娜娜、高晓璐）

宋元

宋元时期，今山东地区一直处于屏障京师的畿辅地带。各王朝极为重视对此地的治理，大批重臣、名臣被派驻此地任职。宋朝之吕夷简、张士逊、范仲淹、包拯、余靖、宋庠、唐介、韩琦、曾巩、富弼、赵抃、吕公著、张方平、文彦博、刘挚、苏轼、范纯仁、苏辙、李若水、宗泽，金朝之徒单绎、蒙古纲、孙德渊、石抹元，元朝之张好古、宋子贞、张晋亨、姚枢、董文用、王恽、赵孟頫、贾鲁等重臣都曾莅任山东，其中多人位至宰辅。

这一时期，山东籍士人在更新和传承儒学的过程中，以强烈的使命感、责任感和积极入世的精神投身政治实践，且能始终保持清廉的政治操守，代表人物如王禹偁、姚坦、范正辞、张齐贤、张咏、王旦、戚纶、孙奭、王曾、蔡齐、孔道辅、王质、庞籍、吴奎、梁适、王素、蔡延庆、傅尧俞、王岩叟、梁焘、马伸、綦崇礼、辛次膺、辛弃疾、张万公、贾铉、孙铎、李上达、商挺、李昶、马绍、张雄飞、李谦、阎复、刘敏中、张养浩、曹元用、张起岩、王思诚等。他们或以直谏敢言著称，或以执法严明闻名，或以勤政爱民而受到民众长久纪念。

张咏：

所忧在民泰

种萧芳兰中，萧生兰亦瘁。

他日秋风来，萧兰一齐败。

自古贤者心，所忧在民泰。

不复梦周公，中夜独慷慨。

——宋·张咏《乖崖集》卷二《萧兰》

张咏画像

（采自明代王圻《三才图会·人物》卷七，明万历三十七年刻本）

宋人张咏在其《萧兰》一诗中，表达了自己对国家发展与百姓生活的关注及对国泰民安的期盼。张咏（946—1015），字复之，号乖崖，谥忠定。北宋濮州鄄城（今山东省鄄城县）人。张咏一生在朝廷任职的时间不足四年，而在地方任职长达30多年。因此，张咏的主要政绩在于治理地方，其治郡之术很重要的一个方面就是关注民情、顺应民意。张咏出身贫寒，长在民间，较为熟悉百姓疾苦，由此他在担任地方官员时非常注意采取措施，使民众安居乐业，从经济上稳定地方。

一、历仕湖北，声动京城

张咏自少习剑，精通其术，行侠仗义于两河间，同时饱览经史，"览群经，书必味于义根，学乃知于言选。家贫无以本业，往往手疏坟史。每有属缀，辄据庭树槁枝而瞑，苟不终篇，未尝就舍"（宋祁《景文集》卷六二《张尚书行状》）。张咏于太平兴国五年（980年）中进士乙科，知鄂州崇阳县（今湖北省崇阳县），从此开始了其仕宦生涯。

张咏到崇阳后，首先清理狱讼。当时崇阳县常发生贿赂公行之事。犯人通过行贿，逃脱罪责；狱卒按受贿多少对囚犯区别对待，且常对囚犯百般刁难，以压榨钱财。张咏刚上任时，狱吏、犯人也想拉他下水。张咏将那些行贿的吏民绳之以法。他认真地审阅过往卷宗，将疑点列出，传唤囚犯一一过堂，公正判决。受害之人的冤情得以昭雪，真凶也当堂表示不再上诉。经此整顿，崇阳县的风气为之一变。

张咏悉心察访，凭远见卓识为百姓谋利。崇阳民众原来一直以种茶为业，张咏到任后，却让百姓关闭茶园，改植桑树。原来，张咏对茶叶销售前景作了预测，认为茶叶的社会需求量大，利润丰厚，长此以往，国家一定要对茶实行禁榷政策，以垄断茶利，那样一来，茶农不仅收入会大大减少，甚至还有失业的风险，于是他才有了劝民砍茶种桑之举。后来国家果然对茶实行禁榷，"他县皆失业，而崇阳之桑皆已成，其为绢而北者，岁百万匹，其富至今"（陈师道《后山谈丛》卷五）。当其他州县的茶农面临失业时，崇阳的桑蚕业已经发展起来，并占领了市场，一年就能输出丝织品百万匹，使农民获得很大利润。

张咏还注重推动农业多种经营。一天，他坐在崇阳城门下，看到有乡民从城里带着菜回家，就问他们菜从何而来。乡民回答说："从市场上买的。"张咏大怒："居住在城邑的人，没有地种菜，并且有其他职业，买菜吃尚可。你居住在乡村，不自己种植，反而花钱买菜吃，为何如此懒惰呢？"从此以后，崇阳周围每家每户都设置菜圃，蔬菜业得到了很大发展。蔬菜产量增加，不仅提高了当地百姓的生活水平，而且提高了百姓的收入。

张咏经常到各地视察风土人情。一日，他登上当地的北峰亭，发现这座山丘虽然土地肥沃，但缺少水利设施，因此只要雨水稍少，庄稼就会受损。他带着随从考察了北峰亭周围的地貌与水文，认为可以在附近的白泉上游修筑陂塘，再通过引水渠将泉水引至此地。回衙后，张咏立刻召集官吏，与当地百姓一同修筑陂塘和引水渠。张咏多次至北峰亭上监督修建工作。完工后，当地数百顷田地得到灌溉，粮食丰收，农民再也没有旱伤之忧。

张咏任其他职务时，也一直为民办实事，数次得到朝中重臣的称赞。淳化元年（990年），张咏在寇准、李沆和宋湜的联名举荐下，被任命为荆湖北路转运使，负责监察辖区内的官吏及荆湖北路的财政事务。

荆湖北路的治所所在地江陵府（今湖北省荆州市）是沿江重镇，四川与江南之间的物资运输需经此中转。朝廷在此设有造船厂，以保障物资运输的通畅。按照规定，造船厂的匠人隶于匠籍，而所需木料来自江陵府西北的归州（治今湖北省秭归县归州镇）与峡州（治今湖北省宜昌市）百姓运送的优质木材。张咏尚未进入造船厂，就见归、峡百姓运送木料的队伍排在造船厂门口，百姓们的脸上满是忧虑。原来负责监管造船厂的郑元祐常常借百姓缴纳木料之机索取贿赂，否则就百般阻挠。归、峡百姓进山伐木，自费运送，本就消耗了大量人力和财力，到此还要受造船厂压迫，有苦难言。张咏听到百姓的诉苦，立即快步进入造船厂。

郑元祐见到张咏到来，满脸堆笑。张咏严肃地说：“你速命人依律收纳运来的木料，再亲自带本官进行查验。”张咏打开造船厂的账籍文书，发现其中的记录十分混乱。他叫来匠人逐一盘问，得知郑元祐一直谎报匠人数目，吃空饷。郑元祐还不如实记录匠人的工作量，而是依照受贿数目多寡来写，借此压榨那些无钱无势的普通百姓。

张咏立即上书朝廷，请求将郑元祐停职调查。得到许可后，张咏派治县有方的令狐穆接替郑元祐。郑元祐听说后，不仅不配合调查，反而藏匿了相关文书，又派儿子进京诬告张咏。张咏上书宋太宗和宰相自证清白，还得到了寇准等朝廷官员的支持，使郑元祐最终服法。宋太宗特意下诏表彰张咏。随后张咏到归、峡二州考察当地百姓生活，于淳化三年（992年）奏请减免了归、峡二州间水路驿递人员的数量，减轻了当地百姓的劳役负担。

湖北官民一直怀念张咏。后来崇阳百姓常在北峰亭祭祀张咏，以纪念他为当地农业做出的贡献。在湖北转运司衙内，也修有乖崖堂以为纪念。

二、初知益州，军民感佩

淳化四年（993年）二月，四川地区爆发了王小波、李顺起义。后来官军收复了成都，但郊外仍有大量起义军，南部多个州县仍在起义军手中。两川招安使王继恩等率三万宋军龟缩在成都城内。他们认为收复成都城后就万事大吉，终日紧闭城门，宴饮玩乐，不思平定巴蜀其他地方。当时王继恩大军的军粮是由陕西的百姓南下运至成都的，但起义军控制着成都郊外，陕西军粮无法运进城内。因此，成都城内军粮严重欠缺，不足半月之用。

淳化五年（994年）九月，张咏抵达益州（即成都府，因战乱降为益州）任知州。他得知士兵乏粮的情况后，又访知盐价历来都居高不下，百姓无钱买盐，但民间尚存有不少余粮，便降低盐价，让百姓用粮食换盐，于是百姓争相兑换官盐。不到一月，得军粮数十万斛，既有效地解决了军粮短缺问题，又解决了百姓缺盐困难。士兵们高兴地说："前所给米，皆杂糠土，不可食，今一一精好，此翁真善干国事者。"（李焘《续资治通鉴长编》卷三六）

解决了士兵的粮食问题后，为进一步稳定社会秩序，让百姓重享平静生活，张咏开始迫使王继恩平定起义军残余势力。王继恩对宋太宗有从龙之功，深得太宗宠信。张咏不惧其权势，首先向宋太宗上了一封密奏，指出王继恩御军无方、恃功傲物、横行霸道，恐怕会激起第二波起义，建议宋太宗派得力臣僚制衡王继恩的权力。张咏随后派人将王继恩的几名亲信属官抓来，面数其过。这些人吓得脸色苍白，连忙求饶。张咏说："招安使屯兵自重，不肯出兵，都是你们在一旁教唆的。如果你们能劝说他出兵，我可以放过你们。"同时，张咏给诸军发钱，抵充拨付马料。当时马匹主要是由王继恩较为倚仗的战斗力较强的骑兵使用，还供给王继恩等高官出行和仪仗使用。王继恩听说没有马料只有钱，当即按捺不住，去找张咏理论："马又不吃钱，你发下钱来有什么用！"张咏不卑不亢地回答道："城中草场被焚烧殆尽，想要马料只能从民间获得。现在城外盗贼还很多，百姓都不敢外出，陕西的粮草也运不进来。招安使屯兵城中，却不出战，我们从哪里获得马料呢？"王继恩愤愤而去，只能不情愿地派兵出城，打通从陕西到成都的粮道。

张咏继续尽心安抚四川百姓。他早在入蜀时就作有《悼蜀四十韵》（张咏《乖崖集》卷二），其中称：

> 当时布政者，罔思救民瘝。
>
> 不能宣淳化，移风复俭约。
>
> 情性非方直，多为声色着。
>
> 从欲窃虚誉，随性纵贪攫。
>
> 蚕食生灵肌，作威恣暴虐。
>
> 佞罔天子听，所利唯剥削。
>
> 一方忿恨兴，千里攘臂跃。

可知张咏很清楚是因贪官污吏让百姓生活于水深火热之中，百姓才起义的。张咏认为大部分参与起义的百姓或是受王小波和李顺的胁迫，或是出于种种原因被列入起义者的名册中，实际上都是良民，应当对他们采用安抚的手段，示以恩信，允许他们自新。他命人在各处张贴榜文，告诉百姓不要害怕，只要他们不再武装反抗，前来自首，一律宽大处理。起义的百姓最初有所疑虑，但看到自首者真的被张咏释放还家、不予追究后，大家纷纷放下武器，回归到正常的农耕生活中。

不久，宋太宗派张鉴和冯守规前来，一面遣还部分士兵，一面督促王继恩出兵。一天，王继恩命人押着三十余人来到张咏衙前，对他说："这是我们发现的李顺余党，请知州将他们就地正法吧！"张咏一看，被捕的竟然是已经向官府自首过的人，于是当即命人将他们放了。王继恩很是生气，责问张咏。张咏回答道："前日李顺胁民为贼，今日咏与公化贼为民，何有不可哉！"（李焘《续资治通鉴长编》卷三六）王继恩只得作罢。

随着局势的平稳、粮道的通畅以及军队被调回，益州的军粮压力逐渐减轻，城中不久就积攒了足够驻军支用两年的粮草。张咏念及陕西百姓不仅要缴纳税粮，而且需要自己运送至成都，十分不忍，当即奏请宋太宗停止陕西百姓向成都运粮。太宗阅览张咏的上奏后，十分高兴地说："之前成都方面屡次以军粮匮乏为忧。张咏上任不久就能积攒下来两年的储备，他真是太有才干了。有他在巴蜀，还有什么解决不了的难题呢？朕无虑矣！"

张咏认为四川地区土地狭窄，游手者众多，一旦社会形势稳定下来，人口数量必然急剧增加，如果遇到水旱灾害，百姓就会缺乏粮食。当时米每斗36文，于是他将各州田税按照这个价格折成米，每年可得米6万斛。每到春天，就登记城中的贫民，按照口数给券作为凭证，允许其按原价购买米粮，并将这一做法定为制度。在以后的70多年里，四川地区虽然也出现过灾荒，但当地贫民借此而免受饥馑之苦。

张咏不仅关心益州境内民情，对蜀地其他州军百姓的生活也多有关注。至道三年（997年），邻路万州（治今重庆市万州区）的官员趁着本路转运使阙员的机会，不仅在城乡各处广置税场，而且在辖区内长江江面及其各支流之上拦截过往船只，重复征收税钱。他们还派官吏把持各处渡口，百姓想要乘船渡江或过河，均需向官吏们加倍缴纳津渡钱。张咏听说后立即向朝廷汇报，制止了万州乱收津渡钱与商税的做法。

三、得咏在蜀，无西顾之忧

宋真宗咸平元年（998年），张咏卸任。真宗以牛冕接任益州知州。牛冕没有抚御军民的才干，张咏当时就有顾虑。果不其然，咸平三年（1000年）正月，益州士兵叛乱，杀了军队指挥官、益州钤辖符昭寿，赶跑了牛冕，巴蜀大地再燃战火。当时最让宋真宗发愁的是辽朝不断派骑兵侵扰河北地区，但为稳定后方，他只得分兵入川，平定了叛乱。咸平六年（1003年）四月，宋真宗命张咏再次出知益州，希望他能安抚四川百姓，便于自己全力对付辽朝。四川百姓听闻张咏再次出任知州，皆鼓舞相庆。张咏不负众望，悉心安抚百姓，将四川治理得井然有序，减少了朝廷的后顾之忧，为继任官员做出了表率。

当时有人建议差人夫往他州搬运马草，鉴于王均兵变刚刚被平定，张咏说："百姓刚刚遭受了战乱，尚未得到喘息，怎么能连续役使他们呢？再说，由成都到彭州、汉州等地，往返有四天的路程，一名人夫又能担几束草，能喂几匹马？"于是张咏命人在益州城西门和北门各设置一座草场，向百姓收购生草喂马，很快就满足了马匹所需。当时百姓正面临饥荒，由此可以得钱买粮，被救活的人很多。

张咏采用恩威并用的策略治理蜀地。他继续任用之前在四川发现的古成之等人才。张咏初次入蜀时，曾辟举古成之为绵州魏城（治今四川省绵阳市游仙区魏城镇）县令。古成之安抚逃难百姓，开仓放粮，经画有方。这次入蜀，张咏再次以古成之为汉州绵竹（治今四川省绵竹市）县令，绵竹因而大治。张咏还查访、宴请巴蜀名士，向他们了解民情。张及、李畋和张逵是其中学识与德行最佳者，三人后在张咏勉励下参加科举考试，均高中。

张咏并不只是宽柔从事，也适时通过严厉手段清除不安定因素，使百姓与朝廷放心。一日午夜，守城北门的官员报告张咏，朝中派来一名宦官，要求开北门入城。张咏问这名宦官："巴蜀两经战火，故朝廷派我来治理。不知有何急切之事，需要你午夜入城呢？"张咏担心的是午夜随意开城门，惊扰百姓，有人趁乱做不法勾当。宦官答道，受命往峨眉山烧香。张咏问："你是想被先斩后奏还是先奏后斩呢？"宦官连忙求饶，希望张咏念在自己初次离京，不懂州县规矩，宽恕自己。张咏这才作罢，命他在北门外住宿。次日，宦官入城，呈上奉敕烧香的公文。张咏随即批文，命其即刻从小南门出城赴峨眉山。通过正式的批答，张咏断绝了谣言滋生的机会。同时，也说明他清正持守，并不阿谀奉承宫中宦官。景德元年（1004年）闰九月，辽军大举南下，宋真宗御驾亲征，张咏担心有人趁机再次谋乱，突然处斩了一些恶贯满盈的盗贼，威慑其他不法之徒。在他的治理下，四川不再是朝廷担忧之处，当地百姓也过上了富足安定的生活。澶渊之盟后，宋真宗还派人至益州奖谕张咏："知卿为治极好，得卿在彼，朕无西顾之忧。"（张咏《乖崖集》卷九《益州谢传旨奖谕表》）

张咏在四川的另一项突出贡献是整顿货币秩序，确保市场平稳运行与百姓经济生活的稳定。宋代，四川地区长期使用铁钱，而当时征收赋税多用铜钱，市场上铁钱和铜钱并行，因此铜钱和铁钱之间需要保持合理的比价，否则很容易导致铁钱大幅贬值，造成物价上涨，市场波动。淳化四年（993年），官府规定了铜钱和铁钱之间的比价为1∶10。王小波、李顺起义后，四川停铸铁钱，铁钱的购买力有一定程度的回升，1∶10的比价便高于市场实际价格。张咏还发现各州铜钱和铁钱之间的比价不一，仍维持1∶10的比价不利于市场正常运转。他提出了建立铜钱与铁钱间比价动态机制的建议，即以旬（十天）为单位，根据市场变动的实际情况，灵活确定铜钱与铁钱间的比价。张咏第二次入蜀后，铁钱还没有恢复铸造，民间缺乏铁钱，乃至多有私铸，极大地破坏了市场秩序。张咏与转运使黄观等商议，决定在嘉（治今四川省乐山市）、邛（治今四川省邛崃市）二州铸景德大铁钱。景德大铁钱每贯重二十五斤八两，规定当铜钱一，当旧有小铁钱十，一定程度上平抑了市场物价。百姓不再担心市场上物价飞涨以及家中货币贬值等问题，可以放心地规划消费活动。

张咏曾言："事君者廉不言贫，勤不言苦，忠不言己效，公不言己能，斯可以事君矣。"（《宋史》卷二九三《张咏传》）他这段话可谓自己一生的写照。张咏对民生的关注使其得到了后世很高的评价，并成为后任益州知州的榜样。宋真宗后来同意任中正接任张咏，就是因为任中正能"守咏规矩"（李焘《续资治通鉴长编》卷六三）。张咏去世后，湖北、四川百姓都很伤心，他们为张咏建立祠堂，香火延续元、明两朝而不绝。

◈ 史料来源

• 嘉靖《山东通志》卷三一《人物四·张咏》，《天一阁藏明代方志选刊续编》影印明嘉靖十二年（1533年）刻本，上海书店出版社1990年版。

• 乾隆《曹州府志》卷一四《人物志一·乡贤一·张咏》，清乾隆二十一年（1756年）刻本。

• 《宋史》卷二九三《张咏传》，中华书局1985年点校本。

（撰稿：袁琳、高智国）

王曾：
正色立朝敢直言

有宋三元王孝先，立朝正色倚名贤。

山陵事斥丁丞相，方信居停实敢言。

——清·陈名夏

《石云居诗集》卷五《王曾》

山东省青州市松林书院内王曾雕像（谭景芸　摄）

王曾（978—1038），字孝先，青州益都（今山东省青州市）人。北宋咸平五年（1002年）状元。王曾少时孤苦，但聪颖勤学，乡试、会试、殿试成绩皆为第一，连中三元。北宋名臣吕蒙正、李沆和杨亿都十分欣赏王曾的才华，称赞他有宰辅之器。王曾在宋真宗时曾任参知政事，相当于副宰相。仁宗朝两拜同中书门下平章事，就是宰相。由于王曾是状元出身，因而也被称为状元宰相，或是三元宰相。王曾因直言上谏，不屈于权势，备受后世赞誉。明末清初的陈名夏曾写诗称赞王曾正色立朝，敢于直言。

一、直言上谏，不屈权势

劝谏君上，是中国古代大臣的重要责任。商末纣王昏庸，比干苦心谏言，惨遭挖心而死。战国之际，楚怀王偏听，屈原抱石投江，以死明志。贤臣清相，往往都是敢谏善谏之人，王曾便列于其中。

王曾历仕宋真宗、刘太后临朝以及宋仁宗亲政三个时期。宋真宗、刘太后与宋仁宗都很信任王曾，敬重他清正廉洁的品行，给予他较高的礼遇。王曾从没有因君主的礼遇而多有奉承，而是始终坚持清正的品格，直言进谏。

王曾的直言上谏首先体现在真宗及其宠臣王钦若等人十分在意的封禅及相关事务上。

当时真宗的几个儿子未成年就去世了，宋辽双方订立的澶渊之盟也被真宗视为奇耻大辱。这些都加剧了真宗自身的统治危机。真宗希望以封禅活动来祈求上天佑护，并镇服四方，解除危机。这得到了知枢密院事王钦若等人的大力支持。为了给封禅大造舆论，王钦若等人伪造"祥瑞"，各地纷纷效仿以献媚。王曾却向真宗谏言，希望他冷静处之。

为了供奉祥瑞之物，崇奉诸仙，宋真宗修筑了昭应、景灵和会灵三座宫观，并让宰臣兼领宫观使。王曾时为参知政事，应领会灵观使，但他不愿就职，请求将会灵观使让与想凭此巩固恩宠的王钦若。真宗十分不满，对王曾说："大臣应当以国事为重，你怎么能自异于他人呢？"王曾答道："君从谏谓明，臣尽忠谓义。陛下不知臣驽病，使待罪宰府。臣知义而已，不知异也。"（李焘《续资治通鉴长编》卷八九）王曾明确表达了自己只知尽忠直谏，不会随波逐流，希图恩赏。真宗对此很是气愤。

封禅后，宋真宗意图修建玉清昭应宫以崇奉上帝，以宠臣丁谓为修昭应宫使。丁谓谄媚地说："陛下富有天下，建造一座宫殿来崇奉上帝，有何不可？"大兴土木，极为劳民伤财，但大多数人都不敢对此提出异议。王曾为此作《乞罢营玉清昭应宫疏》，从伤害人力、耗费资财、激发事变、违背时令、违犯天意五个方面陈述了修建玉清昭应宫的弊端，请真宗爱惜民力、去奢省费。后来，玉清昭应宫建成，到刘太后临朝时因雷电引发火情，仅一两处小殿得以幸免。刘太后本欲继承真宗遗志加以重修，被时任宰相的王曾等人极力劝阻了。

真宗去世后，王曾和宰相吕夷简商讨安葬真宗诸事。他们特意奏请要将封禅的重要"祥瑞"——天书，同真宗一起葬于永定陵中。王曾等通过这一方式，正式终结了"天书封禅"活动，希望因封禅导致的财政失衡、民心尽失等严重问题不要祸延后世。

仁宗即位时年岁尚小，真宗遗命由刘太后临朝听政。刘太后权力欲极强，甚至想比附武则天。王曾为防后患，一直极力阻止刘太后的各种僭越行为。起草太后临朝听政的遗诏时，丁谓想去掉"权处分军国重事"这一名分中具有临时之意的"权"字，王曾坚决反对，令刘太后大为不快。天圣二年（1024年）九月，群臣上皇帝和皇太后尊号册。刘太后想在天安殿受册，以彰显自己的地位。天安殿是外朝正殿，用以举行国家最重要的仪式，如元旦和冬至的大朝会、皇帝受册宝、册立皇太子等。王曾认为这违反礼制，故坚决反对，最终使刘太后接受在举行常朝、册立皇太后与皇太妃、官员辞谢等活动的文德殿受册。天圣四年（1026年），宋仁宗想于冬至时先率领百官给刘太后祝寿，再接受群臣朝贺。王曾再次表示反对，惹得刘太后十分不满。

王曾不仅对皇帝直言进谏，而且从不附和权臣。宋真宗朝有所谓"五鬼"，即王钦若、丁谓、林特、陈彭年和刘承珪。他们沆瀣一气，谄媚事上，侵损时政，名相寇准和李迪均因这些人的攻击而罢职。王曾被罢参知政事，就是先因会灵观使事得罪了真宗，后因拒不依附王钦若，被王钦若中伤而去职。天禧四年（1020年），王曾再度参知政事。仁宗初立时，丁谓掌握朝中大权，极力排除异己，将得罪自己的寇准和李迪再次贬官。朝中大臣除王曾外没有人敢为寇、李二人发声。丁谓说道："居停主人恐亦未免耳。"（李焘《续资治通鉴长编》卷九八）"居停主人"指王曾曾经将自家房屋借给寇准住宿，丁谓欲以此恐吓王曾。后丁谓卷入宦官雷允恭擅移真宗皇陵位置一事中，被王曾率先检举而罢相。天圣七年（1029年），王曾因屡次反对刘太后提议，不容于刘太后，遂以玉清昭应宫火灾之事罢相。

二、持法严明，杜绝请托

王曾对于本朝法规和制度运行多有思考，并多次奏请修订法律法规。大中祥符五年（1012年），王曾以知制诰的身份判大理寺。自太宗淳化四年（993年）至神宗元丰三年（1080年），朝廷的主要司法机关为审刑院与大理寺。审议程序大致是，地方上报案件后，大理寺官员依法判决，再交由审刑院审议并做出定刑方案，继而由皇帝裁定。审刑院有权驳回大理寺判决。北宋初期，司法系统尚不完善，大理寺的长官判大理寺一般由等级不高的官员出任。宋真宗为了重振大理寺职务，特意命办事认真的王曾为判大理寺。由于王曾的官阶高于此前判大理寺者，真宗特意对他说："天下之命系于狱，今以屈卿。"（李焘《续资治通鉴长编》卷七八）

王曾在完善大理寺事务的同时，奏请到了自辟僚属的权力。这一权力有利于法律方面的专门人才进入大理寺，一定程度上提高了司法效率，故一直被后任延续。大中祥符六年（1013年）四月，王曾发现朝廷向各地颁布的敕令数量繁多且时常重复，对一项事务的诏令常多至五到七条，不利于政务运转与司法裁决。在王曾的奏请下，宋真宗命他和翰林学士陈彭年一起删订敕令。七月，王曾知审刑院。他首先就违制问题提出改进之策。所谓违制，指的是违反以皇帝诏书（即制书）名义颁布的各项规定。依照旧制，官员违制者，要判徒刑两年。王曾认为这一规定不合理，向真宗提出改进之法，将违制之罪分作主观上故意违制及因思虑不周而失误违制两种情况，建议对后者以违制失论，判以杖刑。恰逢地方上报一起案件，宋真宗判其违制，王曾坚持其为违制失。宋真宗板着脸说："如果判其违制失罪，天下还有违制罪吗？"王曾解释说："天下广阔，并非所有官员都清楚制书规定。如果直接判处其违制，天下也没有因思虑不周而失误违制的了。"宋真宗最终听取了王曾的建议，并将违制失论正式修入法典中。王曾进谏时，佐吏赵廓就站在他后面，目睹了这一过程。赵廓离开宫门后，向别人感叹，王曾犯颜直谏，自己立其身后，汗如雨下，不敢抬头看真宗一眼，而王曾泰然自若，正色不改。

天圣四年（1026年）八月，朝廷命官员考试开封府和国子监举人。王曾进言："自唐朝以来，考选文官，条例繁多，非常不利于选拔人才。"他提出要加以改革。宋仁宗说："有人说先朝诏令不能轻易改革，是这样吗？"王曾说："这些议论都是臣下迷惑陛下的话。咸平年间删订太宗朝的诏令，十去八九。删掉繁文，极便于政务，有何不可？"宋仁宗最终同意了王曾的建议。

王曾始终严明执法，不徇私情。大中祥符九年（1016年），王曾和赵稹受命纠察京师刑狱。开封府下辖的咸平县发生了一起案件，其中一方当事人既联系了外戚钱惟演，又向时任开封府知府慎从吉的儿子慎钧和慎锐行贿，希望他们在慎从吉面前为自己求情。王曾知晓后，没有因此案牵涉多位高官而改变正直的处事风格，揭发了他们的勾当。钱惟演、慎从吉和一众涉案官吏均受到惩罚。

王曾也不因私愤而落井下石。枢密使曹利用和王曾不和。刘太后听政时，曹利用得罪了刘太后。后曹利用的侄子酒后穿黄袍，命人叫自己"万岁"，事发下狱，曹利用受到牵连。刘太后意图严惩曹利用，官员张士逊为曹利用求情，反被赶出殿去。问到王曾的意见时，他秉持公心，也为曹利用求情。太后不解，问王曾："你之前不是还说曹利用骄横又肆意妄为吗，现在为什么愿意为他求情呢？"王曾解释道："曹利用平日恣意恃恩，我出于公心而批评他。然而如今说曹利用犯下谋逆重罪，则未必如此。"刘太后这才稍微平息了怒气。

王曾为政，杜绝私下请托，从不因故交而徇私情。张师德博学有才华，不结交权贵。当时朝中商议知制诰的人选，鲁宗道向王曾极力举荐张师德，王曾以不认识张师德推辞。鲁宗道两次让张师德去见王曾一面，张师德无奈才因职事去拜见王曾，却吃了个闭门羹。后鲁宗道再次和王曾提起以张师德为知制诰事，王曾说："张师德才识、品行足以为此，但有请托之嫌。"张师德因而没能被任命为知制诰。

王曾有位故交想赴齐州（今山东省济南市）任知州，但朝廷已任命了他人，故将其任命为庐州（今安徽省合肥市）知州。这人坚持想去齐州，对王曾说："相公不使一物失所，改易前命，当亦不难。"王曾正色说道："不使一物失所，唯是均平。若夺一与一，此一物不失所，则彼一物必失所。"（沈括《梦溪补笔谈》卷二）这人惭愧地离开了。名臣尹洙是王曾的旧相识，曾因私事找到王曾通融，也被他严词拒绝。

三、仁政惠民

王曾始终以百姓为念，多次劝谏仁宗要节俭用度，数度奏请朝廷减免地方贡赋。按例，巴蜀地区要向皇帝进贡蜀锦，蜀锦之费可抵数匹绢。天圣四年（1026年），在王曾的建议下，仁宗命巴蜀地区仅进贡原来一半数量的蜀锦，其余改为织绢，以充边费。天圣六年（1028年），王曾奏请仁宗，禁止温州、广州等地官员在向皇帝进贡柑橘的同时，以贡余的名义向朝廷其他重臣进献柑橘，以减轻地方百姓的负担。

宋朝通过榷卖等手段对酒、醋等生活必需品征税，一般是在利润较高的地区置官场务售卖，在利润稍低的地区招募百姓承买场务并向其收纳规定钱财，或直接由官府售卖。王曾首次罢相后出知应天府（今河南省商丘市）。当地有五户人家承买酒场，每年共向官府认缴钱三万余贯。后来酒场亏损，但认缴数目不变。五户人家中，两户已经因此破产，其他三户屡次请求减免认缴钱数，而当地官员为保政绩，一直不同意他们的请求。在王曾的奏请下，朝廷免去了三户的欠款。王曾还要求在应天府实行对百姓压力更小的榷曲法。天圣四年（1026年），负责陕西路财政的陕西转运司奏报朝廷，说陕西百姓买官府醋曲制醋售卖，获利颇丰，他已经命地方改置官场务卖醋以增利，希望朝廷能向其他路分推广该法。王曾向宋仁宗进谏道："自前代以来，因用度日增而榷酒，至今未能革除。如今再榷醋，百姓负担会更重。"仁宗因而要求陕西取消了新设的官场务。

百姓受灾时，王曾积极组织赈灾。天圣六年（1028年），河北发生水灾。仁宗派去的太监回朝奏报说是水龙作祟，仁宗想派人前去祭龙。王曾批评这类传言，提出应宽免百姓赋税，受灾百姓因而获免当年秋税。景祐元年（1034年），王曾主政于西京（今河南省洛阳市）。当时河南发生饥荒，百姓无以为生。有一伙饥民抢劫了一家囤积粮食的大户。官府抓住这伙饥民后，将多数人判处死罪。案件上报给王曾后，他念及百姓是走投无路、无以为生才犯下罪过，便将这伙人改判笞刑，免除他们一死。同时，他积极组织救荒，奏请朝廷调来了二十万石粮食，赖以活命者很多。

王曾还注意到，地方官员在落实朝廷的某些政策时，往往偏离了初衷，最终并不利于百姓，便极力请求朝廷杜绝此类政策取向。恩州（今广东省阳江市）和登州（今山东省烟台市蓬莱区）要向朝廷供应黄金。因两州采金数量大增，仁宗想下旨嘉奖。王曾劝阻说："采金既多，农民肯定会荒废农田，争相采金，不利于粮食生产。金矿枯竭后，官吏难免强制百姓仍缴纳黄金。现在应告诉两州官员要时常体恤民情，而非以奖赏诱惑。"仁宗听从了王曾的建议。

四、端正清俭

王曾为人端正持重，不苟言笑，在朝里朝外始终如一，没人敢因私交来打扰他。昔日杨亿与王曾同朝为臣，杨亿好谈笑，与同僚友人无不亲近戏谑，只有与王曾说话时，不敢拿他调笑，以示敬重。范仲淹曾因王曾疏于关照、亲近贤才而感到困惑，对王曾说："昌明发扬贤才，是宰相的责任。您的德行已然十分美好，但独独缺少这一点。"王曾解释说："我是执掌国政的人，所施恩惠都归于我，那么恶名归于谁？"范仲淹遂十分佩服。

王曾在生活上十分节俭。他见到家人身着华丽的衣服时，总会生气地说："我家朴素的家风已经沦落至此了吗？"有故人之孙冲子京将要离京，王曾留饭告别，赠予冲子京数轴用于书写的简纸。后冲子京展开一看，发现这些简纸都是将使用过的纸张的空白处加以裁剪、拼接而成的。

山东省青州市松林书院（王岩 供图）

宝元元年（1038年），王曾去世。仁宗感念王曾的政绩，废朝两日，并亲题旌贤碑。宋朝君主赐贤臣碑刻，自王曾始。王曾墓位于青州城东40里的郑母店，名臣宋祁在墓志铭中称赞他"揭日当天，实相以济。谗唇不摇，王室无惎，赖陈平之智兮。五藩于宜，既仁且贤。邦民宜之，厥猷茂焉"（杜大珪《名臣碑传琬琰之集》中卷五《王文正公曾墓志铭》）。司马光在回顾刘太后听政时期的贤相时，以王曾为忠厚之臣。仁宗曾亲书"忠亮忠厚"四字赐予王曾。王曾被贬外放时，天下人都感到可惜；王曾被重新任用后，天下人都欣喜若狂；王曾去世时，大街小巷的百姓无不失声痛哭，自发凭吊，可见王曾的贤名不仅为朝廷所知，也为百姓所知。明朝成化年间，青州知府李昂奏请朝廷设立名贤祠，获得允准。名贤祠位于青州府治西侧的松林书院，也是王曾早年读书之所。祠中供奉的皆是宋代名臣，王曾位列其中。

◈ 史料来源

• 嘉靖《青州府志》卷一二《名臣传·王曾》，明嘉靖四十四年（1565年）刻本。

• 万历二十四年《兖州府志》卷二八《宦迹志三·王曾》，齐鲁书社1985年影印本。

• 道光《东平州志》卷一二《宦迹传·王曾》，清道光五年（1825年）刻本。

• 道光《巨野县志》卷一〇《口碑志·王曾》，清道光二十六年（1846年）刻本。

• 《宋史》卷三一〇《王曾传》，中华书局1985年点校本。

（撰稿：张富华、段若婷、谭景芸）

范仲淹：后天下之乐而乐

我游范公亭，得观范公泉。
光开四方镜，影落一片天。
问初出地时，正当帅郡年。
德清故泠泠，泽滂乃涓涓。
人寿有所滋，民疾得以蠲。
坐令云门麓，拜井尤可怜。
刺山固莫比，化作昆仑巅。
不为久旱涸，岂逐大水迁。
公政以泉显，泉名以公传。
初如去思碑，其谁口不宣。
久为遗爱池，其孰手肯填。
此老虽已矣，此水犹依然。
昔何流而川，今何汇而渊。
殷勤语后官，黾勉追前贤。
好理古石渠，再听声潺湲。

——元·张之翰《西岩集》卷二《观范公泉》

山东省青州市范公亭（李继武　摄）

　　今山东青州古城西门外有一座范公亭公园，其历史可追溯至北宋皇祐三年（1051年）范仲淹来此出任青州知州时。范公亭旁，有一眼清泉，名曰范公泉。元人张之翰来此游玩时，写下《观范公泉》一诗。"人寿有所滋，民疾得以蠲"等句，反映了后人对范仲淹惠民之政的怀念及对继任官员向范仲淹学习的期待。

　　范仲淹（989—1052），字希文，苏州吴县（今江苏省苏州市）人。北宋著名政治家、文学家。他出生第二年，父亲范墉病逝，母亲谢氏不久改嫁长山朱氏。范仲淹跟着继父朱文瀚到过很多地方。大中祥符八年（1015年），范仲淹进士及第。景祐二年（1035年），任开封知府，京师谣曰："朝廷无忧有范君，京师无事有希文。"（孔平仲《孔氏谈苑》卷四）范仲淹历官至枢密副使、参知政事。庆历三年（1043年），主持"庆历新政"；五年（1045年），新政失败，罢政外任。皇祐四年（1052年），卒于青州任上，谥文正。他关心民瘼，所至兴利除弊，为官有政声，在朝能面折廷净，犯颜极谏，不避权贵佞幸，还要求加强司法监督，以防冤案。

一、言而无隐，宠辱不惊

大约在景德元年（1004年），范仲淹继父朱文瀚赴淄州（治今山东省淄博市淄川区）任职，范仲淹随之来到淄州，在当地的长白山醴泉寺读书。他读书十分刻苦，流传很广的"断齑画粥"的故事，讲的就是范仲淹在长白山读书时并不富裕，一天只煮两升粟米粥，凉了后将粥饼切为四块，于早晚佐腌菜各食两块。他还四处游学。大中祥符初年，朝中重臣李迪先后在兖州（治今山东省济宁市兖州区附近）和郓州（治今山东省东平县）为官。两地距长白山不远，范仲淹特意前去拜见，得到了李迪的赞赏。后李迪去世，范仲淹特意作祭文以示缅怀，提及"念昔登门，遇厚情亲；曾莫之报，是宁不仁；东向何为，叹惋悲辛"（范仲淹《范文正公集》卷一〇《祭故相太傅李侍中文》）。

大中祥符八年（1015年），范仲淹举进士及第，步入仕途。他在官场中，一直竭尽心力为国为民。他在泰州（治今江苏省泰州市）为官时，发现当地海塘年久失修，导致海水倒灌，土地盐碱化。他顶住各方压力，亲自到现场措置海塘的修复工作。他虽然官职不高，却时刻关注朝廷大事，不畏权贵，直言极谏。天圣七年（1029年），年幼的宋仁宗打算率领百官向垂帘听政的章献刘太后上寿。这不合当时的礼法，但朝中大臣大多碍于章献刘太后的权势不敢反对。范仲淹却上书太后，指出上寿仪式中的一些不合宜之处，惹得太后不满，引起朝臣震惊。范仲淹在事后对晏殊说："倘以某远而尽心，不谓之忠；言而无隐，不谓之直，则而今而后未知所守矣！"（范仲淹《范文正公集》卷八《上资政晏侍郎书》）

明道二年（1033年），仁宗亲政，因得罪章献刘太后而被外放的臣僚陆续被召还京，范仲淹也在其中。此时朝堂之上开始攻击章献刘太后垂帘时的各种政策，范仲淹却直言对仁宗说："太后辅佑您多年，您一定要保全太后的名声。"仁宗因此下令不许议论之前的诏令。不久，仁宗因后宫之事意图废掉皇后，得到宰相吕夷简的附和。范仲淹、孔道辅等人认为皇后并无大过，不应被废。他们站在宫殿门外准备进谏。仁宗命人关闭殿门，只派吕夷简出来说明原因，但未能说服范仲淹等人。次日清晨，范仲淹继续准备进言，却被告知仁宗已将其贬为睦州（治今浙江省建德市）知州。

景祐二年（1035年），范仲淹被召回京任职。他依然屡进忠言，直指朝廷弊端。宰相吕夷简对范仲淹批评自己的施政很不高兴，转而指控范仲淹结党乱政。范仲淹由此被贬为饶州（治今江西省鄱阳县）知州。其好友尹洙及为他鸣不平的余靖、欧阳修也一同被贬。苏舜钦作诗（苏舜钦《苏学士文集》卷六《苏子美闻京尹范希文谪鄱阳尹十二师鲁以党人贬郓中欧阳九永叔移书责谏官不论救而谪夷陵令因成此诗以寄且慰其远迈也》）描述范仲淹等人因直言被贬之事称：

> 朝野蔚多士，衰然良可羞。
> 伊人秉直节，许国有深谋。
> 大议摇岩石，危言犯采旒。
> 苍黄出京府，憔悴谪南州。

北宋与西夏发生战争，宋军大败，范仲淹被任命为陕西安抚使，受命备边。范仲淹和韩琦等人训练军队，修筑青涧、大顺等城寨；大开营田，吸引羌族投奔者数万户。经过数年的经营，他们逐渐扭转了颓势，巩固了西北边防，时称"军中有一范，西贼闻之惊破胆"（王称《东都事略》卷五九上《范仲淹传》）。

庆历三年（1043年），范仲淹入朝，后升任参知政事（相当于副宰相）。他针对当时朝政的诸多弊端，向仁宗上了《答手诏条陈十事》，要求朝廷在政治上有所变革。这篇文章成为"庆历新政"的纲领性文件，其中的条陈先后被朝廷颁布、实施。"庆历新政"触犯了许多官僚的利益，他们在庆历四年（1044年）趁着范仲淹巡视宋夏边境时发难。次年，范仲淹、富弼等"庆历新政"的骨干先后被贬官外放，范仲淹出任邠州（治今陕西省彬州市）知州。在邠州，他拜访了隐士魏疏，在《访陕郊魏疏处士》诗中提及自己的心境："我亦宠辱流，所幸无愠喜。进者道之行，退者道之止。"（范仲淹《范文正公文集》卷三）同时，他写信劝勉一同被贬官的韩琦："天将授任，必拂乱之增益所能尔。"（范仲淹《范文正公文集》附录《尺牍·与韩魏公》）

二、主政青州，为民解忧

皇祐二年（1050年）十一月，62岁的范仲淹奉旨调任青州知州。此时他的身体已然有恙，但仍为国为民日夜操劳。

范仲淹到青州后的第一件事是继续救济百姓。当时河北地区发生洪涝灾害，田地颗粒无收，大批民众被迫南下山东等地逃荒。当年青州的粮食收成本就不好，大量灾民的涌入使当地情况雪上加霜。范仲淹的好友富弼任青州知州时，采取了诸多方法救济百姓，效果显著。由于任期有限，富弼尚未完成救灾工作就卸任了。范仲淹于皇祐三年（1051年）三月到任时，青州粮食产量尚未恢复，粮食价格偏高。青州的村落中还有大量的河北流民，城内每隔几天就会涌入六七千人等待救济。而在齐州（治今山东省济南市）和博州（治今山东省聊城市）等地，盘踞着一伙盗贼。如果灾民因走投无路与这伙盗贼合流，将极大地冲击当地的社会秩序。

范仲淹为此继续推行富弼的救荒政策。他开放官府空闲房屋，允许受灾百姓免费暂住，还鼓励寺院道观及富家大户为流民提供住所，由官府提供安全保障。他积极联系朝廷以及周边州郡，争取到了不少救灾钱款与粮米。为了进一步完善赈灾粮米的供应，范仲淹不仅捐献自己的俸禄购买粮食，而且亲自写了多道文书招揽米商并劝诱有余粮的大户出粮协助救灾。同时，他选派得力的官吏支散粮米，又亲自到各县巡视救灾情况，确保受灾百姓能够得到切实的救济。经过富弼和范仲淹的共同努力，青州获得了充足的赈灾粮米，本地高涨的米价趋于稳定，百姓恢复了正常的生产生活，河北流民也慢慢归乡复业。

在青州，范仲淹发现该处百姓每年缴纳税粮，须自费从各自村落将粮米运至博州缴纳。这种异地纳税在当时被称作"支移"，实质上是一种附加税。支移给百姓造成的负担在于，运输路途中，仅人力、畜力所需粮食草料就已不菲，更不用说途中税粮的损耗及时间成本。有时支移所需费用远高于税粮的价格，因此朝廷常将免除一地支移当作一项仁政。为减轻青州百姓的额外负担，范仲淹允许百姓直接纳钱。他又联系了博州知州，告知将派人携钱至博州当地籴买粮食。范仲淹还派人于道路上张挂榜文，以高于市价的价格买粮，借博州当地仓廪和僧舍储存粮米。不到五天，青州的使者已筹买到足够的粮米，而百姓最初缴纳的钱还剩不少。范仲淹又按照百姓的家庭条件给他们分别退还了剩余钱两，使青州百姓的负担大大减轻。

青州城西门外有泉水涌出，人们认为这是范仲淹为政惠民而引发的，遂将这眼泉水命名为"范公泉"。该处泉水甘冽如醴，后世医家常以此入药。范仲淹曾在泉水旁修建一座亭子，即今"范公亭"。

范仲淹像

三、书《伯夷颂》以明志

后来，范仲淹的身体越来越差，已无法胜任青州繁重的政务。他自知年老，更加大力向朝廷举荐在青州任上发现的人才。青州紧邻淄州，范仲淹在政务之余特意故地重游。已经63岁的范仲淹到了长白山他当年读书之处，又在长山县西与当地父老交谈。后来长山县民将这两处地方命名为"范公读书处"和"礼参坡"，以纪念范仲淹。范仲淹还作《寄乡人》诗（王辟之《渑水燕谈录》卷七《歌咏》）赠予当地百姓：

> 长白一寒儒，登荣三纪余。
> 百花春满地，二麦雨随车。
> 鼓吹前迎道，烟霞指旧庐。
> 乡人莫相美，教子苦诗书。

范仲淹殷切希望乡中子弟努力读书，成长为国家栋梁之材，最终实现国家大治。

在鼓励、提携后进的同时，范仲淹还回顾了自己的过往，想到在宦海之中几经浮沉，始终坚持"先天下之忧而忧，后天下之乐而乐"的理念，勤勉任事；同友人一道推动"庆历新政"，试图一扫朝廷沉疴，却以失败告终；在青州任上，仍拖着病体，努力工作。想罢，他挥毫写下了唐人韩愈的《伯夷颂》："士之特立独行，适于义而已，不顾人之是非，皆豪杰之士，信道笃而自知明者也……"韩愈以《伯夷颂》称颂了伯夷不食周粟的风骨，抒发自己坚定的信念及不为世俗改变的精神。范仲淹通过亲书《伯夷颂》，也坚定了自己清正为官的信念。

范仲淹后将这篇《伯夷颂》寄给了好友苏舜元。伯夷的品行、韩愈的文章以及范仲淹的小楷实为"三绝"，共同汇聚在这篇《伯夷颂》中。苏舜元因此题下"牢落二贤天地外，风流三绝古今间"的诗句。苏舜元又请文彦博、富弼等人题跋。时任许州（治今河南省许昌市）知州文彦博写下了《题高平公范文正亲书伯夷颂卷后》（申利校注《文彦博集校注》卷四）：

> 书从北海寄西豪，开卷才窥竦发毛。
> 范墨韩文传不朽，首阳风节转孤高。

"北海"在古代指渤海，此处代指邻近渤海的青州。"首阳风节转孤高"一句，既称赞了伯夷的品格，又呼应了范仲淹书写《伯夷颂》时的心绪。

皇祐四年（1052年），朝廷同意了范仲淹调任闲职的请求，将他调任颍州（治今安徽省阜阳市），行至徐州时，他就溘然长逝了。在上给仁宗的遗表中，范仲淹没有为自己的家人请求恩泽，而是劝勉仁宗勤于政务，革除积弊。这种无私的精神更得到天下人的赞扬。

范仲淹始终践行"先天下之忧而忧，后天下之乐而乐"的理念。他不追求物质享受，散尽家财，支持家族发展。由范仲淹首创的范氏义庄不仅推动了苏州范氏一族的发展，而且为其他家族的互助互利提供了典范。黄庭坚、朱熹等人都认可范仲淹是宋代名臣堪居首位之人。自宋以降，人们通过各种形式纪念并宣传范仲淹。1934年，爱国将领冯玉祥来到青州范公亭。时值日本侵略者加紧对中国的蚕食，冯玉祥写下一副对联："兵甲富胸中，纵教他房骑横飞，也怕那范小老子；忧乐关天下，愿今人砥砺振奋，都学这秀才先生。"可见范仲淹和他忧国忧民的精神始终在激励后世。

◈ **史料来源**

• 嘉靖《青州府志》卷一二《名臣传·范仲淹》，明嘉靖四十四年（1565年）刻本。

• ［宋］范仲淹撰，李勇先等点校《范仲淹全集》，中华书局2020年版。

•《宋史》卷三一四《范仲淹传》，中华书局1985年点校本。

（撰稿：邢娜娜、王逸临）

包拯：

关节不到，有阎罗包老

清心为治本，直道是身谋。

秀干终成栋，精钢不作钩。

仓充鼠雀喜，草尽狐兔愁。

史册有遗训，无贻来者羞。

——宋·包拯《包拯集校注》卷一

《书端州郡斋壁》

包拯画像

（采自清代顾沅辑录、孔莲卿绘像《古圣贤像传略》卷九，清道光十年刻本）

包拯是中国历史上著名的清官之一。他42岁时升任大理寺丞，知端州（治今广东省肇庆市）。当时的官员大多认为做京官晋升快，不愿意做地方官，尤其是不愿到边远而荒僻的州县任职。包拯对任职地方却比较看重，认为这是替朝廷为百姓做事的差使，关系重大。他这次出任知州，有意为地方官做个楷模。在端州州衙墙壁上，他写下一首诗表明心志，那就是：清心寡欲，廉洁奉公，正身立朝，无私无畏；要立志做国家的栋梁，刚直不阿，坚决铲除奸恶，以无愧于先贤和后人。

一、素有廉名

包拯（999—1062），字希仁，北宋庐州合肥县（今安徽省合肥市）人。他在世时就博得了很好的名声，妇孺皆知，人们尊称他为"包公"。去世后，朝廷赐给他"孝肃"的谥号，史书上就称他为"包孝肃"。又因为他担任过天章阁待制、龙图阁直学士，所以民间又称他为"包待制""包龙图"。

景祐四年（1037年），包拯被任命为天长（治今安徽省天长市）知县。

包拯善于断案的名声即开始于此。其中最为人津津乐道的，是一个"牛舌案"。一天，一个农民牵着一头满嘴流血的耕牛来到衙门，状告有盗贼将他的牛的舌头割掉了，请求包拯替他做主。包拯问了一些基本情况，就说："你只管回家，把牛杀掉卖了。"那个农民极为不解，说："我的牛让人割去了舌头，够倒霉的了。大人再让我把它杀了，我拿什么耕地？再说，宰杀耕牛可是犯法的事情。"包拯说："你只管回去杀牛卖肉，我保证不追究你的责任，别的不用多问。"牛主人虽然还是困惑，但他对包拯的断案能力早有耳闻，于是就回家真的把牛杀了。其实，这是包拯有意设下的圈套：凶手蓄意加害牛主人，牛主人宰牛犯法，凶手一定会乘机告状，反正牛也活不成了，不如借此将凶手引出来。不久，果然有人来控告，说有人私自宰杀耕牛。正当那人在堂下煞有其事地控告时，包拯突然说道："大胆歹徒，不是你割了人家的牛舌头吗？为什么又反过来告人家的状？"这一问好像晴天霹雳，一下子就把那个人震呆了，他脸色大变，以为事情已经败露，只得低头认罪。这个案件充分显示了包拯的智谋和办案能力，从此，包拯善于断案的名声就传开了。

宋仁宗康定元年（1040年），包拯出任端州知州。端州位于广东西江的中游，从唐朝起就以出产砚台闻名天下。端砚石料坚实细腻，冬天不结冰，夏天不耗水，是文房四宝中的精品，故被选为贡品。宋代规定端州每年都要进献一定数量的端砚。在包拯以前，端州的官员往往借进贡的机会，在朝廷规定的数目之外，向民间加收几倍甚至几十倍的端砚，以便去贿赂权贵大臣。包拯到端州后，向民间征收端砚，除进贡朝廷的定额之外，一块也不多拿；进贡之外，一人也不赠送；离任的时候，一块砚也不带走，坚决不给百姓额外增加负担。传说，包拯离任时，手下人偷偷地把一方端砚放在他的行装里，船行至中途被他发现，他就把那方端砚投入了江中。至今在广东肇庆附近的西江中还有一处古迹，传说就是当年包拯掷砚的地方。包拯十分喜欢书法，南宋人刘克庄称其"笔法端劲，翰墨间风流蕴藉"（刘克庄《后村先生大全集》卷一○三《跋鲁肃简包孝肃帖》）。包拯在端州任职近三年，离任时竟然连一块端砚也未带走，足见其廉洁。

在端州时，包拯发现当地百姓大多面黄体瘦，经过调查，发现是饮用西江水和城郊沥湖水，卫生条件差所致，于是他就发动百姓，在端州城内外开掘了七口水井，百姓的健康状况大为好转。现在肇庆市红旗路边还有一口井石被磨得光滑的深井，就是当年包拯率人开掘的七口水井之一，人称"包公井"。直到现在，端州人民谈起"包公井"来，还掩饰不住敬仰和感激之情。

包拯在天长县和端州任地方官的时间并不长，但都得到了当地百姓的称赞，留下了很好的声誉。

二、京东奏民声

包拯凭借出色的政绩，受到御史中丞王拱辰推荐，到京城任监察御史里行。庆历六年（1046年）七月，包拯被任命为京东路（辖区包括今山东及河南、江苏部分地区）转运使。转运使司属于当时的"监司"之一，兼管地方财政和对官员的监察。包拯在这期间利用自己主管财政的便利，体察民情，清除弊政，为减轻百姓负担做了大量工作。

到任后，包拯首先调取各州账册，查看百姓负担及官府作为。其中最让包拯感到震惊的，是京东路各州吏民累年拖欠官府钱粮共计两万贯石。在宋代，百姓们除了向国家缴纳赋税，还需承担劳役，其中一项就是监管储存官府钱粮的仓库。朝廷给这些仓库设定了较为严格的启闭制度。州县官府对仓库中的钱粮没有太多支配权，也无意开启库门进行检查。然而，仓库中的粮米、布帛乃至钱币会因气候、贮存条件等原因腐蚀、氧化。长此以往，新陈相积后，仓库中钱粮的实际储量与账本上的数字已经无法对应起来。当上级官府派人来核查时，那些监管仓库的吏民就会因库存钱粮不足而受到牵连，被要求补足损失。

事实上，朝廷颁布过相关条文，官物自然损耗，可以在一定程度上免除对相关责任人的追偿。但足额缴纳赋税钱粮是地方官政绩考核的重要标准之一。豁免相关钱粮会减少现任地方官向朝廷缴纳的赋税，不利于其晋升。因此，一些地方官并不申请豁免，反而不断加大力度逼迫监管仓库的吏民补偿损耗的钱粮。有些人为补足这些钱粮，卖尽家产，从拥有土地的自耕农沦为租种他人土地的佃农；有些人实在无力偿还，只得背井离乡，外逃躲债；有些人尚未补足欠款，就已郁郁而终，官府就逼着他们的家人及当时的保人代还亏空，导致受牵连人数众多。数年来，官府不断催债，百姓负担沉重，苦不堪言。包拯发现这些情况后，连忙派可靠属官到各州核实，随即多次向朝廷上书，请求豁免这些百姓的积欠款项。

作为监司官，包拯还要巡视京东路各州县。一次，他行至莱州（治今山东省莱州市）时，一群人迎面而来，跪倒在轿旁。为首者叫姜鲁，是当地的一名冶铁工匠。受到国家军备和农业发展政策的影响，当时兵器与农具方面对铁的需求量十分庞大，因此朝廷对铁的开采与冶炼十分重视。朝廷鼓励有财力的人自行探矿，然后向官府申报。官府同意后，这些人会被列为冶铁户，可在矿场内架起冶炼炉炼铁。冶铁户每年要按照规定向官府缴纳一定数量与质量的铁，剩余的铁则可以自由交易。在京东路，登州（治今山东省烟台市蓬莱区）和莱州是重要的冶铁区。这次拦住包拯申诉的姜鲁，就是莱州和登州十八家冶铁户的代表。

申请起冶虽然有利可图，但风险也很高：其一，矿脉逐渐枯竭，无法产出规定数量和质量的铁；其二，随着勘探和开采规模扩大，当地水土逐渐流失，树木逐渐稀少，又需一笔不菲的钱财向外地购炭；其三，大雨、泥石流等自然灾害往往会冲毁冶炼炉。长此以往，本来富庶有余力起冶的家庭也成为贫困之家了，姜鲁等人正是如此。他们数年前就已经不能冶炼出符合规定的铁了，只能想尽办法从他人手中购买铁，再交给官府。他们多次请官府除去其冶铁户的身份，但地方官为了完成指标，顺利晋升，根本不理会他们的诉求。包拯对当地的十八家贫困冶铁户一一做了调查访问，发现他们确实已经穷得无力开炉冶铁，而官府每年仍按照原来的标准征收铁税，最终使得他们倾家荡产。包拯将实情申报给朝廷，请求注销他们的名号，免除他们的欠税。

庆历七年（1047年）四月，朝廷改任包拯为陕西路转运使，命他赴任前回朝觐见。在朝堂之上，包拯仍然心系京东路事务，向宋仁宗提及京东路尚未彻底解决的积欠官物事与冶铁户事。他建议宋仁宗下旨他路，解决情况类似的贫困户的困难；各地要鼓励有能力的人开炉冶铁，发展生产，各级官吏只能扶持，不得刁难。宋仁宗对包拯心系百姓的行为十分赞赏，特意予以嘉奖。

1933 年 5 月 25 日《国剧画报》刊载的山东泰安之包文正公祠照片，系京剧研究大家齐如山在泰安考察戏曲时所摄（贾冉冉　供图）

三、"包龙图打坐在开封府"

嘉祐元年（1056年）十二月，包拯升任开封府知府。时人一般认为，能担任翰林学士、知开封府等职务者就成为宰相候选人了。包拯受命权知开封府，说明仁宗对他非常倚重，已经把他视为股肱之臣。然而京城历来难以治理，开封府尹并不好当。开封是当时全国最大的城市，人口约有150万，各项公务十分繁重。据说，开封府办公，每月光用秃了的毛笔就有一小箱子；由于官印用得多，磨损得也快，每年都需要更换官印。另外一个更大的难题，就是皇亲国戚和显官巨宦都聚居在京城，其中有些人作威作福，无法无天。

包拯知道要治理好京师绝非易事。可是，他遇到事情从来不敷衍塞责，更不会苟且偷安。开封府的官员和属吏大都是朝廷亲信或权臣的子弟。这些人大多疏于职守，欺压良善，执法犯法，甚至稍不如意，就施展阴谋诡计，戏弄刁难本府长官。包拯上任伊始，就有一些府吏试探性地抱出一堆夹杂着陈年旧账的文书让他处理。包拯一一过目，发现了其中夹带旧文书的问题，当面揭穿了他们的鬼把戏，让奸吏们一个个有口难辩，官场风气才有所好转。

按规定，到开封府告状的人不能直接走到大堂上向府尹递状纸申诉，必须先将状纸交给守门的府吏，再由府吏转呈，是否受理、何时审理，要等候府吏通知。而府吏往往借此敲诈勒索，大做手脚。如果诉讼人家中贫穷，送不起钱财，即使冤情再大，也是告状无门，有冤难申。审案的问题就更多了，由于府吏认钱不认人，"因缘为奸"，蒙蔽长官，这就导致即使清正官僚也难免误断而造成冤假错案，更不用说草菅人命的昏官了。包拯革除此项弊政的办法是，敞开府衙大门，允许诉讼人直接到公堂递交状纸，面陈冤屈。这样，府吏就失去了营私舞弊的机会，府尹断案也就可以实事求是了。包拯对诉讼制度的改革深得民心，人们交口称赞。

正当包拯开始雄心勃勃地全面治理京师的时候，老天冷不防地给他来了一次大考验。这年六月，开封连降倾盆大雨，多日不止。京城的重要水利动脉惠民河水势暴涨，洪水直扑京城，很快淹没了官私房屋数万间，情况非常危急。包拯在关键时刻指挥若定，一面命令军民大力抗洪抢险，保城安民，一面亲自带人调查惠民河泛滥的原因。经调查，他发现当时有权势的人家大都侵占沿河地盘，修建花园亭榭，致使河道变窄，一遇暴雨就泛滥成灾。包拯果断下令，将所有跨河的楼台、花园全部拆毁，疏通河道，洪水威胁很快就解除了。京师军民一片欢呼赞扬之声，但失去园林的权贵们十分恼火。他们深知包拯为人，加上自己理亏，就不明火执杖地反对，而是放刁使奸，伪造地契步数，硬说河道是他们的产业，以此与包拯纠缠。包拯通过实地测量和验证，揭露了他们弄虚作假、妄图永远侵占河道的丑态，并上奏朝廷要求严惩。仁宗顾及京师安全，支持了包拯的正义之举，重重地打击了权贵们的嚣张气焰。

包拯治理好京城的决心很大。他为了排除干扰，刹住官场的歪风邪气，与显官势族及亲朋故旧断绝了一切书信来往。谁要向他"通关节""走门路"，无论是亲朋故旧，还是同僚高官，他一概严加拒绝，甚至当面斥责。当时，京城流传的民谣说："关节不到，有阎罗包老。"（《宋史》卷三一六《包拯传》）把他比作铁面无私的阎罗王。还说"包希仁笑比黄河清"（沈括《梦溪笔谈》卷二二《谬误》），包拯性格严肃刚毅，人们要想看到他的笑容比黄河水变清还难。这充分说明了他执法严峻，不徇私情。由于包拯处理案件公正，对官僚豪绅、平民百姓都能一视同仁，依法明断，从不包庇坏人、冤枉好人，故"号为明察"（沈括《梦溪笔谈》卷二二《谬误》），人人敬服。

包拯还严厉惩处为非作歹的泼皮无赖，维护京师治安。有一次，京城失火，包拯正在指挥军民救火，突然出现了几个不三不四的人，提着水桶反复向包拯请示："取水是到甜水巷呢，还是到苦水巷呢？"他们以为包拯慌忙之中一定不能得体回答，妄图抓住把柄与包拯纠缠，以此要笑嘲弄他。包拯听他们的话毫无道理，又看他们挤眉弄眼，鬼头鬼脑，知道是一伙蓄意使坏的恶棍，于是就命令侍卫将一两个为首的以破坏救火罪当场斩首，其余无赖都吓得抱头鼠窜。这伙无赖领教了包拯的威严，再也不敢为非作歹，京城的秩序大为好转。

包拯担任开封知府只有一年多的时间，但是在开封人民心中留下了极为深刻的印象。包拯去世后，开封人为了纪念他，特意在开封府署旁边建了一座祠堂。当时，开封府署有一块题名碑，碑上刻着历任府尹的姓名和任职时间。见到这块题名碑的人们，都喜欢指点抚摸包拯的名字，表达自己的敬慕之情。现在这块石碑还保存在开封博物馆里，刻着包拯姓名的地方已被磨成了一道又深又亮的手指痕沟，如今能隐约看到的只有他的任职时间了。

包拯两袖清风，一生廉洁，虽然官位很高，但衣服、饮食、日常器用等都如同平民百姓。包拯墓在20世纪70年代被发掘，出土的随葬品数量很少，且质地一般。包拯不仅自己清廉自律，而且立下家训传于后代。他将做官不得贪赃枉法作为一条铁的家训，要求子孙务必遵守，谁若违反这一训条，则永远不能再回包家，死后也不能入包家的祖坟。包拯的子孙也都很争气，一直恪守祖训，居官清廉正直，获得了世人的好评。

　　包拯在宋代的官僚群体中地位及名声并不十分显赫，远不如范仲淹、韩琦、文彦博、欧阳修等人；在当时的改革潮流中，他的理论和实践也不能与同时代的范仲淹及稍后的王安石相提并论。但在北宋时，包拯就已经是"名塞宇宙，小夫、贱隶类能谈之"（《全宋文》卷四七〇二《吴袛若〈跋包孝肃奏议〉》）的人物，他的事迹在社会中下层民众中已经广泛流传。包拯的名声在宋代还传到了西北少数民族地区。宋神宗时候，西北有一个少数民族归附了宋朝。其首领到东京朝见时，对陪同他的官员说："我早就听说过包中丞包拯是朝廷的忠臣，现在我既然已经归附了朝廷，就请皇上赐我姓包吧！"宋神宗答应了他的请求，赐名包顺。

　　包拯的事迹也引起后世人们深深的怀念，而且随着时间的推移，其名声越来越大。从宋元话本、戏文、杂剧到明清传奇、小说，都有以包拯故事为题材的作品，形成了一种别具特色的文化现象。清官包拯的事迹靠平民百姓的口碑和艺术作品中塑造的感人形象，代代传播。

◈　**史料来源**

• 乾隆四十七年《泰安县志》卷八《职官志·宦迹·包拯》，清乾隆四十七年（1782年）刻本。

• 光绪《增修登州府志》卷二四《职官志·前秩·包拯》，清光绪七年（1881年）刻本。

• 《宋史》卷三一六《包拯传》，中华书局1985年点校本。

（撰稿：袁琳、张蕴荟）

富弼：

『青州故事』的创立

石子涧中水泠泠，石子涧上富公亭。

富公一去几百载，遗亭仿佛甘棠青。

古今郡守有列传，远近云山开画屏。

呼童载酒一临眺，但愿沉醉不愿醒。

——嘉靖《青州府志》卷七《冯裕〈游富公亭〉》

富弼画像

（采自明代王圻《三才图会·人物》卷七，明万历三十七年刻本）

　　青州瀑水涧侧曾有一座富公亭，是北宋青州知州富弼祈雨时建的亭子。人们为纪念富弼在青州的治绩，在亭畔建了"冰帘堂"来祭祀他。后来，"石瀑冰帘"成为青州历史上的"十景"之一，人们在欣赏美景时，频频谈起富弼这位北宋名臣的不朽功业和爱民事迹。

　　富弼（1004—1083），字彦国，北宋河南府（今河南省洛阳市）人。天圣八年（1030年）以茂才异等科及第，历任知县、通判、开封府推官、知谏院。庆历二年（1042年）任知制诰，奉命出使辽朝，在谈判中不卑不亢，拒绝了辽方割地的无理要求，以增加岁币而还。庆历三年（1043年），任枢密副使，上疏论及当世之急务十余条及安边十三策，请求任用贤才，革除宿弊。与范仲淹等推行"庆历新政"失败后，出知郓州（治今山东省东平县），改知青州，兼京东路安抚使。正是在青州，富弼创立了被后人频频效仿的救助流民的"青州故事"，留下了其执政地方生涯中浓墨重彩的一笔。至和二年（1055年），与文彦博同时任相。嘉祐六年（1061年）以母丧罢相。英宗即位后，为枢密使。神宗熙宁二年（1069年），以左仆射、门下侍郎拜同平章事，因反对王安石变法而称疾求退，出判亳州。后退居洛阳，元丰六年（1083年）病逝，谥文忠。他少笃于学，提笔能文，范仲淹见而称奇，誉之为"王佐之才"；为政清廉，好善嫉恶，历仕仁宗、英宗、神宗三朝，三拜宰相。

一、齐州平叛乱

富弼到青州后，做的第一件大事是平定齐州禁军士卒叛乱。

齐州，就是今天的济南。庆历七年（1047年），流民出身的禁军士卒王则在贝州（治今河北省清河县西）发动起义，一时间山东、河北云集响应。王则起义前曾与齐州等地的禁军取得联系，约定庆历八年（1048年）元旦趁官吏庆贺新年时同时起义。驻齐州的两营禁军在马达、张青与张握的策划下，欲占领齐州以响应王则。张握的女婿杨俊向青州官府告发，富弼得知了齐州禁军将要谋变的消息。齐州虽不是富弼的直接辖区，但其兼任的京东路安抚使有统辖该路军队的权力和维护一路社会安定的责任。富弼为防止走漏消息，没有从青州调兵，而是准备派人直接赶赴齐州通知当地官府。恰逢此时，宋仁宗身边的宦官张从训到青州公干。经过观察与考量，富弼认为此人对国家忠心耿耿，可托付大事，便将平叛的命令交给张从训，托他代自己去往齐州。张从训到齐州后，与齐州知州一起调集吏卒，将密谋起义的禁军士卒全部擒获，论罪惩处。

解除了齐州禁军的隐患后，富弼立刻以越权指使宦官之罪自请处罚。仁宗不仅没有治他的罪，反而嘉奖他临危不乱，晋升其寄禄官阶为礼部侍郎。富弼认为他只是尽了做官的本分，婉言拒绝。国家有难之时，即便冒着获罪的风险，富弼仍将得失名禄置之身外，反应及时，行动谨慎，妥善处置齐州禁军士卒的谋叛事件，保证了齐州和京东路的安定。

二、青州安流民

富弼在青州做的第二件为众人称颂的大事，是妥善安置河朔流民。

流民问题自古以来就是地方官员需要面对的重大难题。庆历八年（1048年），黄河在澶州（今河南省濮阳市附近）决口，造成大量民众背井离乡，一些地方甚至出现了"大饥，人相食"（马端临《文献通考》卷二六《国用考四·振恤》）的局面。当时，有四五十万流民逃到了青州。以前，地方官员遇到流民逃难，大多因循旧规，让流民聚集在城内，开棚施粥，保证流民不会挨饿。这种粗放式的救民之策，固然可以暂时让灾民活下来，但弊病很多。首先，流民聚集在城郭里，极易导致疫病交叉传播，加之医疗条件有限，会使许多流民感染瘟疫而死亡。其次，流民在争抢食物时容易发生踩踏事故，造成大量伤亡。许多流民饿着肚子逃难多日，却往往还未吃上一口饭食便丧命。有人评价如此救灾，名义上是救民，实际上是杀民。富弼吸取前人教训，改进了流民安置措施，取得了很大成功。

第一，擘画屋舍，保证流民有所居。

当时逃难到京东路青、淄、登、潍、莱五州的流民甚多，他们分散于各乡村县镇，大多没有房屋居住。为避免流民流落街头造成不必要的伤亡，富弼详细规划了州县坊郭及乡村各等人户分别应该筹措的房舍数量，发布《擘画屋舍安泊流民事》，要求辖区内人户按照规定的房屋间数，限定日期腾挪，具体要求如下：州县坊郭人户，第一等腾挪五间，第二等腾挪三间，第三等腾挪两间，第四等、五等腾挪一间；乡村人户，第一等腾挪七间，第二等腾挪五间，第三等腾挪四间，第四等、五等腾挪三间。他令州、县、镇、乡村等各级官吏张榜通知民众，务必使民户知悉此事，保证最大限度地筹措可用房舍。同时，他特别要求所差人员在执行命令时不得扰乱当地民众正常生活，保证民心安定。对家境贫寒、无法按要求措置房屋者，不得强制执行。若如此仍不能完全安泊流民，则于寺庙、道观、门楼、廊庑等处措置房舍以为安置。经过有效发动，青州最终腾挪出房屋十余万间，使流民不至于流落街头。

第二，劝民出粟，保证流民有所食。

民以食为天。救济流民首要的是让他们吃上饭，因而粮食供应是救济流民的根基。要满足安置流民的巨大粮食需求，仅依靠官仓肯定捉襟见肘。富弼便号召当地民众出米救饥，并为各等人户规定了所出米的数量，要求第一等户出米二石，第二等户出米一石五斗，第三等户出米一石，第四等户出米七斗，第五等户出米四斗，客户出米三斗。民间捐粮加上官仓贮粮，富弼共收集到了15万斛粮食，为安置流民奠定了坚实基础。

支散粮食时，富弼将已经离职、等待任命或暂居青州的官吏都调动起来，给予其一定报酬，据各人的籍贯交叉委派，每位官员负责5到10个耆（县以下的一种乡村行政区划）。富弼令各县根据流民的大致数量，制作加盖官印和官员签字的文书，发给灾民作为领粮凭证，所差官员需在乡村基层头目耆长、壮丁的引领下到灾民聚集处点检、登记流民，"每见流民，逐家尽底唤出本家骨肉数目，当面审问的实人口，填定姓名、口数，逐家便各给历子一道收执，照证准备，请领米豆"（董煟《救荒活民书》卷上《富弼青州赈济行遣》）。他要求登记流民、发放凭证于该年十二月二十五日完成，支散于次年正月九日开始，官员不得重复发放凭证，也不能阻止流民来去，还具体规定了支给粮食的数量：年逾十五者，每人每日一升；低于十五者每日五合；五岁以下者不支。他还详细设计了支给粮食的流程和注意事项：每家请领粮食数要在凭证上标记出来，支散时每家各出一人亲执凭证请领；支散官员根据所管耆数，每耆日支五日口粮，五日支遍后从头支散；粮食贮藏地点较远时，由本地耆长、壮丁组织搬运，以便流民就近请领；为保证粮食支散均匀，县官可将部分流民从人数较多的耆转移至人数较少的耆安泊，若流民不愿转移，不得强迫；州县镇城郭处流民，由本处见任官员组织支散，具体流程与上述一致；各支散处均设有监管官员监督巡访，以保证在本地安泊的流民都能得到救济，同时监管所差官员，以免发生因公徇私或怠慢行事的现象。

为使流民尽可能多地获得口粮，富弼还开放山林湖泊，并通知土居民户不得拦阻，令所差官员据流民逐家人数，给予桑土，或贷种救济，使流民得以凭借种植度日，作长远安排。

第三，给发路粮，保证流民顺利返乡。

遣返归乡是救济工作的重要环节。流民在青州所得粮食皆以临时救济为目的，仅能满足生存所需，少有积蓄。为减少流民长途返乡过程中的伤亡，富弼命各州及监散官员对登记在册的流民，根据每人应该领取的粮食数目，从五月初一算至五月底，一次性分发给流民路上的口粮，确保流民沿途生活有着落，不致再度流离。根据宋代制度，过渡口要收取税渡钱。为免流民遭受勒索，富弼还知会诸州河口免除流民税渡钱。他还要求沿途店铺为流民提供方便，不能计较房宿钱。通过以上措施，流民返乡之途有了保障。

这次救灾，富弼一共救助了五十多万流民。他还从流民中招募身强力健者为兵，共募兵万人左右，以兵代赈。这些从流民中拨擢出的士兵，虽然名义上只是厢兵，但实际上常常被当作禁军来用，并且没有骄横难以节制的毛病。另外，流民死亡不可避免，如何处理尸体也是一大难题。富弼将在逃难中丧命的流民安葬在一起，命名为"丛冢"，并撰写祭文悼念。富弼对流民能感同身受，给予尊重，难能可贵。

宋仁宗听说了富弼救助流民之事，派员褒奖慰劳，再次要晋升其寄禄官阶为礼部侍郎。富弼依旧坚辞不受，说安置流民是本职所在，不应受到嘉奖。后来，富弼每每谈起他出使辽朝等事，都不认为自己居功甚伟，但谈起救活青州五十多万流民时，则认为"过于作中书二十四考矣"（焦竑《玉堂丛语》卷二《政事》）。"中书二十四考"是源自唐朝郭子仪的典故。郭子仪任职中书多年，主持官吏考绩多达24次，后以"中书二十四考"喻指官吏位高任久。在富弼看来，为百姓做一件好事实事，让百姓都能安居乐业，胜过自己位高权重，堆金积玉。

山东省青州市三贤祠中的富弼祠（李继武 摄）

富弼这次出知青州，最初是因为"庆历新政"失败。"庆历新政"是范仲淹、富弼、欧阳修等改革派为去除朝政积弊、稳固统治而做的一次尝试，最终以改革派被排挤出权力中枢告终。尽管在政治理想上受挫，但范仲淹、富弼等人没有灰心丧气、一蹶不振。富弼开始救灾时，有人劝他说："这不是消除诽谤、保全自己之道。"意即多一事不如少一事，这件事情如果做不好，就容易成为反对派攻击他的口实。富弼却表现出不计个人得失、一心为民的品格，全力救灾。继富弼知青州后，范仲淹又知青州。他游访富公亭时留诗一首〔范仲淹《范文正公文集》卷六《石子涧二首（其一）》〕，诗曰：

> 凿开奇胜翠微间，车骑笙歌暮未还。
> 彦国才如谢安石，他时即此是东山。

富弼（字彦国）才能堪比东晋名相谢安（字安石），封侯拜相固然吸引人，但对一心为民的富弼而言，在"东山"救助五十余万生民，或许才是他一生最感欣慰之事。

三、"青州故事"的确立

富弼创立了一套安置流民的全新模式，简便周到，既充分利用了当地的人力与财力，又将各个方面都处理得井井有条。不仅尽可能降低了安置流民对当地社会生活的影响，而且使流民得以安定，维持了社会稳定。富弼还将自己的经验记录下来，作《青社赈济录》一卷，惜今已失传，但其在青州成功救灾之法，被称为救助流民的"青州故事"，收录于后世多部荒政书中，受到后人的高度重视。

南宋理宗时，起居舍人兼崇政殿说书袁甫称"区处流民之策，唯富弼之法最为简要"，故请求"朝廷备降富弼法施行，使长吏任责，一如青州故事，流民幸甚，宗社幸甚"。（袁甫《蒙斋集》卷一《经筵进讲故事》）当时金陵等地涌入了大量来自淮西的流民。他们凭借手中武器肆意杀戮，劫掠成风，不少土居民户依附流民投身为盗，社会局面迅速恶化。为尽快稳定局面，袁甫提出效仿富弼的救灾方法，将安抚流民的责任分散落实到各州，使流民分处，从而减少流民群聚一处的救灾压力，削弱流民力量，缓解其相聚为盗的乱象。

后世有些诗文在颂扬某人救灾方面的政绩时，常以富弼作喻，有"安恤流移似富弼"（钱仪吉纂《碑传集》卷六二《王宏度〈贾公生祠碑记〉》）之句。清朝统治者甚至以富弼青州救灾来鞭策官员。清人王士禛在《居易录》卷一九中记载了康熙皇帝对一次救灾结果的质疑：

> 户部尚书王骘、工部尚书沙木哈，自陕西赈济回京，奏赈过饥民三十万，共支过银二十二万两有奇，上命内阁出问九卿，以宋富弼知青州活饥民至五十万，今朝廷殚力赈救止活得三十万人，其故何也？对以史举成数而言，今则册报实有此数耳。

康熙皇帝以活民人数相询，其目的多半在于鞭策官员，去其懒怠之心，以防欺瞒怠政之弊。随着历史演进及社会环境的变化，富弼青州救灾事迹的实际指导意义逐渐变得不那么突出，其具体政策为何已经不甚重要，而是更多地被视为救灾的典范，与他人救灾进行参照并予以褒贬，从而发挥激励或劝勉作用。

◈ 史料来源

• 嘉靖《青州府志》卷一二《名臣传·富弼》，明嘉靖四十四年（1565 年）刻本。

• 万历二十四年《兖州府志》卷二八《宦迹志三·富弼》，明万历二十四年（1596 年）刻本。

• 《宋史》卷三一三《富弼传》，中华书局 1985 年点校本。

• ［宋］杜大珪编，顾宏义、苏贤校证《名臣碑传琬琰集校证》上卷五《苏轼〈富郑公弼显忠尚德之碑〉》，上海古籍出版社 2021 年版。

（撰稿：张富华、钟艳雯、段若婷）

辛弃疾：

男儿到死心如铁

老大那堪说！似而今，元龙臭味，孟公瓜葛。我病君来高歌饮，惊散楼头飞雪。笑富贵千钧如发。硬语盘空谁来听？记当时只有西窗月。重进酒，换鸣瑟。

事无两样人心别。问渠侬神州毕竟，几番离合？汗血盐车无人顾，千里空收骏骨。正目断关河路绝。我最怜君中宵舞，道男儿到死心如铁。看试手，补天裂！

——宋·辛弃疾《稼轩长短句》卷一

《贺新郎·同父见和再用韵答之》

辛弃疾雕像

　　淳熙十五年（1188年）冬，辛弃疾闲居信州（今江西省上饶市），好友陈亮来访。当时辛弃疾被弹劾罢官，又生了场病，陈亮的到来让他心情无比舒畅。他们饮酒高歌，感慨自身虽怀揣报国之志，却得不到重用。别后，他们以词酬和。辛弃疾在这首词中提及，他最喜欢陈亮所说的，好男儿到死都坚定自己忧国爱民的信念，不会有所改变。

　　辛弃疾（1140—1207），字幼安，号稼轩，历城（今山东省济南市）人。南宋高宗绍兴三十一年（1161年），金主完颜亮大举南侵，辛弃疾率2000余人参加了耿京领导的抗金义军，任掌书记。南宋孝宗乾道四年（1168年），任建康府通判。后奏《进美芹十论札子》，分析当时的政治、军事形势，提出抗金的主张和措施。乾道八年（1172年）调滁州（今安徽省滁州市）任知州。淳熙六年（1179年），改任湖南安抚使兼潭州（今湖南省长沙市）知州，为政以养民为意，创建了劲旅"飞虎军"。两年后，调任隆兴（今江西省南昌市）知府兼江西安抚使。同年冬，被诬告而落职，回上饶带湖新居赋闲。此后到南宋宁宗开禧二年（1206年），曾两次被起用为安抚使等职，但不久就被贬官。开禧三年（1207年），授为兵部侍郎。他两次上章辞免，方遂所愿，得归铅山家居。后又进枢密院承旨，未及受命而辞世。

一、"凡事之在民者，皆我所当尽力也"

乾道八年（1172年）春，辛弃疾出任滁州知州。当时战火对滁州造成了巨大的破坏。辛弃疾到滁州后，发现滁州城外屋舍已是一片废墟，百姓只能在瓦砾中搭建茅草屋以容身。百业萧条，商旅不行。又值荒年，物价高涨，百姓生活难以为继。辛弃疾立刻奏请朝廷减免滁州百姓赋税。在他的坚持下，朝廷同意减免滁州5800贯的欠款，使滁州百姓的负担大为减轻。为招揽客商，他减免了到滁州经商者应缴纳商税额的十分之七。商人闻风而来，短期之内商税数额大增。辛弃疾利用税收所得筹集木材、砖瓦，整修城内的旅舍，为客商提供居所。他将整修的区域名之为"繁雄馆"，并在其中建了一座奠枕楼，供百姓登临赏玩。这些措施不仅减轻了客商的负担，还改善了滁州城内的居住条件，滁州百姓的日常需求有了保证。为防火灾，辛弃疾借钱给百姓修缮房屋。他还组织百姓伐木烧瓦，以之取代易燃的茅草等建房材料。在他的治理下，滁州百姓安居乐业，流民纷纷还乡。

当年秋天，滁州大获丰收。辛弃疾与友人登临奠枕楼。周孚为奠枕楼作记，高度评价辛弃疾在滁州的政绩：

> 予以为天下之事，常败于不乐为者。夫君子之仕，凡事之在民者，皆我所当尽力也，尽吾力而不成，吾无憾焉。苟曰吾乐大而狭小，岂民望哉？今以侯之仕进而较其同列，盖小屈矣，人意侯不乐于此也，而侯勿惰勿偷，以登于治，亦可谓贤矣。故楼之役虽小，而侯之心其规规然在民者尚可验也。夫敏以行之，不倦以终之，古之政也，其可无传哉，故予乐为之书。（周孚《蠹斋铅刀编》卷二三《滁州奠枕楼记》）

在周孚看来，天下之事常因人们不乐于尽力而失败，君子为官，应该对百姓的事务尽心竭力。辛弃疾任滁州知州虽是大材小用，但他并不懈怠，而是为百姓之事尽心尽力，修建奠枕楼就是一个明证。

辛弃疾自己曾作《声声慢·滁州作奠枕楼和李清宇韵》（辛弃疾《稼轩长短句》卷五）以抒胸臆：

> 征埃成阵，行客相逢，都道幻出层楼。指点檐牙高处，浪涌云浮。今年太平万里，罢长淮千骑临秋。凭栏望，有东南佳气，西北神州。
> 千古怀嵩人去，还笑我身在，楚尾吴头。看取弓刀陌上，车马如流。从今赏心乐事，剩安排酒令诗筹。华胥梦，愿年年人似旧游。

词中饱含了辛弃疾对南宋北伐的期待及对北方故乡的思恋之情。他欣慰地写道，今年不需大规模地调发兵民防备金军，而秋收有望，自己身上的压力有所减轻，希望百姓能够一直安居乐业。

滁州虽然不处于淮河或长江沿线，却位于淮河与长江间最狭窄的地方。滁河则是进入长江的重要通道。金人常试图经滁州直抵长江北岸，南宋军队也常列阵于滁河以阻拦金军。在对抗金军的过程中，两淮地区的百姓依托地势，结成民兵组织，有力地配合了南宋军队，保卫了乡土。民兵的重要性得到了南宋举朝上下的一致认同。辛弃疾专门作有《议练民兵守淮》等奏疏。宋孝宗有志北伐，也令两淮守臣措置民兵。

辛弃疾到任后，在安抚百姓的基础上，也积极准备防御金军的进犯。他首先抽点民户充当民兵。农闲时，他亲自组织民兵训练，提拔其中表现出色的人。为减轻供应军需的压力，他大力推动朝廷提倡的屯田之事，授予滁州本部士兵和流民田土，借给他们耕牛与农具，鼓励其耕作。他还收集情报，上奏朝廷注意提防金朝北方的蒙古。南宋末年，朝廷政权岌岌可危时，人们回想起辛弃疾的提醒，纷纷感慨其远见卓识。

辛弃疾于乾道九年（1173年）冬上疏朝廷，请求依然将滁州作为"极边"州郡之一。南宋将位于和金朝对峙的第一道防线上的州郡称作"极边"。在邻近"极边"的区域，部分州郡被称作"次边"。"极边"和"次边"州郡各有分工，但官员们大多"爱极边而不爱次边"，原因是朝廷对"极边"州郡在官员考核与奖赏、百姓赋税及粮食等重要资源的投入上能够给予更多的政策支持。辛弃疾认为滁州较沿江州郡更接近淮河，应享有"极边"州郡的待遇。朝廷同意了他的请求，滁州得以吸引更多的人才前来任职。

总之，辛弃疾不仅提高了滁州百姓的生活水平及其保卫家园的能力，而且在一定程度上增强了当地防御金军的能力。乾道九年（1173年）底，辛弃疾因病离开了滁州。

二、"直觅富民侯"

辛弃疾卸任滁州知州后，先后在湖北、江西等地任职，取得了一定的政绩。

宋孝宗后期，朝廷政策发生转变。淳熙元年（1174年）二月，虞允文去世。宋孝宗少了一位支持自己北伐的得力助手，收复河山的雄心壮志慢慢消退。

淳熙五年（1178年），宋孝宗重新任命反对北伐的史浩为相，使辛弃疾更加明晰了时局的动向。同年夏末，辛弃疾受命为湖北转运副使，主要负责湖北的财政工作。赴任途中，辛弃疾见到友人杨炎正等。杨炎正作《水调歌头·登多景楼》（唐圭璋编《全宋词》，中华书局1965年版，第2111页）以记之：

> 寒眼乱空阔，客意不胜秋。强呼斗酒，发兴特上最高楼。舒卷江山图画，应答龙鱼悲啸，不暇顾诗愁。风露巧欺客，分冷入衣裘。
>
> 忽醒然，成感慨，望神州。可怜报国无路，空白一分头。都把平生意气，只做如今憔悴，岁晚若为谋？此意仗江月，分付与沙鸥。

杨炎正在词中感慨当时朝廷大政方针的变化，对收复旧山河的前景感到悲观，也为辛弃疾的际遇感到惋惜。辛弃疾作《水调歌头·舟次扬州，和杨济翁、周显先韵》（辛弃疾《稼轩长短句》卷三）以答之：

> 落日塞尘起，胡骑猎清秋。汉家组练十万，列舰耸层楼。谁道投鞭飞渡？忆昔鸣髇血污，风雨佛狸愁。季子正年少，匹马黑貂裘。
>
> 今老矣，搔白首，过扬州。倦游欲去江上，手种橘千头。二客东南名胜，万卷诗书事业，尝试与君谋。莫射南山虎，直觅富民侯。

辛弃疾在词中回想起自己当年南下建功立业，意气风发，但现在已生华发。他仍希望杨炎正等人为民造福，做一名使百姓生活富足的"富民侯"。

此后，辛弃疾将精力进一步投入为民谋福的事业中。淳熙六年（1179年）三月，辛弃疾改任湖南转运副使。当时湖南地区爆发了农民起义，南宋朝廷将其平息后，辛弃疾向宋孝宗上奏称：

> 田野之民，郡以聚敛害之，县以科率害之，吏以乞取害之，豪民以兼并害之，盗贼以剽夺害之，民不为盗，去将安之？夫民为国本，而贪吏迫使为盗，今年剿除，明年划荡，譬之木焉，日刻月削，不损则折。（《宋史》卷四〇一《辛弃疾传》）

辛弃疾坚持民为国本的思想，认为正是因官吏贪得无厌，不能善待百姓，才导致起义不断。不久，辛弃疾改任潭州知州兼湖南安抚使。八月，宋孝宗批复了辛弃疾的上奏，鼓励他不要忌惮豪强，公正考察官员政绩，为民谋事。宋孝宗还将辛弃疾的奏折和自己的批答发给其他地方的高级官员，要求他们遵照施行。

在湖南，辛弃疾的政绩主要有以下几个方面：

第一，安抚百姓。辛弃疾协调湖南各州长官以工代赈，通过修建、疏浚陂塘的方式为受灾百姓提供粮米。对于交通不发达、难以招揽米商的邵州（今湖南省邵阳市）和永州（今湖南省永州市）等地，辛弃疾申请了五万石官粮，以低价在两地出售，帮助百姓渡过难关。

第二，推广教育，为国家选拔青年才俊。在他的奏请下，郴州宜章县（今湖南省宜章县）和桂阳军临武县（今湖南省临武县）设立县学，培养人才。淳熙七年（1180年）八月，正值解试。各地要在该环节中对考生进行初次选拔，再送至朝廷参加礼部的会试。辛弃疾发现，解试考官在评判过程中存在问题。他多方查证，亲阅试卷，重新排定了名次。在名次得以提前的考生中，就有后来官至南宋京湖地区最高统帅的赵方，他曾在襄阳等地大败金军。

第三，肃清吏治，强化地方治理。知桂阳军（今湖南省桂阳县）赵善钰放任当地军队吃空饷，还利用百姓缴纳赋税中饱私囊，被辛弃疾弹劾罢官。潭州衡山（今湖南省衡山县）县尉戴翊世办事用心，当地治安大为改善，辛弃疾命戴翊世代管全县事务。他还整顿了湖南的民间自保武装乡社，将之置于县令和县尉的管理下，又考察乡社首领，登记乡社的兵器。辛弃疾为了强化地方治安，顶着层层压力，筹建了一支骁勇善战的军队，称作"飞虎军"。后来，飞虎军不仅镇守湖南，而且出戍湖北等地，甚至在对抗金与蒙古军队时都发挥了重要作用。

三、"想当年，金戈铁马，气吞万里如虎"

淳熙八年（1181年）十二月，辛弃疾在知隆兴府兼江西安抚使任上，被御史弹劾在湖南安抚使任上"奸贪凶暴""虐害田里""用钱如泥沙，杀人如草芥"（《宋史》卷四〇一《辛弃疾传》）。辛弃疾未被允许做任何分辩，就不明不白地被罢官，丢掉了两浙西路提点刑狱的新任命，回到信州的住所闲居。

辛弃疾虽然闲退在家，但其报国之心不减。淳熙十一年（1184年），他为友人韩元吉祝寿，作《水龙吟·甲辰岁寿韩南涧尚书》（辛弃疾《稼轩长短句》卷五），称：

> 渡江天马南来，几人真是经纶手？长安父老，新亭风景，可怜依旧。夷甫诸人，神州沉陆，几曾回首？算平戎万里，功名本是，真儒事，君知否？
>
> 况有文章山斗，对桐阴满庭清昼。当年堕地，而今试看，风云奔走。绿野风烟，平泉草木，东山歌酒。待他年，整顿乾坤事了，为先生寿！

可见辛弃疾并未忘怀收复故土之事，也期待能参与其中。绍熙三年（1192年），宋光宗起用辛弃疾。次年，辛弃疾面见宋光宗，奏请朝廷妥善备御荆襄等地。宋宁宗即位不久，韩侂胄排挤掉了另一名重臣赵汝愚，将与赵汝愚关系密切的朱熹等人一并罢黜。辛弃疾也因与赵汝愚和朱熹交好，受到牵连而罢官。

嘉泰三年（1203年），韩侂胄密谋北伐，为此拉拢部分官员。一直主战的辛弃疾在此时恢复了官职，出任知绍兴府（今浙江省绍兴市）兼浙东安抚使。虽然不满于韩侂胄一党的诸多行径，但为了收复中原，辛弃疾放下成见，毅然接受了这项新的任命。次年，朝廷确定伐金，辛弃疾改任知镇江府（今江苏省镇江市）。镇江虽不是北伐前线，却是沿江重镇。辛弃疾在这里写下了著名的《永遇乐·京口北固亭怀古》。"凭谁问：廉颇老矣，尚能饭否"之句反映了他的雄心壮志，"元嘉草草，封狼居胥，赢得仓皇北顾"则反映了他对韩侂胄等急于出兵北伐的隐忧。不久，辛弃疾就似乎因为不赞同立即北伐等事而被罢官。

开禧二年（1206年），宋军北伐打响，旋遭溃败。韩侂胄急忙起用辛弃疾，命他赶赴临安（今浙江省杭州市），意图向其询问守御之策。次年八月，辛弃疾因病还家。韩侂胄本想再次北伐，于九月再召辛弃疾赴临安，可惜辛弃疾已于九月初十病逝了。十一月初三，史弥远等人密谋杀死了韩侂胄，独揽朝政大权，与金朝达成了和议。辛弃疾终究未能实现恢复旧山河的夙愿。

辛弃疾的报国之志，一直广受赞誉。南宋末年，谢枋得经过辛弃疾墓，称赞辛弃疾"有英雄之才，忠义之心，刚大之气，所学皆圣贤之事"（谢枋得《叠山先生文集》卷七《祭辛稼轩先生墓记》）。辛弃疾的报国之志、爱民之心，通过他的诗词广为人知。后世的文集、方志乃至戏曲，也都记载、传播着辛弃疾对国家和百姓的热爱。

山东省济南市遥墙镇四风闸村辛弃疾故里（庞新华　供图）

◈　**史料来源**

• 嘉靖《山东通志》卷二九《人物二·辛弃疾》，《天一阁藏明代方志选刊续编》影印明嘉靖十二年（1533 年）刻本，上海书店出版社 1990 年版。

• 乾隆《历城县志》卷三五《列传一·辛弃疾》，乾隆三十八年（1773 年）刻本。

• 《宋史》卷四〇一《辛弃疾传》，中华书局 1985 年点校本。

• ［宋］辛弃疾《稼轩长短句》，元大德三年（1299 年）铅山广信书院刻本。

（撰稿：邢娜娜、张蕴荟）

张养浩：

秉天地正大之气

峰峦如聚，波涛如怒，山河表
里潼关路。望西都，意踌躇。伤心
秦汉经行处，宫阙万间都做了土。

兴，百姓苦；亡，百姓苦。

——元·张养浩
《云庄休居自适小乐府·[中吕]山坡
羊·潼关怀古》

张养浩画像

（元刊本《张文忠公文集》附录）

天历二年（1329年），关中大旱，陕西行台御史中丞张养浩在西行赈灾途中，看到灾民遭遇深重灾难，在潼关写下篇首所引散曲，借景抒情，抚今追昔，表达了他对历史的思索和对民众的同情。

张养浩（1270—1329），字希孟，号云庄，晚号齐东野人，济南（今山东省济南市）人。元代政治家、文学家，曾先后担任东平学正、堂邑县尹、监察御史、礼部尚书、中书省参知政事等职。他为官清廉，直言敢谏，曾因上书议论时政遭贬黜。至治元年（1321年）辞官还乡，朝廷七召而不就。天历二年，关中大旱，饥民相食，张养浩应召任陕西行台御史中丞，负责赈灾，忧劳成疾，逝于任上，后被追封滨国公，赐谥文忠。他一生以词曲诗文自适，著述丰富，有《三事忠告》《云庄乐府》《张文忠公文集》等传世。

一、治理堂邑，尽忠职守

"养浩"之名，源自孟子名句"我善养吾浩然之气"，表明师长对他养成充塞天地、至大至刚浩然之气的期待。"希孟"之字，表明师长对其仰慕和遵行孟子之道的希冀。张养浩在后来的为官生涯中，确实始终坚持孟子的浩然正气，努力践行孟子的民本思想。

大德九年（1305年），张养浩任东昌路堂邑（治今山东省聊城市东昌府区堂邑镇）县尹。这是他为官理政的起点。莅任伊始，张养浩作《初拜堂邑县尹》一诗（李鸣等校点《张养浩集》卷七），表达了自己从政的追求：

> 一县安危任不轻，初闻恩命喜愁并。
>
> 徒劳人尔岂吾意，何以报之唯此诚。
>
> 操刀岂容伤美锦，循墙谁敢忘高名。
>
> 前贤为尹规模在，他日须期与抗衡。

该诗刻画了张养浩既想有所作为又担心做不好的复杂心情，反映了他清廉从政、效仿先贤的志向及其对政事的恭敬和严肃心态。

刚到堂邑，张养浩欲循例住在县衙，但属下提醒他，县衙"风水"不好，前几任县尹都未能善终，劝他另选地方居住。张养浩不信所谓"风水"之说，坚持住在县衙。他为了表明廉洁从政的志向，欲效仿东汉东莱太守杨震拒绝王密答谢酬金的行为，以杨震的"四知"自勉，将自己的居室命名为"四知堂"。

堂邑为小县，地瘠民贫，治安不靖。张养浩重视农桑，督促生产，打击罪犯，维护安定。他要求尽可能减少官吏对百姓的骚扰，同时，为了鼓励百姓发展生产，他经常行县检视，奖勤罚惰。他积极整顿地方治安，坚持恩威并重。堂邑县之前有被释放犯人须参加"朔望参"的规定，即每月初一和十五两天，刑满释放的犯人要到县衙报到，听候训诫。张养浩认为，这些人大多是因饥寒所迫而不得已为盗的良民，既已释放，则不应再将其视为盗贼，以断绝其自新之路。经努力协调，他废除了"朔望参"的规定。犯有前科者听到消息后，十分感动，并互相告诫："不要辜负了张公的美意！"

张养浩还严厉打击有严重罪行者。堂邑县有一个惯犯李虎，杀人之后未被治罪，继续纠集一伙人为非作歹，民怨极大，但前任县尹不敢过问。张养浩很快予以依法处置，为百姓除去了一大害，当地的强宗豪民就此畏服。后人对此给予很高评价，称赞张养浩办事刚柔相济，是一位治理地方的高手。

张养浩任职三年，自己"袖有归来赋，囊无暮夜金"（李鸣等校点《张养浩集》卷六《公退书四知堂壁》），而堂邑县农民田地丰收，工商业者生意兴隆，老幼百姓均遵守礼节。张养浩真正做到了勤于政事，廉洁自持。去职多年，堂邑百姓仍感念张养浩才赡心仁、以道养民的恩德，为其修立了去思碑。后世将张养浩作为堂邑名宦的代表，称赞其"阐扬正道，首毁淫词，劝善惩恶，众弗忍欺。厥功维懋，上用嘉只，允陟廊庙，万民咸喜"（宣统《聊城县志》卷一〇《艺文志·名宦乡贤赞·元堂邑令张养浩》）。

二、公正选材，勉励后进

科举制度是中国古代通过考试选拔官吏的一种制度。从南宋端平元年（1234年）蒙古灭金到延祐元年（1314年），科举被停废长达80年。这是中国科举史上时间最长的一次中断。科举停废，元代以吏为官，官员素质不高，影响了国家治理。为整顿吏治，改革由吏入仕制度的弊端，重视儒学的元仁宗于皇庆二年（1313年）颁行《行科举诏》，恢复科举制。

第二年，礼部尚书元明善担任会试考试官，礼部侍郎张养浩担任知贡举，主持元朝首次科举考试。作为"文运复兴"的开端，朝廷上下均十分关注该次科举考试。元明善、张养浩严格按照科场条例规定，精心组织，确保了科举考试顺利进行。最为关键的阅卷环节，由知贡举张养浩亲自主持，他与同试官、监察御史、弥封官等严格按照程序，公正选拔。最终，56人通过殿试成为进士，张起岩、许有壬、欧阳玄、黄溍等名臣都出自该科。

以往，新进士要去拜谒考官，以门生自居，考官与中举者间的关系常对各自仕途乃至朝局发展有重要影响。张起岩等新进士循例登门谢师，张养浩闭门不见，而是手写一张纸条，命人送至门外。纸条上写道："诸公但思至公血诚以报国政，自不必谢仆，仆亦不敢受诸公之谢也。养浩覆。"（王礼《麟原前集》卷一〇《跋张文忠公帖》）虽仅30字，但明确表达了三层意思：其一，自己担任知贡举，是受朝廷所命，为国抡才，公正取士；其二，反对诸进士将国事与私情混为一谈，自己不敢受他们的拜谒与感谢；其三，期待新进士忠心报国，尽心理政。后人将该纸条称作《示初科诸进士免谢帖》，成为中国科举史上的一段佳话。

延祐五年（1318年），张养浩任礼部尚书，主持元代历史上的第二次科举考试，仍然坚持公平公正、择优取材的原则，忽都达儿、霍希贤等50人及第。

三、敢言直谏，以身犯险

在为官生涯中，张养浩多次担任监察官。他严肃纪纲，不避斧钺，犯颜不畏逆鳞，举刺不避权势，言人所难言。

元武宗奢侈挥霍，滥赐封赏，导致国库空竭。至大三年（1310年），时任监察御史的张养浩上《时政书》，直陈赏赐太滥、刑禁太疏、名爵太轻、台纲太弱、土木太盛、号令太烦、幸门太多、风俗太靡、异端太横、取相之术太宽等时政"十害"，并提出相关改革建议。该万言书，针砭时弊，言词激切，引起了元武宗及丞相脱虎脱等人的极大不满。张养浩不为当权者所容，先被赶出御史台，后被贬为平民，永不复用。脱虎脱等权贵仍不罢休，继续罗织罪名，想要将张养浩治以死罪。张养浩得知消息后，改换姓名，躲过盘查，避居于山东蒙山等地。两个多月后，武宗去世，仁宗继位，他方才被起复入京。

元英宗即位后，张养浩由礼部尚书升任参议中书省事，成为宰相的属僚之长，主管中书省左右司文牍，参决军国重事。至治元年（1321年），英宗想依照惯例，在皇宫内建造一个大型灯山，在正月十五上元灯节举办元宵灯会，以示庆祝。张养浩听说后，认为新皇即位，不应奢侈庆祝。为此，他呈《谏灯山疏》，指出制作灯山为浮华无益之事，所玩者小，所系者大，所乐者浅，所患者深，劝谏皇帝以崇俭虑远为法，以喜奢乐近为戒。不久之前，御史观音保等人因五台山兴建佛寺等事力谏皇帝，被处以弃市极刑。因此，张养浩这次上疏冒着极大的风险，但他仍宁犯天威，不默而生，坚持上疏劝谏。英宗看到奏疏后震怒，欲治以重罪，但在宰相拜住等人的规劝下，英宗转怒为喜，称赞只有张养浩才敢如此直言进谏。英宗下令停止制作灯山，并赐钱5000贯，奖励张养浩忠言直谏，张养浩力辞不受。

四、关中赈灾，鞠躬尽瘁

上《谏灯山疏》半年后，张养浩因父亲病重而告假回到济南，在父亲张郁床前侍奉汤药。父亲病逝后，张养浩居家守孝。从1321年到1328年，朝廷先后七次下诏，分别以吏部尚书、中奉大夫、太子詹事兼经筵说书、江北淮东道肃政廉访使、翰林学士、翰林侍读学士等职位，召张养浩回朝效力，但张养浩力辞不就，留下了七辞聘召的美名。

天历二年（1329年），关中大旱，百姓流离失所，官员赈灾不力。朝廷再次征召张养浩，命其担任陕西行台御史中丞，专门负责赈济事宜。张养浩听闻大灾惨状，不顾高龄体弱，毅然告别老母，分散家中财产资助亲友乡民中穷乏者，然后登车就道，星夜奔赴任所。途中，看到流民遍地、饥者倒毙的惨状，他写下《哀流民操》，慨叹遭受灾荒的流民"为鬼非鬼，为人非人""死者已满路，生者鬼与邻"（李鸣等校点《张养浩集》卷二三）。他与随行人员对路上遇到的灾民详细询问，尽力援助，又为他们联系当地官府以进一步给予帮助。

进入华阴县境，张养浩住在西岳华山神庙。当时陕西已连续五年大旱，百姓渴盼降雨。那时候的人们相信可以通过祈祷上天以获甘霖。从堂邑县衙"风水"问题上，可以看出张养浩并不迷信，但为了百姓，他愿意祈雨。因此，他在三月二十九日撰《西华岳庙祈雨文》，陈述百姓饿死者相枕于途，祈求雨神哀民生多艰，降下甘霖。张养浩诵读祈雨文时，读至百姓受苦之处，悲从中来，不禁哽咽失声。第二天雨未降下，张养浩难以抑制焦灼急迫的心情，又写《西华岳庙催雨文》，继续求雨。官员求雨，都是恭敬祈求，等候降雨。张养浩连续两天求雨，这种"催雨"极其少见。四月初一，张养浩行至华州境内，天降大雨，连夜不止。张养浩十分高兴，特意作散曲《得胜令·四月一日喜雨》以记之。赈灾途中，张养浩在洛阳、北邙山、沔池、潼关、骊山、咸阳、未央等地都写有怀古散曲，其中就有千古传诵的《山坡羊·潼关怀古》。这都体现了他关心百姓疾苦、与灾民同甘共苦的心情。

到任之后，张养浩住在公署中，四个月未入家门，白天外出赈济灾民，晚上祈祷求雨，终日无所倦怠。凡是有利于赈济救灾的措施，他无所不用：一是紧急分发救灾粮，开办粥厂，直接舍粥救济灾民，帮助灾民渡过难关。二是颁行纳粮补官、输米授爵之令，鼓励动员富有之家参与赈灾。三是惩治敲诈盘剥、中饱私囊的贪官污吏，整顿市场秩序，平抑物价，保证灾民有所食。四是组织人力分发医药，医治伤病之人，挖掘大型土坑墓穴，集体埋葬死者遗体。此外，张养浩听到灾民有杀子以奉母的消息，心痛不已，便自己出钱接济。

经多方努力，陕西等地灾情大为缓解，民众生活有所起色。然而，赈灾事情庞杂，加之地方多有掣肘，张养浩虽竭尽全力，但独木难支。看到百姓惨状，他的痛苦莫可名状，时常痛哭不已，并因此一病不起。七月二十七日，张养浩因忧劳得疾去世，享年60岁。尽管张养浩在赈灾过程中去世，但在他生前的统筹安排之下，赈灾所需的钱粮已经有了着落。他去世之后不久，这些钱粮就都到位了。旱情解除，灾民在得到救济后恢复生产，喜获丰收。但这一切，张养浩再也看不到了。张养浩在赈灾任上，鞠躬尽瘁，死而后已，实现了其"与人方便，救人危患""心，也得安；身，也得安"（张养浩《云庄休居自适小乐府·〔中吕〕山坡羊》）的夙愿。

张养浩赈灾期间，夜以继日，忧劳忘我，赢得了百姓的一致夸赞。听闻张养浩去世，陕西百姓沿路痛哭，哀之如失父母。其子张引奉旨赴陕西扶其灵柩返乡，安葬在济南张氏墓地。

五、《三事忠告》，影响深远

除事功政绩外，张养浩还留下了官箴名著《三事忠告》，包括《牧民忠告》《风宪忠告》《庙堂忠告》三书。《三事忠告》虽非长篇巨著，但是张养浩从政经验和为官智慧的总结，非常实用。

《牧民忠告》是张养浩在担任堂邑县尹时所写，分《拜命》《上任》《听讼》《御下》《宣化》《慎狱》《救荒》《事长》《受代》《闲居》十纲，主要强调县官是牧民之官、亲民之官，要勤政爱民，清正廉洁。《风宪忠告》是张养浩在担任监察御史时所写，分《自律》《示教》《询访》《按行》《审录》《荐举》《纠弹》《奏对》《临难》《全节》十篇，主要强调监察官员在履行职责时要冒生命危险，要经常与天子争是非、与大臣辩可否，乃至发人之奸、贬人之爵、夺人之官、罪人于死地，因此更要严格自律、公正执法、直言劝谏。《庙堂忠告》是张养浩担任礼部尚书兼参议中书省事期间行政经验的总结，分《修身》《用贤》《重民》《远虑》《调燮》《任怨》《分谤》《应变》《献纳》《退休》十篇，主要强调宰相等朝廷高官要心系天下，佐助君王，选任贤臣。

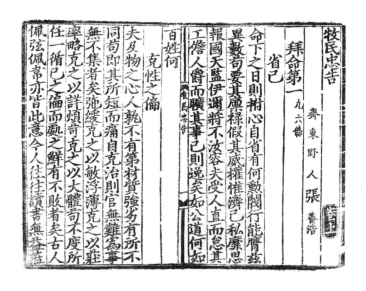

元刻本《牧民忠告》书影

《牧民忠告》《风宪忠告》《庙堂忠告》本各自为编，明洪武二十七年（1394年），广西按察司金事黄士宏将它们合为一卷，总题曰《为政忠告》。宣德六年（1431年），河南府知府李骥重刻，改名《三事忠告》。明清以降，《三事忠告》被反复刊印，收入《四库全书》，流传甚广。明代张纶在《林泉随笔》中称赞道："张文忠公《三事忠告》，诚有位者之良规。观其在守令则有守令之式，居台宪则有台宪之箴，为宰相则有宰相之谟。醇深明粹，真有德者之言也。考其为人，能竭忠徇国，正大光明，无一行不践其言。"《三事忠告》属于中国古代的"官箴书"，主要是对为官从政者的劝勉与警诫，也记载了为官经验与治理方法，对古代有志为清官廉吏者极富启迪和借鉴意义。

除在中国影响深远外，张养浩的个人品德、为官功绩以及《三事忠告》还远播海外。自明代以后，《三事忠告》传入日本，成为江户时代官员政要的必读书籍。张养浩的为官事迹及为官之道在朝鲜王朝传播甚广。1764年，沈定镇为朝鲜英祖讲读《续资治通鉴纲目》。讲到张养浩赴陕西赈灾祈雨时，朝鲜英祖很感兴趣，命沈定镇详细讲述。朝鲜的洪直弼对张养浩的《哀流民操》十分喜爱，为表示对其悯民情怀的仰慕，特作《续流民操》。

张养浩一生辅佐多位皇帝，由地方到中央，从行政官员到监察御史，不论担任何种职务，他都堪称尽忠职守、勤政爱民、清正廉洁的模范。有一次张养浩生病，平章政事不忽木听说后前去探望。看到张养浩家中朴实无华，别无长物，不忽木不禁脱口赞叹："此真台掾也！"

元至顺二年（1331年），张养浩被追封为滨国公，谥号文忠。朝廷在长安为张养浩赐庙，在济南也建有祠堂，名"张文忠公祠"。张养浩为人诚信，为官清正，后世对其评价很高。元代理学名家苏天爵称赞张养浩执法牧民时为贤令，入馆阁则为名流，担任台谏则号称骨鲠，历省台则号能臣，是那个时代真正的"伟人"。元末户部尚书李士瞻慨叹张养浩秉持天地正大之气，崇奉圣贤正大之学，蕴之而为道义，发之而为文章，推之而为政事、功业。

山东省济南市天桥区北园街道办事处张养浩墓（曲静　摄）

张养浩的墓园旧称"张公坟"，位于今山东省济南市天桥区北园街道柳云社区，保存完整。该处建有文忠园，大门朝西而立，上书"水月松风"四个字，水"善"、月"明"、松"正"、风"和"，仍在无声诉说着张养浩的为官故事和官箴思想。

◈ **史料来源**

· 康熙《堂邑县志》卷一一《名宦·张养浩》，清光绪十八年（1892年）刻本。

· 道光《济南府志》卷四八《人物四·张养浩》，清道光二十年（1840年）刻本。

· 《元史》卷一七五《张养浩传》，中华书局1976年点校本。

（撰稿：袁琳、张晓波、高智国）

明

明朝建立后，先置山东行中书省，治青州，后改山东承宣布政使司，移治济南。

任职山东的各级官员中，有许多人以清廉闻名，其中总督河道者如宋礼、陈瑄、刘大夏、潘季驯等，巡抚山东者如安然、林聪、年富、翁世资、原杰、牟俸、赵璜、黄瓒、黄克瓒，任布政使者如陈迪、铁铉、曾翚、马凉、王宇、孙应奎、吕坤、周应期等，任按察使者如熊鼎、李裕、刘玫、王越、陈善、杨茂元、蔡天祐、钱宏、孙承荣、蔡懋德等，提督学政者如王廷相、薛瑄、陆钺、邹善、李化龙等。任职府州县者数量较多，难以详举，济宁知府方克勤、济南知府赵璜、东平知州李湘、诸城知县杨继盛、茌平知县沈炼等可谓其中的杰出代表。

在外为官的山东籍士人，如张本、黄福、李秉、李森、秦纮、侣钟、边贡、王时中、毛纪、李开先、曹邦辅、戚继光、钟羽正、刘应节、贾三近、冯琦、于慎行、邢侗、赵世卿、毕自严等，无论是任职朝廷，还是为政地方，皆能以民为本、勤政务实，获得了极佳的官声。

方克勤：

去民害如饥渴

孰罢我役，使君之力。

孰成我黍，使君之雨。

使君勿去，我民父母。

——《明史》卷二八一《循吏传·方克勤》

载明代济宁歌谣

方克勤（1326—1376），字去矜，号愚庵，浙江临海人。他出身儒学世家，自幼笃信儒家思想。明洪武四年（1371年），方克勤入京参加吏部的考试，取得第二名佳绩，获赐官帽腰带，被任命为山东济宁知府。为政期间，方克勤爱民深切，敬职清廉，竭力改善民众生活，取得了显著的治理成效，被当地百姓亲切地唤作"方使君"。

一、劝耕为务，岁稔年丰

明朝初年，百废待兴。为了尽快恢复正常的生产生活秩序，朝廷诏令百姓开垦荒地，允许三年后再交纳赋税，以此调动民众的积极性，尽力增加耕垦面积。

方克勤初任济宁知府时，当地粮食歉收十分严重。百姓需要从相邻府县购买粮食，勉强度日。面对这种情况，方克勤把恢复农业生产、保障百姓生计列为头等大事。他经过调查得知，官吏为了突出政绩，对新垦土地往往不到三年便催促百姓缴税，并且按照田亩的多寡确定徭役。这违背了朝廷与民休息的初衷，增加了百姓的负担，打击了民众开辟荒地的积极性。方克勤颁令规定，徭役多寡不与田亩数量挂钩，一律按照每户丁男的数量分配，并著录成册，以为定制。他又根据产量，将各户田地划分为上、中、下三等，每等细分为三则，以此确定相应的征收税额。嘉靖《山东通志》卷二六《名宦中》称赞方克勤："持身廉正，以礼谕民，均平赋役。"

方克勤任职济宁知府期间，当地连年丰收，户数随之大增，税粮从一万余石增加至十四万四千七百石，户口数从三万增长至六万。有一件事可以说明济宁当时的富足情况。洪武六年（1373年），魏国公徐达、曹国公李文忠率百万士兵前往河北。驻扎日久，军粮紧缺，他们便向周边地区索要军粮。得益于此前的劝耕与开荒，方克勤治下的济宁这时已有足够的粮食供应军队，军中将士也因此多知方克勤之才。

二、鸠工庀材，改善民生

为进一步改善民生，提高百姓的生活质量，方克勤发动百姓进行了一些基础工程建设。

方克勤帮助百姓改善了粮食的贮存条件。当时百姓主要用芦苇搭建储存粮米的仓囷，一旦发生火灾，仓中粮食便会化为灰烬。方克勤建议百姓制陶烧瓦，建造瓦屋以做粮仓，增强粮仓的防火能力。他还详细制定了仓库防火条例，又编排民户，规定其互相支援救火的职责，进行防火演习。如此一来，兖州府的火灾数量大幅减少，百姓的财产安全有了保障。

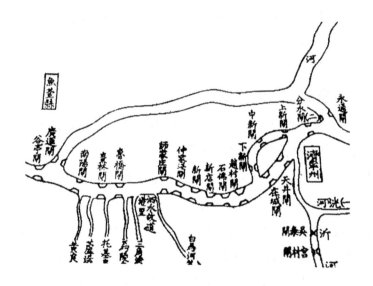

明代王琼《漕河图志》卷一《漕河之图（局部）》（郑民德　供图）

方克勤对泗水上的相关设施进行了整修。泗水穿兖州府城而过，与当地政治、经济和民众生活息息相关。济宁的农田灌溉、粮食转运、商贸往来及官府的文书传递、物资转运等均依托泗水展开。前人利用泗水南通江河与淮河、北引黄河与济水的特点，在此建有鲁桥和枣林两道水闸，按时启闭，蓄泄水流，既可保证农业用水，又满足了航运需求。到明朝初年，两闸年久失修，不仅无法启闭，而且水闸碎石散落河中，堵塞河道，不利于行船。方克勤带领负责水闸工作的闸丁，用巨绳将闸石拉出，又教他们将土与制砖用的石灰粉掺在一起烧制成新的水闸构件，修复了鲁桥和枣林两闸。冬季，泗水冻结，船只无法通航。方克勤带领百姓上山伐木，烧制木炭，以木炭破冰。经一系列的修整，泗水兖州段的航运能力及对周边农田的灌溉能力均大大提升。

方克勤兴建工程始终以百姓的需求为中心。每逢盛夏，府城的城墙受到雨水冲击，需要加固。该项工作往年均由士兵负责。有一年，负责修固工作的军官仗着自己有靠山，要求大量征调民夫。当时正值农忙，百姓被征调后便无法种庄稼，怨声载道。方克勤获悉后，向上级请求制止这种霸蛮行为。其他官吏都害怕得罪上级，不敢署名，唯独方克勤坦然无惧，据实署名。这件事最终报到了丞相胡惟庸那里，丞相下令停止了民役。

三、关爱百姓，减轻赋役

明代百姓除向官府缴纳赋税外，还需承担沉重的徭役，也就是为官府无偿劳动。胥吏在地方政务中上下其手，又加剧了百姓本就沉重的赋役压力。因此，打击不法胥吏与减轻百姓赋役是方克勤改善民生工作的重点。

明代百姓的徭役之一，是轮流赴官衙当差。他们在当差的过程中，不仅要自己承担日常事务的开支，还经常受到胥吏的剥削。以往传唤乡民赴衙当差，都是由胥吏核验相关信符。这类信符有两联，在上面加盖骑缝印后，一联交至当差百姓手上，令他即刻报到，另一联标记应报到时间，由胥吏掌管。百姓报到后，胥吏核验印痕，勾销信符。而胥吏常将标有时间的一联藏起，不予出示，或是拖延时日，迟迟不发信符，造成百姓应役迟误，或是直接欺骗应役百姓报到迟误，以讹诈财物。

方克勤了解到这一情况后，立即取消了胥吏对兖州府差役信符的控制权。他通过邮传系统直接向当值百姓发送信符，自己掌握另一联信符以待核验。此举不仅让应役百姓不敢怠慢，立刻赴府衙报到，而且使胥吏丧失了在其中上下其手的机会，无法再欺压百姓。经过一段时间的实践，方克勤将这套办法推广到了下属各州县，又申严胥吏索取贿赂的禁令。兖州百姓得以专心生计，依规赴役，不用再担心应付胥吏贪得无厌的索取。

紧接着，方克勤注意到了驿传役的问题。驿传役就是担任官府驿递人员。这项徭役让百姓承担了非常大的压力，不仅要为国家提供无偿的体力劳动，而且需要自行承担应役期间的衣食口粮、车船马匹、驿舍器具，甚至包括过往官员、使者的口粮，另外还会耽误农业生产。朱元璋曾说，驿传役"劳费倍于他役"（《明太祖实录》卷九八）。当时国家沿泗水设置驿站转运物资。位于兖州府的驿舍最初建在府城西门内，房屋狭小潮湿，卫生条件恶劣，承担驿传役的百姓常生恶疾。方克勤协调了一些木料，利用农闲时间，重新在府城南门外修建了驿舍。新驿舍宽敞整洁，舍内器具一应俱全，一定程度上减轻了应役百姓的负担，改善了他们的工作环境。

以往府内仓储不足时，通常需要征发百姓前往数百里外的青州转运粮食，其中的困难可想而知。方克勤也关注到了这个棘手的问题。他恰巧得知，漕军正从淮安往济南运输粮食，需途经济宁运道。他于是向省里提出请求，将漕军的粮食运送至济宁，济南再从青州调粮。此项建议最终得到户部允准，得以施行，极大缩短了运粮时间，削减了运粮成本，减轻了民众负担。

还有一件事能够充分说明方克勤为民着想的品格。寒冬之际，朝廷下令让百姓转运军衣，主要是用牛车运送。如果赶上恶劣天气，雨雪夹杂，牛脚会变得僵硬不能前行。更严重的是，这还会直接损害牛的行动能力，进而影响来年春耕。济宁百姓纷纷请求方克勤，允许他们用船运送。要知道，明初有明确规定："役民舟者有诛。"（方孝孺《逊志斋集》卷二一《先府君行状》）普通百姓一般不能操舟行船。看到属吏面有难色，方克勤挺身而出，说道："我只知道考虑百姓是否便利，即使为此获罪也在所不惜。"他准许百姓以舟载送，又如实向山东行中书省报告了这件事情的原委。行中书省审议后认为事无大碍，便睁一只眼闭一只眼放行了。其他府县的百姓多有因雨雪天气而损失惨重者，有的甚至因之破家荡产，济宁的百姓因用船运送，不仅圆满完成了任务，而且几乎未有损失。人们由衷地

感叹："活民者，方使君也！"（方孝孺《逊志斋集》卷二一《先府君行状》）

方克勤还尽力消除百姓缴纳夏秋税粮时受到的剥削。按照规定，百姓要按时到规定的粮仓缴纳税粮。运粮到仓时，收粮官吏一般会对百姓百般刁难，勒索钱物。百姓为求早日纳粮还家，只得交钱。即使交了钱，这些官吏还会按钱数多少排定收粮次序，而非按到仓时间收粮。方克勤命官员提前到各处张贴文书，告知百姓纳粮时间。百姓争相来到仓库前排队等待，方克勤则随时查访，以杜绝仓官勒索之举。

纳粮时，由被称作"斗级"的胥吏负责具体的粮食接收工作。斗级手持称作"概"的工具平整百姓放入斛斗中的粮米，计算纳粮多少。这里面门道很多。斗级持概时，往往不真正平整斛面，而是任由斛斗中的粮食高于斛面，有的甚至高出三四指之多，大大超过规定的耗米量。官吏因此获得额外的粮米，以为私用。百姓对此敢怒不敢言。如遇歉收年景，百姓就害怕地称粮仓为"陷阱"。方克勤发现这种情况后，就让百姓自己持概平整斛斗，斗级只许在一旁监督，不准干预。在方克勤的治理下，百姓纳粮更为积极主动，兖州府常常先期足额缴纳税粮。

方克勤对百姓的关爱也不局限于兖州府境内。有一年，朝廷下令江西和浙江两省部分百姓到济宁缴纳税粮。方克勤并不因为他们不属于兖州府而不予理会，反而对其多有照顾。按规定，他们每斛需要多缴纳四升耗米，以补充运输、储存中的损耗。方克勤念及两省百姓跋山涉水，途中耗费已经颇多，便上奏朝廷，免去了两省的耗米，令百姓十分感动。后来方克勤到京城朝见皇帝时，恰巧遇到数十名当年到兖州府纳粮的江西、浙江百姓。这些百姓跪倒在他的马前，说："此我输粮时老父也。"（方孝孺《逊志斋集》卷二一《先府君行状》）

四、德化为本，不受贿赂

方克勤自幼习读儒家经典，崇尚周公、孔子之道。他少年时期读张载、朱熹等人的著作，感叹"为学当如是矣"（方孝孺《逊志斋集》卷二一《先府君行状》）。他曾在家乡教授五经，改善了当地风气。任职济宁时，方克勤与儿子方孝孺游历齐鲁故墟，讲明义理，受到士人追捧，一时间，兖州一带从学者甚众，甚至有自带书籍和干粮从其他府县赶来求学者。

方克勤为政以教化为先，不摆官威，慎用刑罚。初到济宁时，他就手书多道榜文，张贴于通衢，宣扬孝悌忠信之道，告诉百姓可以随时到州衙申诉冤屈，自己一定会认真接待，同时禁止胥吏阻拦百姓上诉。他曾说："务名者必树威，树威者必害人，害人以利己，吾不忍为也。"（方孝孺《逊志斋集》卷二一《先府君行状》）他的衙署前从不设杖具，挂在墙上的皮鞭也只是起到警醒之效，很少使用；对犯错之人，他也是谆谆善诱讲道理，令其自己醒悟。因此，百姓都十分信任方克勤。

方克勤认为，培养良好的社会风气，贵在平日一点一滴的引导教化，日积月累，自然能够团结当地民众，长此以往便可改善民风。学校和祭祀先贤的祠堂等，均是很好的教化场所。他看到济宁府学十分破败，便带领人们一起修葺打扫，聘请饱学之士充任老师，选拔合适的学生就读。他处理完手头的公务后，并不歇息，而是为属官与吏员讲解儒家经典和法律，酷暑寒冬均是如此。他还时常延请地方上的耆耄宿儒和德高望重之人，向他们询问自己的为政得失，请教地方风土人情以及治理之策。在方克勤的努力下，济宁社学兴盛，人文蔚起，民事纠纷减少，监狱中几乎没有囚犯。

方克勤不喜近名，不务虚名。他出任济宁知府时已46岁，任官期间只有一个儿子和一个门童照顾。别人都觉得他生活太寒酸，但他安然自得。兖州地方官为了拉近与方克勤的关系，带来两个木瓜，交与门童。方克勤知道后，派人把木瓜送了回去，并鞭笞了自己的门童，告诫他不可随便受礼于人。方克勤到县里公干，所需物品均随身自带，连县官招待的一杯热水也不喝，办完即走，毫不拖延。有同乡当了其他地方的长官，捎来书信，希望得到方克勤的帮助，方克勤愤然与之绝交，不再往来。面对人们的闲言闲语，方克勤毫不在意，说："吾非市名，性不喜分外耳。"（方孝孺《逊志斋集》卷二一《先府君行状》）

五、严于律己，宽以待人

方克勤向来奉公守法，廉洁自律，一件布袍十年不换，一天不吃两顿肉。刚任济宁知府的时候，有人提醒他要给自己谋一些利益，被方克勤严厉斥责，说："先国可也，敢射利乎？"这种作风习惯，贯穿了方克勤在济宁任职的全过程，他"不服纨绮，不帛襦裤，一如布衣时"（方孝孺《逊志斋集》卷二一《先府君行状》），并没有因为身份的变化而改变自己的处世原则。

方克勤十分安于俭朴的生活。面对他人的不解甚至嘲笑，他的回答是"禄不可徒食"（方孝孺《逊志斋集》卷二一《先府君行状》），即做官不是为了贪图享乐，而是要为百姓做事。他对待父老乡亲十分热情，对方有难处他必定想办法帮忙解决。遇到有浙江同乡途经济宁，他总是自己出钱款待。如果遇到的是同郡同邑的人，则更加照顾，嘘寒问暖，将冬衣和粮食都备下，临行前一并赠予，甚至出资雇船送行。有一次，他听说一位同郡的读书人思念远在家乡的母亲，想把老母接来照看，可惜没有路费往返。他便把自己一个月的俸禄给他，以遂其孝心。得知有同僚遇到困难时，方克勤也总是默默帮助他们渡过难关。

方克勤不断接济他人，自己却没有什么积蓄，房屋损坏了也不加修葺。属吏不忍心方克勤住在破败不堪的屋子里，想叫人帮他修缮一下，但方克勤制止了，只是买来芦苇席子补在墙上遮风挡雨而已。他的房屋里仅有一张床，床的两侧堆满了公文和书籍，当日没处理完的公文便直接在床边阅览。

方克勤对待朋友非常宽容。一次宴会上，一位友人醉后口吐脏话，仪态尽失，方克勤并不恼怒，始终以礼相待。次日友人醒来，想起前一晚的事，十分羞愧，急忙上门道歉，方克勤佯装不知，对他说："昨天晚上我也喝得大醉，根本没记住你说了什么，你有什么需要道歉的呢？"由此巧妙化解了朋友的尴尬。但方克勤对自己的要求很高，办事细致谨慎，力求问心无愧。他日常办理的事件，都要一一记录下来，每天晚上省察自己处事是否妥当。好友宋濂称他为"古体道成德之君子"（过庭训《本朝分省洪武七年（1374年），方克勤在山东省地方官的考核中为六府最佳。洪武八年（1375年）春，朝廷以其善于治民，召入朝中赐宴，准许他回济宁继续做知府。临走前，明太祖还承诺将来要重用他。孰料方克勤回济宁后仅五个月，曹县知县程贡对此前因办事不力被方克勤斥责的事怀恨在心，诬告他私藏两百斤木炭和芦苇。这些材料本是盖公房之用，方克勤认为自己光明坦荡，不加辩解，最终被贬谪到江浦（今江苏省南京市浦口区）。济宁百姓十分不舍，纷纷前来送行。洪武九年（1376年）十月二十四日，方克勤去世，年仅51岁。

方克勤的事迹广为流传，反映了人们对这位清官廉吏的爱戴和怀念。在他的治理之下，济宁地区"民有积粟，野无饿殍，鸡犬牛羊散被草野，富庶充实，俨如承平之世"（方孝孺《逊志斋集》卷二一《先府君行状》）。永乐帝朱棣夺位以后，其子方孝孺慷慨赴死。济宁民众后来修建了正学书院，纪念方氏父子。

⊗ **史料来源**

• 嘉靖《山东通志》卷二六《名宦中·方克勤》，《天一阁藏明代方志选刊续编》影印明嘉靖十二年（1533年）刻本，上海书店出版社1990年版。

• 万历二十四年《兖州府志》卷二九《宦迹志四·方克勤》，齐鲁书社1985年影印本。

• 道光《济宁直隶州志》卷六《职官志六·宦迹·方克勤》，清咸丰九年（1859年）刻本。

• 《明史》卷二八一《循吏传·方克勤》，中华书局1974年点校本。

• [明]方孝孺著，徐光大校点《逊志斋集》卷二一《先府君行状》，宁波出版社2000年点校本。

（撰稿：张富华、戴艺琦、王逸临）

李湘：
常禄外一无所取

清时典郡见连城，切切忧民几尽情。

欲问山东贤太守，从来第一说东平。

——明·马愉

《澹轩文集》卷八《挽李知州（其一）》

明代马愉《李知府挽歌》手迹（贾冉冉　供图）

明正统四年（1439年），侍讲学士马愉写了一组挽诗，题作《挽李知州》或《李知府挽歌》，颂扬东平知州李湘的政绩，称其在山东地方官中当数"第一"。李湘（1383—1439），字永怀，江西泰和人。永乐中，因才华出众被任命为山东东平（治今山东省东平县）知州，后经礼部尚书胡濙举荐，调任河南怀庆（今河南省沁阳市）知府。

一、太子一行的惊奇

明永乐十九年（1421年）冬天，翰林学士杨士奇随太子朱高炽从南京北上入朝，由彭城（今江苏省徐州市）一带进入山东。他们发现，因饥荒乞讨的流民越来越多，特别是滕县（今山东省滕州市）和邹县（今山东省邹城市）一带，饥民像萎了的稻草一般倒伏路边。正值寒冬腊月，太子见了十分不忍，急命山东布政使和相关州县登记难民数量，赈济粮食和钱财。杨士奇等随臣见此惨景，也纷纷解囊相助，私下责怪地方官吏不作为。

太子一行继续北上，不久便进入了东平州地界。在这里，他们看到

李湘：常禄外一无所取

了几乎完全不同的景象：百姓精神饱满，乡里街邻之间和谐融洽。随臣们大感惊奇，连忙驻马，问路人："你们这地方的粮食产量还算可观吗？有贤良的州守执政吗？"路人从容不迫地答道："这里粮食充足，州守优待百姓，这都得感谢皇上的恩赐。"

路人的回答大方得体，让大家更觉得不可思议。因为在其他州县，流民们连温饱问题都没得到解决，更别提什么举止谈吐了。大家都暗中称赞这里的州守教民有方，于是忍不住又追问："你们的州守是谁呢？"路人再次行礼后回道："前州守是杨公，如今的州守是李公，都是庐陵（今江西省吉安市）人。"

随行的翰林学士杨士奇正是庐陵人。尚书夏原吉问杨士奇认不认识这两位贤守，杨士奇说正巧与两人熟识。他介绍，杨公、李公分别是杨琼、李湘，两人都为政有方，一心为民，所以不仅在为官的地方享有很高声誉，而且也是家乡引以为傲的廉吏典范。众人纷纷称赞："古之官人者，必推本其行，其有以夫！"（嘉靖《山东通志》卷三七《杨士奇〈送李永怀归东平序〉》）意思是说，像杨公、李公这样言行一致、经得起考验的官员，才无愧官员本色，真正能赢得民众的爱戴。

那么，时任东平知府李湘，到底是如何带领百姓渡过难关的呢？他身上有哪些优良品质和人格魅力，被当时人和后来者始终念念不忘呢？

二、勤恤民隐，惠及民生

李湘担任东平知州后，把东平当作自己的家，对待当地百姓如同家人一般。他奉行的原则是清净自守，勤恤民隐。东平州统辖五个县，受元末战乱影响，土地大多早已荒废，粮食产量远远不足以养活当地人口，能够征收的税粮也极少。李湘深知务农劝耕的重要性，上任伊始就鼓励百姓重垦荒地，开辟农田。对有懒惰之意的民众，也从不抱怨和责骂，而是好言相劝引导。经过一番努力，农田多了，粮产也提高了，当地百姓的温饱问题得到解决，官府也能够征得可观的税收，百姓们开始信服这位州守。

遇到闹饥荒的年份，李湘第一时间开仓赈济，使当地百姓几乎没有忍饥受饿之忧。路经山东的朝中臣僚，无不对东平留下深刻印象。人人都知道东平有一位好州守，为当地做出了很多贡献。

明成祖迁都北京后，京城所需粮食需要大量从南方运来。为了使江南物资北运更加便利，朝廷决定重新整治大运河。从济宁到临清一段多丘陵，地势高，导致济宁段运河常常处于干涸状态。济宁一带有大汶河，水源充沛，汇入济水。为了解决运河问题，永乐九年（1411年），朝廷采取"引汶绝济"之法，在汶水下游南城子处拦河筑造"大村坝"（今戴村坝）。由于事先考虑不周，大坝实际上并不能完全阻挡汶水。雨季时，汶水上涨，没过大坝，会对下游东平的庄稼和房屋造成极大威胁。历任州守为了省事，一直没有加固大坝，以致问题迟迟不能解决。李湘上任后，认为如此放任不管，必将酿成大害。他马上奏请征发壮丁，加固大坝，终于把东平的一大隐患消除了，百姓们再也不用为水患而担忧生计了。

李湘也十分重视东平州的教育和社会公益事业。原先的学宫早在元朝便已坍塌，只剩下大成门。明初州守杨季琛开始修葺，修复了大成门三间，但还不够用于办学。洪熙元年（1425年），李湘动员大家一道捐资助力，重新建起大成殿五间当作学宫。针对孤寡老人问题，他重新办起养济院，使无人供养者老有所终。原本的东平旧城，因地势低洼而被废弃，洪武初被设立为东平所。李湘调动军民一同重新修筑，使旧城再次繁华了起来。宣德六年（1431年），为了确保粮食运输及时，李湘又修建了马厂，为运送提供便利。这些事情看似琐碎，没有什么称奇之处，但都是李湘立足实际做出的"实政"，满足了当地百姓的迫切需求。

三、"常禄外一无所取"

一名州县基层官员是否称职，表面上可以从他的施政举措、官民关系等方面衡量考察，但根本上还是取决于其品德操守和为官素养。李湘的一言一行，无疑都称得上是君子风范、廉吏作为。

在前文所述的那则佚事中，据说翰林学士杨士奇向众人介绍了李湘的事迹之后，便迫不及待地想去和自己的这位同乡相聚。暮色降临，杨士奇独自来到李湘家中。他原以为李湘会过上高宅大院、家仆成群的富裕生活，孰料到了李家门口，只出来一个小童。小童带着杨士奇进里屋等候，却见里屋十分朴素，连一件好一点儿的家具也没有。杨士奇坐了好一会儿，李湘迟迟未到。原来李湘在外忙于政务，无法抽身归来。时已深夜，杨士奇被安排到了州学住宿。与学校里的生员闲谈，提到州守李湘，这些学生们似乎有说不完的话，将李湘的善政事迹娓娓道来，杨士奇不得不感慨"尽东平之境，不见有不遂之民者"（嘉靖《山东通志》卷三七《杨士奇〈送李永怀归东平序〉》）。

李湘在百姓心目中的崇高地位，可通过两件事鲜明地体现出来。

一件事是当地百姓向朝廷请求让李湘复任知州。永乐二十年（1422年），东平知州任满后，李湘依例调往他处。但接下来的三四年间，当地百姓对继任的两位知州均不满意。一时之间，呼吁李湘复任的声音越来越高。适逢钦差过境，东平百姓上前请愿，恳求再派李湘来担任东平知州。由于在之前的地方考察中，李湘治下的东平给朝廷大员们留下了很好的印象，钦差便如实上报了百姓的愿望。不久，朝廷果然恢复了李湘的东平知州之职，百姓们欢呼雀跃，敲锣打鼓前往迎接。杨士奇写的《送李永怀归东平》（杨士奇《东里诗集》卷二）诗，正是由此事而来。诗曰：

> 霜花初下雁南飞，葭菼苍苍柳欲稀。
> 落日故人千里别，寒风汶水一帆归。
> 盛年典郡民皆爱，清代成名志不违。
> 几度都门聚还散，何时同返故园扉。

一句"盛年典郡民皆爱"，道出了李湘在东平百姓心中的地位。

另外一件事，是千余名百姓为李湘集体请愿以证清白。东平当地有个奸民当驿牌长，常与官府勾结，鱼肉乡里。李湘履任后，自然不允许他再肆意妄为，于是免去其职。此人遂对李湘怀恨在心，常常暗中跟踪，希望能够找到李湘为政中的过失，以向上级官府告发。但李湘为人正直，光明磊落，实在找不到什么缺点。此人便趁东平修复旧城之机，诬告李湘搜刮民脂民膏。州县百姓得知此事，一千三百多人自发组织起来，向巡按御史申诉，又到布政司、按察司衙门证明李湘清白无辜。甚至有七十多位古稀老人，谒阙陈述李湘为东平人民所做的贡献，言其没有任何私心，而那个举报之人才是东平的"毒瘤"。布政司仔细调查了事情的来龙去脉，最终证实李湘清白无罪。宣德七年（1432年）十月初九，李湘重返东平，继续担任知州。

李湘之所以受到百姓爱戴和拥护，得益于他的正直品德与清廉政风。《明史》称李湘"以才擢东平知州，常禄外一无所取，训诫吏民若家人然"。出众的才干、清廉的作风及合理的为政举措，让李湘施政有道，惠及地方。正统元年（1436年），明英宗下诏让大臣们举荐知府。尚书胡濙推荐了李湘，任命他到怀庆府担任知府。这对李湘来说是件喜事，东平民众在为其高兴的同时，内心亦十分不舍。离任那天，东平老小一起为李湘送行，哭着送了十几里路。到了怀庆后，李湘仍像在东平那样对待百姓，人们称他"惇厚温裕，孝友如其父，处人以诚，能赴其急，不以贵贱贫富而移所守"（杨士奇《东里文集续编》卷二八《怀庆知府李君墓碑铭》）。

正统四年（1439年），李湘年老过世。东平人民为了纪念这位贤守，在当地建起祠堂，岁时致祭。

◈ **史料来源**

• 万历二十四年《兖州府志》卷二九《宦迹志四·李湘》，齐鲁书社 1985 年影印本。

• 光绪《东平州志》卷一四《宦绩传·李湘》，清光绪七年（1881 年）刻本。

• ［明］杨士奇《东里文集续编》卷二八《怀庆知府李君墓碑铭》，明嘉靖二十九年（1550 年）刻本。

• 《明史》卷二八一《循吏传·李湘》，中华书局 1974 年点校本。

（撰稿：邢娜娜、戴艺琦）

年富：

廉正强直终不渝

踏碎琼瑶探玉坑，光辉曾览凤凰鸣。

重刑未足悲和氏，小篆空能羡李卿。

每怪儒生持论浅，独怜世主用心轻。

连城照乘成何事，徒使英雄作笑评。

——雍正《怀远县志》卷七《年富〈吊卞和〉》

年富画像

（采自明代王圻《三才图会·人物》卷七，明万历三十七年刻本）

春秋时期，楚国人卞和在荆山上砍柴，意外得到一块未经雕琢的璞玉。他先后将其献给楚厉王和楚武王，宫内玉匠看了，都认为这不过是寻常石头，不以为意。卞和还被冠以欺君之罪，砍掉了双脚。直到楚文王即位，听闻卞和怀抱璞玉在荆山脚下终日哭泣，便派人询问其中缘由。卞和回答："我并非因被砍掉脚而悲伤，而是痛心宝玉被说成普通石头，忠贞的人被诬为骗子。"楚文王便叫来玉匠加工这块璞玉，果然发现是块宝玉，于是把它命名为"和氏璧"。楚文王为了褒扬卞和的忠贞，封他为陵阳侯，但卞和坚决推辞，最终归老荆山。时过两千多年，一位名叫年富的明朝官员，提笔写下了篇首这首《吊卞和》，歌颂了卞和忠贞不渝、不慕荣利的可贵品质，这也正是年富的立身为官之道。

年富（1395—1464），字大有，别号谦斋，南直隶凤阳怀远县（今安徽省怀远县）人。本姓严，曾祖严孟阳在元朝曾任万户，驻守滁阳（今安徽省滁州市）。元明鼎革之际，严氏子孙迁至怀远。洪武初年，天下底定，在上报户籍时，因音近故，造籍者误录其姓为"年"，严氏子孙遂以"年"为姓。永乐十五年（1417年），年富考中举人。次年获任山东济南府德平县（治今山东省临邑县东北）训导。后历任吏科给事中、刑科给事中、陕西参政、河南布政使、大同巡抚、南京兵部右侍郎、山东巡抚、户部尚书等职。任官期间，年富廉洁清正，明辨慎刑，深受皇帝知遇、百姓爱戴。

一、明辨慎刑平冤狱

年富在德平县一心投入教育工作中。他制定教学规范，严格授课，又带头捐献薪资修缮文庙。在年富的悉心栽培下，他的学生成绩都很优秀，先后有九人考中举人。宣德三年（1428年），他期满考绩优异，擢为吏科给事中，兼管刑科。这一职位品级并不算高，只有从七品，但作为明朝专设的谏官，它是朝廷耳目之所寄，上可进谏君相，下可弹劾百官，因此备受朝野瞩目。年富被朝廷选任此职，因其符合"器识远大，学问该博，文章优赡"（陆容《菽园杂记》卷七）的要求，也说明他的人品、官品都是有目共睹的。担任给事中期间，年富恪尽职守，明辨是非，纠正违失，未曾误断一狱、错冤一人。

宣德六年（1431年）八月，年富调任，掌管刑科事务。不久，他就遇到了一件要案。当年十一月，福建汀州知府宋忠还乡，途经黄州时路遇劫匪，惨遭杀害。其子宋瑛前往官府报案，乘船至黄石港时，以陈礼为首的17人将宋瑛的船只毁而分之。官府以劫盗罪名拘捕了陈礼等人，并将其押送至京，判处死罪。实际情况是，陈礼等人虽有毁船之罪，却无杀人之实。在狱中，陈礼等屡诉冤屈，后由都察院行文湖广行省（今湖南省和湖北省），同意复勘案情。孰料湖广巡按陈沀及都指挥使司、布政使司、提刑按察司等三司官员无心复核案情，草草指斥陈礼等人为盗了事。陈礼最终死于狱中，其余16人亦等待处决。陈礼的胞弟不愿放弃，赴京击鼓鸣冤。宣德皇帝听闻，派遣监察御史胡智前往湖广，会同三司官员再次复核此案，最终还陈礼等人清白。年富多方调查，详细了解整个案件的原委始末，照章弹劾都察院堂官及湖广三司、巡按等一众官员"照勘不实，宜正其罪"。

二、经画财赋充国用

年富的气节才识，世不易得。他尤其长于经理财赋，规划用度，是经邦济世的能臣干吏。

有明一代，北部边疆问题始终困扰统治者。明朝依托长城陆续设立多个军事重镇，投入大量兵力与财力。陕西、山西两省素为军事重地。由于战事屡兴，军兵粮饷开销巨大，加之供应藩王、官吏贪墨、屯田不立等问题，山陕边地时时面临财用不足的困扰。

宣德十年（1435年），年富出任陕西布政使司右参政，负责总理边储。他峻厉敢为，正气凛然，甫一到任便斟酌远近，钩考收支，锐意革除宿弊，开源节流。陕西布政使司当时所收夏税秋粮，几乎全部用于军需，但总兵、镇守等官不为国家考虑，私自添兵增饷，给陕西财政带来沉重的负担。年富着手裁汰冗兵驽马，制定粮赏之规，严格限制军队的数量。另外，在陕西行都司及所属卫所范围内，素有武官兼并屯田的隐弊，多者甚至占肥田达三四十顷。为开辟财源，抑制豪强，年富上报朝廷同意，令这些田地占有者每顷纳粮十石，议增屯田籽粒，收到了很好的效果。

正统九年（1444年），年富调任河南右布政使。正统十四年（1449年），"土木之变"爆发，明英宗于土木堡被俘，瓦剌首领也先率兵大举入侵。景泰元年（1450年），大同边关军情危急。年富受命，运河南京粮赴大同，如期运抵边关，大同因得保全。

景泰二年（1451年），大同总兵、定襄伯郭登上奏，弹劾左都御史沈固在边年久，法令疏漏，负责粮草的官吏大肆侵渔贪墨，军士忍饥挨饿，上诉无门。经郭登保举，朝廷任命年富为都察院左副都御史，提督大同军务，同时负责大同屯田事宜。年富上任后，着力招集流亡，安抚民众，废除不法征敛，严厉抑制豪横，大力推广屯田，使当地军民生产生活陆续恢复。

年富到任前，因山西缺粮，户部命山西地方以官银购买粮食入仓，以备赈济。但镇守内官及山西相关官员欺上瞒下，令其亲信支银买粮，杂以糠秕、沙土，借机贪墨银两。各级指挥及千户、百户在放粮时，也加添斛面，以次充好。各级仓官了解其中内情，眼看粮食数量日少一日，也加入侵占之列。长此以往，当地粮仓亏损十分严重。年富到任之后，采取雷厉风行手段，将被侵没的款项一一追复，军粮因而充沛。

天顺四年（1460年），户部尚书之位空缺，阁臣李贤举荐年富担任，遭到了很多人的阻止。明英宗知道年富忠直，可当其任，对李贤说："户部尚书一职，非年富担任不可。有人不喜欢年富，这正说明他品质刚正贤良。"年富出任户部尚书后，夙夜操劳，时时以国家大计为重。有时候遇到关乎民生利害的重要事情，属下不敢擅定主意，年富便对他们说："你们尽管去做，我来承担责任，各位不必担忧。"在他的领导下，户部各项事务井井有条。

三、不阿权贵持法度

年富任官期间，不阿权贵，持正刚强。凡遇违法者，无论是藩王、宦官，还是功臣勋旧、地方要员，他均能按律劾奏，秉公处理。

年富任大同巡抚时，襄垣王朱逊燂依仗其藩王特权，役占山西民户为其王府服务，又安排府内人等冒署官职，借机侵取朝廷俸禄。年富得知后，下令削减朱逊燂王府菜户，严惩冒署的厨役。此举自然惹怒了朱逊燂，他多次上疏，罗织罪名，诬陷年富。景泰皇帝深知年富是秉公刚直之人，反过来训诫襄垣王，令其谨守法度，不要捏造罪名污蔑年富。

类似的例子可以说不胜枚举。从正统朝起，本为监督地方军务的镇守太监开始插手地方事务，权柄愈重。有一名叫韦力转的宦官，担任守备大同西路左少监，涉嫌贪虐，迫害官军，多有不法之举。年富无惧其内臣的身份，依法劾奏，最终使其降职，调任他处。

年富又查得武清侯石亨、武安侯郑宏、武进伯朱瑛曾私下嘱托前任都御史沈固，令其家人以籴米实边的名义于大同官库领折粮银及绫布，并暗中克扣1423两白银和14330余匹绫布。年富将涉案之人一一查获，上奏朝廷问罪。

英国公张懋、武安侯郑宏等人在边境置办田庄，向天城等附近地区卫官索取军丁佃耕田地，久而久之，习以为常。年富得悉其中情形之后，上奏治张懋、郑宏等人之罪，并命令其所役军丁立刻返回。大同左卫等多个卫所的将校子弟冒领军功，得升镇守，年富知悉后，俱依律革其俸禄。

由于年富痛革时弊，持正守节，石亨等权贵不能再徇私枉法，因而对年富尤为忌惮。天顺元年（1457年），石亨的侄子、都督石彪诬陷年富违法，将年富解送京师。明英宗召见阁臣李贤，询问年富其人，李贤力陈年富行事公道，能够革除宿弊。英宗还了解到，石彪之所以上告年富，是因为年富阻碍了他的肆意不法行为，使其无法谋取私利。然而无奈的是，石亨、石彪叔侄对英宗重夺帝位做了重要贡献，因此英宗还是令年富致仕。好在过了不长时间，又起用年富为南京兵部右侍郎，旋又调任山东巡抚、户部尚书。只要年富在任上，那些平日里习惯作威作福之人，没有不畏惧宾服的，豪强奸猾之辈也好像绝迹了一样。

四、心系百姓解民忧

年富自担任德平训导起，历官至户部尚书，前后几十年间始终爱民护民，把解决民忧放在为官理政的显要位置。

宣德十年（1435年），江南遭遇水灾。皇帝下诏免除灾区税粮，但佃农依然要向富户缴纳田租。年富奏请与民休息，减免江南受灾佃农的田租。因各处饥馑，官府没有现粮赈济灾民，有大户粮米盈余，又多闭粜增价，囤积居奇。年富便请求官府为贫民立券，以便借贷富人粮米，等到丰年再偿还本钱，还以免除富人杂役作为交换条件。这些上奏都得到了允准，不仅使穷苦百姓得以存活，也没有特别损害富人的利益，可谓双赢之策。

山陕等地军士、马匹数量繁多，供费浩繁，民户多疲于运输之役。年富督理边储期间，量地理之远近，按收支之迟速，规划民户的征科纳役，极大减轻了百姓的供给之苦，也陆续充实了边地的粮食储备。

对于浪费民力、徒增负担的杂税陈例，年富亦多所革除。早在永乐年间，朝廷曾下令让内官每年在地方索征纺织品50匹入贡，后逐渐变为成规。年富以民力不堪奏请免除，得到允准。

山西、河南、真定、保定、临清等处的军民客商，向来从紫荆、倒马二关入关，前往大同、宣府（治今河北省张家口市宣化区）输纳粮草和军装，往来贩运货物十分方便。朝廷一度规定，凡是商民过紫荆关、倒马关，都要到后军都督府领取勘合，平白增加了一道手续，使得客商不堪其扰，很多人甚至绕行真定、井陉，过太原，从雁门关等地入关，一圈下来迂回1500多里。这就使来往客商越来越少，进而导致大同物价越来越高。年富力排众议，疏请取消勘合，从而解决了客商往来的一大不便。

年富任官河南布政使期间，山东、山西、陕西、直隶等处灾疫并行，民不聊生。加之官府征敛无度，百姓竞相逃亡至河南，生计无着。在山西巡抚于谦支持下，年富督领所属卫、府将逃民七万余户分类安置。集聚而居者另立乡里，星散者于就近乡里内安插，推选里老管束。无田者，拨给荒田、闲田及河水退滩田，令流民垦种，并辅以赈济之策安置灾民。

天顺二年（1458年），年富被任命为山东巡抚。赴任途中，年富听闻山东平原、乐陵、海丰（今山东省无棣县）、阳信诸处蝗灾蔓延，内心十分焦急。当时山东地区久经灾荒，百姓乏食，穷困艰辛，乃至流落他乡乞讨为生。年富赶忙向英宗上报沿途见闻，请朝廷协调赈灾物资。他及时下令，催促各地官府组织捕蝗。由于年富措置及时，山东的蝗灾得到了一定程度的控制。到任后，年富巡视考察，施政宽简。在督促各地官员捉捕蝗虫的同时，年富还详细考察了各地的赋税征收、官吏政绩、风土人情等。在他的屡次奏请下，朝廷减免了济南、青州、兖州等地的税粮与赋役，大大减轻了百姓的负担。

为了做好抵御天灾的准备，年富还领导士民兴修水利。济南府历城县的广惠闸便是年富亲自主持修建的。建成之后，附近的旱涝蓄泄全系于该闸。地方上的贪官污吏、不法豪绅也因为年富素有威名、屡次巡视地方而收敛自己的行径。东昌有一批蒙古后裔，他们由于文化习俗不同等原因，与当地百姓相处并不十分融洽。其中有一个姓罗的首领，时常趁明朝北部边疆局势紧张之时聚众闹事，为祸乡里。年富在精心谋划后，奏请英宗在罗氏首领进京办事时，将其留在京师居住，其余人则以山东发生灾害的名义，由官府提供钱财，将其迁移至南京一带居住。朝廷同意了年富的计划，东昌的社会隐患就此消弭。

年富一生刚正忠朴，持正清廉，与李贤、王翱、薛瑄等人并称为当世名臣。天顺八年（1464年），年富病故，赐谥恭定。

年富担任山东巡抚时，曾手书一幅"官箴"："吏，不畏吾严而畏吾廉；民，不服吾能而服吾公。公则民不敢慢，廉则吏不敢欺。公生明，廉生威。"此官箴言简意赅，正是年富一生为官的真实写照。弘治十四年（1501年），泰安知州顾景祥将年富手写"官箴"刻石，立于府衙。清代名臣颜希深、颜俭、颜伯焘祖孙三代都奉此官箴为训。

⊗ **史料来源**

• 嘉靖《山东通志》卷二五《名宦上·年富》，《天一阁藏明代方志选刊续编》影印明嘉靖十二年（1533年）刻本，上海书店出版社1990年版。

• 乾隆《德平县志》卷二《宦绩·年富》，清乾隆三十八年（1773年）刻本。

• 《明史》卷一七七《年富传》，中华书局1974年点校本。

（撰稿：袁琳、马晓东）

赵璜：

刚正自持有德政

庙庭几千载，毁矣仍复新。

大哉吾夫子，天地与俱存。

不有干霄木，何以表圣门？

——明·陈镐《阙里志》卷二〇。

《赵璜〈手植桧次韵〉（节选）》

曲阜孔庙内的"先师手植桧"（王鹏 供图）

在山东曲阜孔庙众多的古树中，"先师手植桧"最为著名。相传这棵桧树是孔子亲自种下，现高20多米，树身如铜，粗可合抱，历经火灾兵燹，依然枝繁叶茂。篇首所引明朝赵璜所作《手植桧次韵》一诗，被刻石立于先师手植桧前。

赵璜（1463—1532），字廷实，号西峰，江西省安福县人。先后任济南知府、山东巡抚、工部尚书等职。细品前引其诗，可发现诗中既充满了赵璜对先师孔子的崇高敬意，也反映了他"利害不以系情，险夷不以易节"（赵璜《归闲述梦》）的仕宦生涯。

一、严刑法，清恶蠹

赵璜出身官宦之家，在曾任教谕的父亲的教导下，从小就确立了为国效力、造福一方的志向。他于弘治三年（1490年）考中进士，授工部都水司主事，正式步入仕途。

工部掌管工程营造事项，下设营缮、虞衡、都水、屯田四个清吏司，各司有郎中、员外郎、主事等官员。都水司主事，主要负责稽核估销河道、海塘、江防、沟渠、水利、桥梁、道路工程经费，以及各省修造战船、渡船等各种船只经费等，为正六品。不久，他调任兵部职方司员外郎。职方司是兵部四个清吏司之一，掌理各省地图及武官考核、赏罚、抚恤等。赵璜在工部、兵部任职期间，处理政务井井有条，深受上司赏识。弘治十三年（1500年），赵璜出任济南知府，官至从四品。

赵璜在管理刑狱方面细心谨慎，明察秋毫。武定州海丰县（治今山东省无棣县）有一杀人犯，作案后本欲逃跑，但被人抓获并送至县衙。受审时，此人巧施簧舌，反而诬陷抓到他的人，使后者被判戍守边疆。过了很长时间，被诬陷之人逃了回来。赵璜仔细审问，觉察出这可能是一桩冤案，便派人明察暗访。几经周折审问，最终案情大白，恶人服法，被诬陷之人也沉冤得雪。当地百姓对赵璜十分信服，赞不绝口。

当时济南官场上有一批狡猾刁钻的小吏，精于舞文弄墨，长于曲解法律条文，从而知法犯法，像蠹虫一样侵蚀国家和百姓的权益。赵璜为清除这一弊政，选取一些质朴善良且机智聪慧的良家子弟，教授给他们法律知识，等到这些人能力考核合格后，便任用他们去替代那些狡猾的吏员。经此调整，官场风气为之大变，百姓交口称赞。

面对权贵，赵璜始终刚正不屈，严格依法行事。明成祖朱棣的次子朱高煦曾被封为高阳郡王、汉王，后因叛乱被贬为庶人。朱高煦在海丰县有800余顷屯田，一直由官府招募农民租种纳粮。德王朱见潾对此觊觎已久，妄图将这些屯田变为自己的牧马草场。他屡次奏请，最终得到批准。朝廷命山东地方官进行勘查，以便将土地拨付德王，这引起了佃户的恐慌。赵璜依据藩王不得侵占屯田的原则，亲率官员勘定屯田边界，将它们还给农民继续耕种。

二、减费用，轻民役

赵璜赴任济南后的第一件事，就是废除科罚钱，狠刹公务接待中的铺张浪费之风。

按照惯例，上级官员从济南府索取的一应公费都从科罚钱款中支取。赵璜取消了科罚，就断了应付上司的各项费用的来源，因此遭到同僚反对。赵璜坚决革除那些不当罚款，他说："剥削下民，奉承上司，我不能这么做。"当时，缴纳高额诉讼纸价（诉讼费）成为犯人沉重的负担。赵璜规定，情重者所缴纸价入官记账，情轻者量为发落；对有财力的犯人，收取一定诉讼纸价，对穷苦犯人减免。

赵璜的前任接待上司时，都是用五彩布绢搭棚，绫缎围桌，毡毯铺地，十分奢华。这些费用均由在城市中开设店铺的铺户无偿承担，这实为一项沉重负担。赵璜对此做出调整，规定除迎新送旧和公务远行，不得置办酒席，即便是公务接待，也不许搭棚、围桌、铺地，往来仅以书帕作为赠送礼品。

赵璜前后担任济南知府七年，于正德元年（1506年）升任顺天府府丞。顺天府是明朝都城北京地区的最高地方行政机关，但赵璜还没上任，就被权势熏天的宦官刘瑾构陷下狱。

此次构陷的因由可以说盘根错节。刘瑾曾派亲信到山东，向当地官员勒索彩缎五百匹，巡抚山东的右副都御史朱钦责令当地官员拒付，因此和刘瑾结怨。朝廷中，王岳等宦官意图配合外朝官员，奏请明武宗铲除刘瑾。刘瑾深夜入宫苦苦哀求，终于使武宗站在自己这边，将王岳等人下狱。后来，武宗下令将王岳等人发配南京，不料刘瑾派人在临清将王岳处死。朱钦上书为王岳申辩，从而与刘瑾结怨更深。朱钦下令严禁山东卖酒，以防有人酗酒闹事。由于执行过于严峻，发生了一起当事人自缢的事件。刘瑾便向朝廷检举，并下令逮捕朱钦，同时趁机发难，把与朱钦有密切联系的赵璜革职除名。在此过程中，刘瑾曾派管家殷忠向赵璜勒索白银二千两，赵璜坚决不从。同乡友人听闻此讯，表示愿意帮助赵璜代付钱款，以脱此厄难，但被赵璜极力拒绝。

赵璜被革职后，以还家侍奉老父为慰。他著有追述自己居官经历的《归闲述梦》一书，其中记自己在登舟离开山东时口占两首绝句，描述了当时的心情，其一曰：

> 空向山东日夜忙，也应无分到亲堂。
> 椿庭八十人间少，正合南归捧寿觞。

其二曰：

> 本以迂愚触祸机，圣恩宽大喜容归。
> 休官不怕乡人笑，为有斑衣当锦衣。

赵璜通透豁达的性情以及他不阿上、不苟且的品格，在诗中尽显无遗。

正德五年（1510年），刘瑾因谋反罪被凌迟处死，赵璜得以复职。不久，他担任右佥都御史，巡抚宣府，后又改任山东巡抚。

山东有几百里河滩地荒废，他招募流民开垦耕种，免除租税。一些番僧为了充实寺院斋粮，曾向朝廷请求加征赋税，且获得了批准。赵璜认为，百姓赋税已经十分沉重，减赋还来不及，不能再增课税。他上疏说："违抗天子诏令固然该死，但欺骗百姓也应该以死谢罪。但是欺骗百姓后，就没有人愿意开垦荒地了。"因此他宁愿一死也不奉诏。在他的坚持之下，征税举措终被免除。当时社会矛盾激化，各地农民起义频发。赵璜竭力整顿山东经济社会秩序，改善百姓生活，抚平战乱带来的创伤，赢得了百姓的爱戴。

赵璜担任工部右侍郎时，总管黄河河道事务。因为边境告急，明武宗诏令赵璜管理京城一带的军备。事情平定之后，又让赵璜负责赈济顺天各府的饥荒。明世宗即位后，赵璜为工部左侍郎，处理工部事务。他裁减宦官的丧葬费用，控制御用监采购材料的价钱，革除内府征收的铁砖价银。

这些费用加起来，每年高达数万两，极大减轻了百姓的额外加派负担。

嘉靖元年（1522年），赵璜升任工部尚书。之前，刘瑾花费钱财数十万修建玄明宫。刘瑾死后，奸人将玄明宫献给明武宗作为皇庄。明世宗即位后，责令将玄明宫还给百姓，但不久又反悔，下诏确定玄明宫仍是皇庄。赵璜急忙上奏说，朝令夕改，会失去百姓的信任。明世宗采纳了他的建议，不再收回玄明宫。

当时朝廷修建仁寿宫和清宁宫，经费缺口很大。为了减轻百姓负担，赵璜请求明世宗售卖石景山的房舍以筹措经费，得到准许。不久，朝廷下诏，为皇后陈氏之父陈万言营建住宅，工价预计达六十万两白银，超过了标准。赵璜遵照规定，不予追加超额经费。陈万言向皇帝告状，矛头自是针对赵璜。世宗遂下诏审查工部郎中和员外郎二人。赵璜上奏："他们没参与此事，应该归罪于我。"世宗不同意。为二人求情的奏疏接连不断呈上，陈万言内心不安，只得向世宗请求宽免二人。世宗又下诏修建玉德殿、景福宫和安喜宫，赵璜建议等到仁寿宫建成后，再慢慢考虑，世宗不同意。赵璜坚持自己的观点，世宗最终采纳了他的建议，并免除了仁寿宫劳役。

三、忠心报国，以民为念

赵璜的做法引起了权贵和奸佞小人的嫉恨，明世宗也渐渐疏远了他。赵璜请求致仕，廷臣纷纷恳请明世宗让赵璜留任，世宗没有答应。嘉靖六年（1527年），赵璜解职还家。

赵璜为官清廉，一心为民，即使自己生活清苦，也从不挪用公款或者以权谋私。他离任济南知府后，朝廷到各县盘查库藏，有的官员因亏空被罚米千石，但查到济南时令人眼前一亮。人们看到赵璜经手的库银，完整且有羡余，纷纷赞不绝口。赵璜的治理才干、廉洁品德，由此可见一斑。

赵璜干练有智慧。纷乱错杂的事情，他都能迅速办理妥当。赵璜离任后，以前的同僚和部属多次举荐他，迟迟没有获得允准。赵璜对此均淡然处之，他在诗中表示自己"已作人间七十翁"，年老不能胜任要职。但他一直关心国计民生，"教子唯求报国忠"，是他真实情感的写照。他尤其希望上自天子，下到百官，都能以民生为念，百姓无饥馁之忧，国家无租税之匮，"民劳稼穑忧无食，官急供需喜有租。我向天瓢乞终惠，公私俱足万方苏"。（以上诗句均见于赵璜《归闲述梦》）

嘉靖十一年（1532年），明世宗颁布诏令，恢复赵璜官职。遗憾的是，赵璜还没上任就因病而逝，追赠太子太保，谥号庄靖。"庄"是执德不矜、严恭自律，"靖"是柔德安众、宽乐令终，"庄靖"二字正是赵璜一生为官的真实写照。

◈ **史料来源**

•嘉靖《山东通志》卷二五《名宦上·赵璜》，《天一阁藏明代方志选刊续编》影印明嘉靖十二年（1533年）刻本，上海书店出版社1990年版。

•［明］赵璜《归闲述梦》，《四库全书存目丛书·史部》（第127册）影印清末李氏木樨轩钞本，齐鲁书社1996年版。

•《明史》卷一九四《赵璜传》，中华书局1974年点校本。

（撰稿：张富华、郑可为）

曹邦辅：
苦节清操始终如一

颁新令，大军营，刁斗静无声。

轻裘缓带立功名，胸藏十万兵。

排五花，列七星，龙韬虎略精。

遣净发军次第行，指顾庆升平。

——清·李百川

《绿野仙踪》第三十二回《阮郎归》

清乾隆年间，李百川创作了一部名为《绿野仙踪》的章回体小说。该书以主人公冷于冰成仙的经过为线索，插入了明代嘉靖一朝党争、平叛和平倭的历史事实。书中对一代名将曹邦辅多有着墨，向读者展现了其平倭御寇的历史功绩，刻画了他运筹帷幄、不避险夷的鲜活形象。历史上的曹邦辅，不仅是一代骁勇名将，也是一员廉洁能吏，担得上《明史》对他"廉峻"的评价。

曹邦辅（1502—1575），字子忠，号东村，山东定陶（今山东省菏泽市定陶区）人。嘉靖十一年（1532年）进士，历官应天巡抚、蓟辽总督、南京户部尚书。史载曹邦辅"负性刚方，任事慷慨；驱驰中外，清操皭然"（《明神宗实录》卷四八），这种性格对其后来为政处事产生了直接影响。在相当长的时间里，曹邦辅以文官领兵，经略边方，功勋懋著，堪为朝廷仰赖的重臣。曹邦辅著有《性说》《军机事宜》《樽俎对谈》《说物寓武》《防秋小议》等书，传之后世，有一定影响。

一、施仁政，持公廉

曹邦辅的廉政事迹，从其嘉靖十一年（1532年）中进士之后便开始为人所知。他先是出任元城（今河北省大名县）知县，任上体恤百姓，施政减省，"以正大宽平为务"（李贤等纂修《大明一统志》卷四）。时值河北边地多警，相邻州县多受供给军需之累。曹邦辅一改往日摊派之弊，全部从公帑羡余中供给军费，不向百姓额外索取一银一钱。

针对州县里甲执行公务多有浮费的情况，曹邦辅锐意裁减，一年下来"省节里甲之费岁数千计"（李贤等纂修《大明一统志》卷四）。赶上饥荒缺粮的年份，他一面施行赈济，一面打击贪污，尽最大努力保障百姓的生计和活路。当曹邦辅因丁忧离任时，元城士绅百姓莫不感念挽留，"追奠于其家者数百人"（李贤等纂修《大明一统志》卷四）。

丁忧期满之后，曹邦辅改任南和知县。当地有豪强横行不法，仗势欺压百姓，胥吏避之不问。曹邦辅到任后，申明律法，逮治其罪，遂使一境安然，百姓乐业。嘉靖十九年（1540年），曹邦辅擢为云南道监察御史，负责巡视河东盐政。嘉靖二十四年（1545年），调陕西巡按。在此任内，他敢于纠弹违失，革除弊病，行事不挠于权贵，唯律法是依。

巡盐河东期间，曹邦辅核对盐丁，招徕商贩；禁绝窃占，革除旧弊，使河东盐政岁入倍于常额，后之御史多循其法。巡按陕西期间，恰赶上蒙古军入侵延绥地区，杀掳男女数千、牛羊十四万。地方守臣非但未能如实呈告，还以大捷谎报。曹邦辅得知后，把守臣功罪如实上奏朝廷。如此一来，副总兵李琦、游击吴鼎等人御敌有功，予以嘉奖；总兵吴瑛等人失职，着即逮解至京，依法处置。

陕西地区有宗室子弟杀人，地方官慑于其权势，不敢决狱，案件遂石沉大海，死者数年不得昭雪。曹邦辅到任后，立即处理了这一陈年积案。他紧接着上疏朝廷，要求对宗室贵族严加约束。自此，平民百姓凡有冤狱者，无不平反，时人称曹邦辅为"真御史"。

二、御倭患，遭远谪

明朝中叶，内有民变，外有倭寇，朝廷面临着严重挑战。自嘉靖三十二年（1553年）至隆庆四年（1570年）的十几年间，曹邦辅历任河南按察副使、应天巡抚、京营提督等要职，将兵御寇，安定边陲，立下赫赫功绩。大学士赵贞吉称赞说："天下独邦辅知兵。"（雍正《山东通志》卷二八《人物志》）

嘉靖三十二年七月，河南人师尚诏、王邦用等聚集饥民起义。只用了两月时间，起义军便袭破归德（治今河南省商丘市）等一府二州八县，两河震动。河南都指挥尚允绍率军在鄢陵阻击，未能获胜，后来又被围困于霍山。当此危难之际，曹邦辅提刀跃马，驰入对方城垒，极大鼓舞了官军士气。河南巡抚霍冀上表为曹邦辅请功，曹邦辅遂擢山西右参政。此为布政使之下的要职，凡民政、军务等事均可参与。

约两年后，曹邦辅擢升浙江按察使。上任途中，正值倭寇作乱吴越，廷臣会推曹邦辅领衔备倭，曹邦辅遂于五月升为都察院右佥都御史，巡抚应天。当时盘踞于松江柘林（今上海市松江区柘林镇）的倭寇兵分两路，一支由南转北，自浙江绍兴出发，转掠杭州、严州、徽州、宁国、太平诸府，破溧阳，流窜至宜兴；另一支则向北进据松江陶宅（今属上海市奉贤区青村镇），大有合流作乱之势。嘉靖三十四年（1555年）八月，在官军的追击下，宜兴倭寇自太湖出，由常州逃窜至苏州浒墅关。曹邦辅亲督副使王崇古、苏松海防佥事董邦政、把总娄宇率所部兵马，将倭寇围困于浒墅，剿灭殆尽。

明无名氏《抗倭图卷（局部）》

负责巡视东南防倭事宜的督察侍郎赵文华是严嵩党羽，在得知曹邦辅剿倭大捷后，他急欲赴苏州抢功，未料想曹邦辅先已上报朝廷。赵文华大怒，开始怨恨曹邦辅。九月，赵文华与浙江巡抚胡宗宪挑选浙兵精锐四千人，命曹邦辅率南直隶官兵，一同会剿陶宅倭寇，结果大败。赵文华遭到兵科给事中夏栻的弹劾。为了抗辩，他上疏污蔑曹邦辅畏难击易，进军失期，是此次会剿失败的罪魁祸首，应该予以罢黜。幸有吏科言官孙濬作证，曹邦辅才得证清白。

尽管曹邦辅在军民心中有着很高威望，其清廉正直的品行也是有口皆碑，但身处错综复杂的政治环境之中，要想始终屹立不倒实非易事。他与赵文华关系不睦，很快就产生了直接的负面影响。嘉靖三十五年（1556年）二月，巡按周如斗以御倭战败一事，弹劾浙直总督杨宜与曹邦辅轻率寡谋，应予究治。浙直总督杨宜被罢免，总督之位由此空缺。吏部尚书李默与严嵩、赵文华围绕继任人选问题产生激烈争执，相持不下。赵文华深知嘉靖皇帝生性多疑，尤喜告讦，遂谤讪李默暗讽皇帝用人不明，且留曹邦辅防倭，导致江南军备大坏等。嘉靖皇帝大怒，将李默下狱，把曹邦辅远谪朔州戍边。

三、经边陲，主户部

谪居朔州期间，曹邦辅安之若素，每日与当地诸生讲论经史，边关人士"彬彬慕义焉"（于慎行《谷城山馆文集》卷一七《明故资政大夫南京户部尚书赠太子少保东村曹公墓志铭》）。隆庆元年（1567年）二月，朝廷起用曹邦辅为都察院左副都御史，协理院事。五月，以其久历沙场，调为兵部右侍郎，协理京营戎政。旋又于八月升为左侍郎，总督蓟辽军务。这既是对曹邦辅此前累累战功的肯定，更是对其高洁品行的充分信任。

任官蓟辽总督期间，曹邦辅锐意清理积蠹，改良边备，制器练兵，保境无虞。隆庆二年（1568年），曹邦辅上疏，提出边防五弊，即支粮难、养马难、抚夷难、迎送难、科敛难。疏上户部，朝廷高度重视，并逐步加以改进。曹邦辅所列问题和改进举措，均是边地迫在眉睫的要害问题，可见他对政务军事的认真观察和深入研究。经此调整，蓟镇边关得以安靖，数年秋防无警。

隆庆三年（1569年）八月，曹邦辅调任南京都察院右都御史，次年召用为都察院左副都御史，阅视京营。不久，又改为提督，专督五军营。在此期间，他着力革除宿弊，严整治军。又上疏指出城外扎营之失、守城八战之法，受到人们的广泛称赞和信服。

隆庆四年（1570年）十月，曹邦辅调任南京户部尚书。"主计三年，出纳有程。金谷多羡，南中称之。"（于慎行《谷城山馆文集》卷一七《明故资政大夫南京户部尚书赠太子少保东村曹公墓志铭》）又整肃不称职者，朝野多称誉之。自嘉靖朝以来，京官多有媚媚权臣以为奥援者，堂官往往不敢行其约束之权，又多为其所违拗。外省则多有巡按御史因推官、知县有科道之望，引之以为私人，阴授其廉访之权。地方监司官不得已对下属曲意逢迎，体制遂乖。隆庆六年（1572年），曹邦辅弹劾南京户部管仓官张振选依傍权臣，"违抗不职"，张振选罢官闲住，此事成为整肃官场依傍权臣、违抗上官之弊的肇始。

万历元年（1573年）八月，曹邦辅致仕归乡。他登仕四十余年，"苦节清操始终如一"（于慎行《谷城山馆文集》卷一七《明故资政大夫南京户部尚书赠太子少保东村曹公墓志铭》）。《明史》卷二〇五《曹邦辅传》称："邦辅廉峻。自吴中被逮时，有司上所储俸钱，挥之去。历官四十年，家无余资。抚、按奏其状，诏遣右评事刘叔龙为营坟墓。"一位仕宦四十余年且曾身处高位的重臣，逝后建造坟墓尚需官方出资为其完成，足见曹邦辅之清廉与正直。曹邦辅去世后，家乡定陶感念其德操勋绩，祀之丁学宫；他曾经战斗过的松江，亦不忘其昔日平倭功业，祀之于九峰书院。

◈ **史料来源**

• 顺治《定陶县志》卷五《人物志·曹邦辅》，清顺治十二年（1655年）刻本。

• ［明］于慎行《谷城山馆文集》卷一七《明故资政大夫南京户部尚书赠太子少保东村曹公墓志铭》，明万历三十五年（1607年）刻本。

• 《明史》卷二〇五《曹邦辅传》，中华书局1974年点校本。

（撰稿：邢娜娜、马晓东）

于慎行：

厉忠赤之志，守清白之规

元老名从物外逃，那知大陆有波涛。

久看威凤翔千仞，敢托胎禽唳九皋。

小隐固难依地肺，微生犹未解天发。

负薪道左头将白，廉吏谁能念叔敖。

——明·吴稼澄《玄盖副草》卷一七

《投赠大宗伯于可远先生四首（其四）》

于慎行画像（于瑞东　供图）

　　明代诗人吴稼澄曾写诗给于慎行，"负薪道左头将白，廉吏谁能念叔敖"一句，就是称赞于慎行清正廉洁，堪比春秋时期楚国的令尹孙叔敖，可见于慎行生前已有"廉吏"之誉。

　　于慎行（1545—1607），字无垢，又字可远，东阿（今山东省平阴县东阿镇）人，明代政治家、文学家和史学家，官至礼部尚书，入值内阁，著有《谷山笔麈》《谷城山馆诗集》《谷城山馆文集》等，编纂《兖州府志》等。于慎行初入仕途，就在祖坟前立誓："唯有守清白之规，以追遗训；厉忠赤之志，以报国恩。必不敢为温饱之谋，慕纷华之染。"（于慎行《谷城山馆文集》卷三二《辛未展墓告文》）

　　于慎行少年得志。嘉靖四十一年（1562年），17岁的于慎行举山东省试第六。隆庆二年（1568年），于慎行获赐进士出身并入翰林院，受学于名士宿儒殷士儋和赵贞吉等人。自隆庆四年（1570年）起，他参与了《世宗实录》《穆宗实录》《大明会典》等典籍的编纂。万历四年（1576年）六月，他以史官身份担任年幼的万历皇帝的日讲官，陪侍皇帝学习。一般担任皇帝经筵和日讲的都是资深的翰林官员，而于慎行刚入翰林院不久即获此任命，表明朝廷对其才能与品行的认可。由于于慎行日讲时表现出色，万历皇帝和内阁首辅张居正对他赞叹有加。于慎行随后参与到更多的政治活动中，但他始终厉忠赤之志，坚持正见，仗义执言。

一、厉忠赤之志

于慎行首先面对的是与张居正有关的一系列事件。张居正是当时的内阁首辅和唯一的顾命大臣，其权力盛于此前的首辅。张居正正是利用这一条件推动改革，但负有监察责任的御史等也弹劾张居正擅用权力。在弹劾张居正的御史中，有一人名叫刘台，时任巡按辽东监察御史。刘台于万历四年（1576年）正月写了一封洋洋五千字的奏疏，弹劾张居正擅作威福、以考成法改变原有内阁制度等。张居正既委屈又生气，立刻找到皇帝诉苦，并要求辞职。万历皇帝和太后李氏本就认可张居正的辛勤工作，也依赖张居正处理朝政，故对刘台的上疏十分生气，便派锦衣卫将刘台抓了起来，后将其贬为庶民。事实上，从制度层面来说，御史有权批评首辅，但刘台的同僚和亲友都因害怕触怒皇帝和张居正，与刘台断绝了往来。于慎行却不惧人言，独自去狱中探望刘台。

于慎行对待张居正及其改革的唯一标准，是看它是否有利于国家和人民，而非趋炎附势，趋红踩黑。张居正顺应时代潮流，改革明代赋役制度，推行一条鞭法。万历三年（1575年）前后，一条鞭法推广至山东地区。时任东阿知县白栋精核数据，合并赋役，按土地计征钱粮，使胥吏无法上下其手，贫苦民众负担大为减轻，流民纷纷回乡。但这引起了当地豪绅的不满，他们诬陷白栋此举导致东阿人心惶惶，百姓都想弃地而逃。万历五年（1577年）正月，时任户科都给事中的光懋听到东阿豪绅对白栋的诬陷后，未及调查就上疏弹劾白栋。于慎行找到张居正，为白栋申冤，指出东阿百姓受益于一条鞭法良多。张居正听从了于慎行的建议，并派人赴东阿调查，发现于慎行所言非虚，特意请旨驳回了光懋的弹劾。于慎行的直言一定程度上也坚定了张居正推动改革的决心，使山东百姓的赋役更加公平。

万历五年（1577年）九月，张居正父亲病逝，张居正不想去职守丧，他担心自己的改革被人借机推翻。万历皇帝也支持他，命张居正在官守制。明代丁忧制度规定，父母过世，官员应去职守丧三年；故意隐匿丧事不报者，按律削籍为民；对于一些担任重要职务的官员需要守丧的情况，皇帝可以特旨命其留任，称为"夺情"。明嘉靖以后，以孝治天下的观念不断强化，夺情鲜有发生，遵守守丧三年之制有强大的社会与政治力量的支持。因此，张居正夺情之事引发了轩然大波，包括于慎行在内的与张居正关系密切者也希望他依规守制。

吴中行和赵用贤等官员率先上疏反对张居正夺情之事。这些上疏惹恼了万历皇帝和张居正。万历皇帝下旨对吴中行和赵用贤予以杖责，后又将两人削籍为民，永不叙用。于慎行当时也在修改上疏，请张居正守制，但吴、赵二人事起，他又赶忙随同王锡爵等同僚找张居正为吴、赵求情。遭到张居正严厉驳斥后，于慎行不为所动，同张位等六人欲上疏力争。对吴、赵二人廷杖、削籍的处罚下来后，其他官员都很害怕，不敢继续上疏，只有于慎行和张位毫无惧色。

于慎行和张位入宫上疏，即使在端门见到了被杖责得奄奄一息的吴、赵二人，也没有被吓退，而是快步行至会极门投疏。宫内，司礼监秉笔太监冯保联络了内阁次辅吕调阳，搁置了于慎行和张位的上疏，保全了他们。于慎行眼见上疏受阻，不为所动，直接去拜见张居正。张居正原以为这些翰林无非就是内阁的属员而已，易于对付，不料想上疏者多是这些翰林，而自己一向看重的于慎行竟然在其中扮演了重要角色。张居正看完于慎行呈上的上疏副本后，注视于慎行良久，缓缓地说："可远，我一向对你寄予厚望。你今天怎么也学别人来刁难我呢？"于慎行从容地说："相公对我关爱有加，寄予厚望。我今天之所以来劝谏相公，正是为了报恩啊！"张居正很不高兴，但念在于慎行年轻，未予贬官，只是搁置了于慎行因讲官获得的晋升。万历七年（1579年），生病的于慎行获准返乡休养。

万历十年（1582年）六月，张居正去世。于慎行不计前嫌，特意作了《祭太师张文忠公文》来悼念，怀念张居正对自己的拔擢之恩，尤其是提到"所不忘公，唯寸心在"，言辞悲切诚恳。夺情之事对张居正乃至明朝政局的影响是巨大的。张居正在尽心尽责的同时，也因此蒙上了一层心理阴影，在对万历皇帝的教导及百官的管理上越发严苛。随着万历皇帝一天天长大，张居正的严苛在他心中埋下了仇恨的种子。张居正去世后，万历皇帝立刻着手清算张居正。张居正的名号被剥夺，其家属、亲信纷纷受到牵连，而当年顶撞张居正者陆续官复原职。

于慎行在夺情事中被认为与张居正决裂，收到了继续出任日讲官的任命。万历十二年（1584年）四月，朝廷派出刑部和锦衣卫共同抄没张居正的家产。当时举朝上下莫不推波助澜，唯有于慎行特意给刑部右侍郎邱橓写了一封信，指出张居正有功于国家，希望邱橓为其辨明功过是非，不要捕风捉影，大肆追捕，更不要为难张居正的老母和幼子，以保全君臣相遇之情。这封书信因言辞真诚恳切而被传诵一时。

万历十七年（1589年）八月，于慎行正式出任礼部尚书，随即参与到对晚明政局影响更为深远的国本之争中。国本事就是万历皇帝册立太子之事。当时皇后王氏与昭妃刘氏没有产下皇子，万历皇帝私幸的宫女王氏有孕。万历皇帝在李太后的劝说下被迫将王氏立为恭妃。恭妃产下了皇长子朱常洛，可万历皇帝更喜欢宠妃郑贵妃后来所生皇子朱常洵。朱常洛本应被立为太子，万历皇帝却一直不提。朱常洵诞生时，郑贵妃晋封为皇贵妃，恭妃却一直未被晋封。群臣眼见万历皇帝有意立朱常洵为太子，遂纷纷上疏请求册立朱常洛。至万历十八年（1590年）正月，朱常洛到了出阁读书的年纪，群臣再次将目光集中在册立太子一事上。万历皇帝早已有旨，再有妄言册立事者治以重罪，但于慎行毫无惧色，连上十余疏。万历皇帝对这些上奏十分反感，屡次降旨责怪于慎行，但于慎行毫不动摇。万历皇帝对于慎行更为恼火，将他和礼部各僚属均处以夺俸之责。

二、守清白之规

于慎行为官清廉正直。他曾说："士人持身之节，有关于道义者，视一介如泰山。"（于慎行《谷山笔麈》卷一六《琐言》）他强调坚守道义对士人立身极其重要，与道义相关的事情即使极为微小，也要将之视为泰山般重大。与他往来密切的山东籍友人，如峄县（治今山东省枣庄市峄城区）贾三近、临邑邢侗、临朐冯琦、曹州（治今山东省菏泽市牡丹区）于若瀛等，当时也都以清廉知名。

于慎行处事不以谋取荣华富贵和功名利禄为目标，帮人辨明是非后也从不接受答谢。万历十年（1582年），一名叫刘讷的国子监监生被人诬陷下狱。于慎行听说后，主动帮刘讷辨明了冤屈。刘讷被释放后，知道于慎行帮助了自己，立刻带了一笔黄金到于慎行家致谢。于慎行却只是淡淡地说："我没有做过这件事。"次年，一位吕姓同年因事被捕，于慎行数次在当地长官面前证其清白。这位同年被释放后，以金珠相赠。于慎行说："你本无罪过，所以我才为你申冤。如果我接受你的金珠的话，反而表明你有罪了。"

于慎行对自己也严格要求，依照规定办事。有一日，于慎行早朝迟到，按律应当夺俸。负责点名的宦官想结交于慎行，遂隐瞒了迟到之事，并派人告知他。于慎行拒绝了宦官想以此结交的请求，说："早朝迟到事虽小，但我作为大臣，怎能欺瞒他人？请不要隐瞒我迟到之事，如果有所掩饰，我一定会上书自首，反而对您不利。"

于慎行多次拒绝贿赂。万历八年（1580年）七月，于慎行居家调养。东阿一大户当值徭役，多次执厚礼找于慎行，希望他帮忙协调免除徭役，被于慎行断然拒绝。

宗藩派人求于慎行办事也屡遭碰壁。明代宗藩体制下，有亲王、郡王、将军等不同等级。依照规定，以将军身份入继亲王者，其嫡长子外诸子不应被封为郡王。万历十九年（1591年）正月，沈王朱珵尧想请朝廷封弟弟朱珵坦和朱珵埏为郡王，于是通过于慎行的好友冯琦找到了时任礼部尚书的于慎行，贿以黄金数千两。于慎行正气凛然地回答道："如果这件事可行，却接受礼物，是对沈王的污蔑；接受贿赂后强行办成一件不可行的事，是对律法的污蔑。我不敢污蔑律法！"于慎行此次拒绝沈王，不仅得罪了宗室，还阻断了在违规封赐中牟利的宦官的一条财路。

当时于慎行本就因国本一事让万历皇帝十分气恼，这次他得罪的宗室与宦官也屡次在万历皇帝面前污蔑他。后于慎行数次奏请册立太子，久无音讯，便上疏请求辞官，遭万历皇帝斥责，还被处以夺俸三月的惩罚。于慎行眼见朝中无立足之地，坚定地辞官回乡了。

于慎行始终坚持"凡人正直者立心必厚，诚厚者自处必廉，士君子之大端也"（于慎行《读史漫录》卷一一《宋艺祖至英宗》），平日里一直过着清贫的生活。在担任日讲官前，于慎行的家境一直十分贫困。后来生活水平虽有所提高，但他始终坚持朴素的生活。他的宅院很简陋，出行时也毫无排场。相反，于慎行一直将自己的俸禄无私地资助亲属、师友。万历三十一年（1603年），于慎行的友人梁起家蒙冤被判处死刑，女儿也被发卖。于慎行赎回了梁起家的女儿，又替他申了冤。

三、传廉洁家风

于慎行清正廉洁的品行与其家风关系密切。于慎行的父亲于玭办事认真，以廉吏著称，自称"恬淡为儒，清白作吏，夙夜勤勤，先德是继"（于玭《册川先生集》卷六《壬子告墓文》）。他做官十余年，但家无余财，有时甚至会出现衣食不给的情况。

于慎行便服像（于瑞东 供图）

于慎行的夫人秦氏是其贤内助。那些想拉拢于慎行的人，多次试图通过于慎行的家人接近他，都被秦氏阻拦，于慎行的压力大大减轻了。万历十三年（1585年），于慎行赴应天府（今江苏省南京市）主持乡试。应天府当地大姓派人联系了于慎行家中的一名仆人，想请秦氏出面说情，让于慎行在考试中网开一面。秦氏听说后大骂这名仆人："抡才典礼是何等重要之事，咱家主人翁是何等清廉之人，你竟敢以此侮辱他！"秦氏让仆人绑上那名请托者报官，那人听说后连夜逃走了。沈王请于慎行封弟弟郡王时，特意携带重金找到了秦氏的父亲秦柏，希望他在于慎行面前美言几句。秦柏先和秦氏说了这件事，秦氏严肃地说："您还不了解您的女婿吗？他以清苦闻名，纵然给他一车黄金，他也断然不会改变清廉之节。您不要败坏了自家门楣！"秦柏听后感到十分羞愧。

于慎行和秦氏秉持清廉家风，尽心竭力教育子女。于慎行的儿子于纬为官清廉，办事严谨认真，其府衙狭小，内中仅有数卷图书。侄子于绥坚决不借于慎行的名望收揽财富，说："与其给子孙广积财富，不如以一名清白官吏后人自许。"于绥也时常教育自己的孩子不要辜负家族清白的名声，其后代也因清白廉洁得到了任职所在地百姓的称赞。明末清初，于氏一家多有为国尽忠者。入清后，于慎行的孙子于元煜任职于陕西，广行惠政；曾侄孙于继善捐献自己的俸禄赈济百姓，多次为减免百姓税赋而得罪上级官员。山东地区流传的儿童启蒙读物《四言杂字》中说："家业易败，功名常传。你若不信，东阿去看。于氏阁老，至今体面。"可见于氏一族清廉之风在民众中有口皆碑。

万历三十五年（1607年）十一月，于慎行去世，享年63岁。就在当年五月，万历皇帝钦点于慎行入内阁，起用这位已居家17年的旧臣。于慎行当时身体已然有恙，但仍对未来入阁有所规划。他对门人邢侗提及，自己将会以赤诚、净谏等回报朝廷。可惜天不假年。于慎行在遗书中恳请万历皇帝亲近大臣，补录言官、遗逸。临终时，他仰天长叹："我终究没能报效国家！"

于慎行因其清正廉洁、刚正不阿的高洁品行受到后世的称颂、怀念。

民国《续修东阿县志》卷一三称其为"有明一代之完人"。直到当代，于阁老的传说仍广泛流传于今山东省平阴县及周边县市和乡镇，深入人心。2008年，"阁老于慎行的传说故事"被列入济南市第二批市级非物质文化遗产代表性项目名录。

山东省平阴县洪范池镇于慎行墓园（于瑞东　供图）

◈　**史料来源**

• 康熙《兖州府志》卷二八《人物志六·于慎行》，清康熙二十五年（1686年）刻本。

• 道光《东阿县志》卷一三《人物志上·乡贤·于慎行》，清道光九年（1829年）刻本。

• 《明史》卷二一七《于慎行传》，中华书局1974年点校本。

（撰稿：袁琳、王逸临）

邢侗：

飘摇宦海守其心

当户流黄织未成，点兵惊见卷中名。

仓皇买马家东市，结束从军雪外城。

朔塞十年金柝怨，明驼千里木兰情。

幽闺不受尚书赏，赢得填门火伴惊。

——明·邢侗《来禽馆集》卷一《木兰歌》

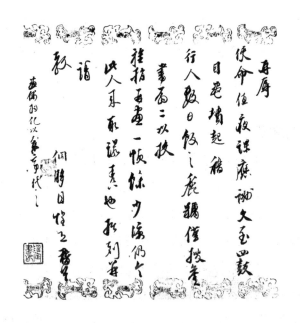

邢侗手札（孙玉娜　供图）

山东临邑"来禽夫子"邢侗，以善书闻名南北，与董其昌、米万钟、张瑞图并称为"晚明四大家"。万历皇帝尤其喜爱邢侗的书法作品，令内官以邢侗字扇进览，"为击节称赏"，命女史学其书。他的作品流传至朝鲜、琉球等处，广受追捧，"购之黄金同价"（冯时可《明中顺大夫陕西行太仆寺少卿知吾邢公墓道碑铭》，宫晓卫等辑校《邢侗集》附录，齐鲁书社2017年版，第812页）。相较其艺术生涯，邢侗短短十二年的仕宦经历却显得格外艰难曲折。万历十四年（1586年），当年仅三十多岁的邢侗带着满腔失望辞官归乡时，他或许会像篇首所引这首《木兰歌》所写，由衷地羡慕花木兰替父从军，建立不世勋业，最后功成身退，赢得青史留名。

邢侗（1551—1612），字子愿，号知吾，晚号来禽济源山主，山东临邑人。隆庆四年（1570年）举人，万历二年（1574年）进士，先后出任南宫（今河北省南宫市）知县、山西道监察御史、苏松巡按、湖广右参议、陕西行太仆寺少卿等官。万历十四年，邢侗辞官归乡，居家会朋聚友，潜心诗文书画。为官期间，邢侗立身清正，详刑慎罚，不阿权贵，体恤民生；

居家期间，邢侗敦尚孝友，仗义疏财，和睦乡里，可谓"居乡居官，并有令誉"（沈德符《万历野获编》卷八《内阁·居官居乡不同》）。著有《来禽馆集》传世。

一、初露锋芒

嘉靖三十年（1551年），邢侗出生在山东临邑一个书香之家。曾祖父邢政举乡贡，为岢岚（今山西省岢岚县）知州；祖父邢诗以明经为博野（今河北省博野县）教谕；伯父邢如默为嘉靖八年（1529年）进士，任官吏科都给事中。邢侗幼承庭训，十四岁入临邑县学读书。年十七，受到时任山东提学使邹善的赏识而召入门下读书，于隆庆四年（1570年）考中举人，万历二年（1574年）考中进士。殿试时，邢侗兼用沈度、王宠、赵孟頫等人的书风，挥笔写下千余字答卷，给当时的主考官于慎行留下了深刻印象，于慎行感叹"徐淮以北故无此"（邢侗《来禽馆集》卷二一《杂俎·漫题》）。邢侗遂以书法擅场，得中三鼎甲。

邢侗读书处——来禽馆（孙玉娜 供图）

当时正值万历初年，权宦冯保任司礼监掌印，总理内外朝政，权势熏天。邢侗中进士之后，按照惯例要骑马在京城游街，时称"夸官"，恰好与冯保的仪仗相遇。冯保自恃尊宠，盛气凌人。但邢侗也毫无惧色，厉声喝道："我是山东邢侗，难道是怕人的吗？"面对这种局面，即使蛮横如冯保的队伍，也只得暂避锋芒，让路而去。此事传开后，"举朝以为快"（冯时可《明中顺大夫陕西行太仆寺少卿知吾邢公墓道碑铭》，宫晓卫等辑校《邢侗集》附录，齐鲁书社2017年版，第807页），邢侗的耿直名声渐为人知。

二、以和惠民

万历三年（1575年），邢侗出任南宫知县。临行前，他认真向父亲请教怎样才能为善政，父亲教导他："吾家故温，不需若养。被除其心，以和惠民。"（李维桢《大泌山房集》卷七九《陕西行太仆寺少卿邢公墓志铭》）意思是说，我们家已经生活温饱，不需要靠你做官养我。把你的心思精力放在南宫县民众身上，努力为百姓谋福利。父亲还特意嘱咐邢侗"在官廉，岁以农入佐之"，即为官一定要廉洁，入不敷出时也切忌贪财，家里可给予一定帮助。

此后居官，邢侗时刻奉行"以和惠民"的原则，爱惜体恤民力，秋毫无犯。到任南宫县后，邢侗从不乱征杂费，一切所需的廪食衣物都取于家。他还带领百姓开垦土地，治理农事；调查统计丁口的多寡，均平赋税，以此减轻平民百姓的负担。南宫县承担着太仆寺养马的差役，相关官员借机侵牟百姓，邢侗上疏直言，无所隐讳。

邢侗很擅长清理讼狱，以明察果决、不阿权贵而受到百姓的信服爱戴。小民百姓因纠纷讼至公堂，邢侗往往察之以情，三言两语便能令双方心服口服。邻近州县遇到久久无法决断的诉讼案件时，上官素知邢侗有断案之能，也破例允许百姓到南宫县找邢知县决断。有罪犯按律当死，企图贿赂邢侗以求减轻罪责，被邢侗严厉拒绝。又有不法豪强因欺压百姓而被逮捕，委托权贵向邢侗求情并施压，迫使邢侗放人，亦被拒绝。

在任期间，邢侗尤其注重发展南宫县的教育事业。他每月课试县学诸生，监督其勤苦向学。遇到贫寒苦学的学生，则赠予餐钱，多加关照。又领衔编纂《南宫县志》，修缮学宫，创建文星阁，增辟玉带街，引导民风向学。此后南宫县人文蔚起，韩策、郭士吉等后来高中进士者，很多都曾受过邢侗的扶助。清人王士禛夸赞说："吾乡太仆邢公子愿（侗），以书法文章名神宗朝，然其行谊甚高。"（王士禛《池北偶谈》卷七）这里的"行谊甚高"，就是指邢侗担任南宫知县期间，为人仗义，为政清廉，极大改善了当地百姓生活。

万历八年（1580年），邢侗升任山西道监察御史，巡视河东盐政。巡盐御史一职，专管巡视盐务，其职责包括收缴盐税、监督盐商专卖等，向来是官商有求的"肥缺"。但邢侗在任期间，始终持守清廉，不为利诱。有济南盐商曾携重金拜访邢侗，欲利用乡谊关系向他行贿，被邢侗正色拒绝。

河东盐政向来烦琐难治，私盐制造和贩运行为屡禁不止，是明代官府严厉打击的对象。比如山西运城解池官盐，多被陕西富平等三县民众私自煎贩，以致官盐行销阻滞。邢侗经过分析研判，将此地税银平摊入附近州县，并明立界限，安排保甲轮流巡守解池。为打击私盐，河东州县往往给吏员制定严格的考成指标，一旦不达标，游徼小吏便妄捉无辜百姓充抵盐贩，使得"赭衣弥道，十无一生"（李维桢《大泌山房集》卷七九《陕西行太仆寺少卿邢公墓志铭》）。"赭衣"是被染了赭色的衣服，代指囚犯、罪犯，"赭衣弥道"四字足见被无辜抓获充当盐贩者人数之多。邢侗得知这一陋习后，迅速下令废止，极大缓解了民困，吏员负担也相应减轻很多。万历元年至九年（1573—1581），因水旱频发，河东盐政运作不良，税银没有着落，拖欠宣府、大同、山西等处例银八万五千余两。邢侗上疏，请求比照受灾州之例，蠲免河东运司所欠银粮，得到允准，由此避免了百姓加派之累。

在邢侗离任河东巡盐御史后二十余年，他的挚友李维桢前往山西赴任布政使。李维桢曾亲耳听到山西百姓仍然对邢侗的仁政颂扬不止。李维桢将他所了解、所听闻的邢侗廉政事迹，均记入了后来为邢侗所写的墓志铭中。

万历十一年（1583年），邢侗出任苏松巡按，有考核吏治、审核要案之权。松江府盗贼张邦陵据海为巢，为患当地二十年，历任地方官均对其束手无策。邢侗到任后，设计擒获了张邦陵，将其斩首于市，余党悉数遣散，终还一方安定。又值岁荒，民大饥，邢侗毅然开仓办赈，百姓赖以保全，无流徙者。邢侗又与巡抚郭思极上疏，请求蠲免苏州、松江、常州三府漕粮。邢侗离任时，当地民众夹江泣留，送行者长达百里不绝。

三、宦海风波

正当邢侗在河东、苏松等任上大展拳脚时，诡谲莫辨的中枢朝局迎来了一次大变动，邢侗原本看似平顺的仕途由此变得风雨飘摇。

早在担任山西道监察御史时，邢侗曾受同科进士、陕西道监察御史顾尔行的引荐，与时任都御史王篆相交熟识。王篆之子王之衡、王之鼎此时正忙于钻营举业，通过与人结社、吟诗唱和、出版文集等方式博取声望。王篆自然想到了素有文名的邢侗，请他为个人文集作序。邢侗欣然应允，却无意间被列名文社之中。

万历十年（1582年）六月，首辅张居正辞世。仅仅不到一年，与张居正有关的人事陆续遭到大举清算。作为张居正的门生，王篆自然无法幸免，在言官的弹劾之下同时获罪。邢侗与王篆关系密切，亦因"结社"之事受到牵连，一时之间前途风云莫测。或许是有座师申时行、于慎行的保护，加上姻亲杨巍当时身列高位，邢侗最终免于被罢官清算，但仍不免受到连累，于万历十二年（1584年）外迁湖广布政司参议。

任官湖广藩司期间，邢侗主要负责督理湖广至安徽之间的漕运，兢兢业业，廉洁奉公。有明一代，江南卫所军丁多困乏于漕运。邢侗深知运丁艰苦，便下令禁止苛待军卒。他坚守"以和惠民"的本心，行事持正清廉。有一次，某军丁织好了一张凉席，希望送给邢侗，略表爱戴之心。这种并不贵重的物品，亦被邢侗严词谢绝。在此期间，他曾两度归乡省视父母，但从未携带一件湖北当地的特产物品回去。

万历十四年（1586年）二月，邢侗仍以前事被迁任陕西行太仆寺少卿。在言官的交章弹劾下，邢侗心灰意冷，又念及父母年事已高，不欲远离，遂上疏乞求归养乡里。十一月，邢侗致仕，回到故乡。

四、居家生涯

居家期间，邢侗专心侍养双亲，造福乡里。父亲生病，邢侗"药必亲尝……大小遗则手受之"；外出期间，得知母亲得病，星夜驰马回家，"昏夜呼邑门而入"（李维桢《大泌山房集》卷七九《陕西行太仆寺少卿邢公墓志铭》），为母亲遍征名医医治。赶上故乡饥荒，邢侗十分关心百姓的生计问题，上疏蠲租，倾囊赈济，又请托巡抚黄克缵调谷赈贷。临邑的长吏害怕耽误课征，督催如故，邢侗不惜得罪其人，极力劝止。临邑还被摊派了他邑养马的差役，邢侗向上官申明，罢其课征，深受百姓感念。

邢侗性喜客，急公好义，待人热诚。居家有朋友来访，便盛情款待，不惜变卖家财以招待客人。贩夫走卒有求售其货物者，皆不问其值；接济乞丐，来者不拒。凡人有一言一行为善者，则称颂不止。有乡里窃其金者，知而不言，反问其拮据之处，盗其粟者亦不问罪。乡人称赞曰："吾乡子愿，礼义之宗也。"（黄克缵《数马集》卷二七《邢子愿先生传》）

◈ **史料来源**

- 顺治《临邑县志》卷一二《人物传·邢侗》，清顺治九年（1652年）刻本。
- ［明］沈德符《万历野获编》，中华书局1959年版。

（撰稿：张富华、马晓东）

清

　　清朝时，山东政区的名称正式定为山东省，省以下分道、府或直隶州、县三级。

　　任职山东的各级官员中，不乏知名的清官廉吏，如任巡抚者有方大猷、周有德、张鹏、陈世倌、方观承、鄂容安、阿尔泰、毕沅、阎敬铭、丁宝桢、陈士杰、张曜、李秉衡等，任布、按二使者有唐绥祖、宋荦、孙星衍、刘斯嵋等，任学政者有施闰章、黄叔琳、翁方纲、何凌汉等，任道员者有谈天佑、张伯行、王念孙、周亮工、朱廷桢、广寿、赵希深、何裕诚、敷伦泰、汪玉林等，任府州县官较为知名者有王朝佐、费祎祉、刘大绅、郑燮、武亿、龚大良、徐宗干等。

　　在外任职的山东籍士人中，也涌现出了不少著名的清官廉吏，房可壮、李森先、郭琇、李慎修、李元直等均因在御史任上刚正不阿、直言敢谏而闻名，获得了"真御史""冷面御史"等美名；傅以渐、王士禛、刘统勋、刘墉、杜受田等以在朝廷致君泽民、勤奋敬业著称；田雯、孙玉庭、刘韵珂、马新贻、孙葆田等在地方督抚任上，牛运震、卢见曾、韩梦周、李毓昌、王鼎铭等在州县官任上，均因爱民为民而受到民众拥戴。特别是诸城人刘墉因清廉公正、刚直不阿的品行深受民众爱戴，被百姓视为与包拯、海瑞齐名的"青天"。

房可壮：

海翁直节动枫宸

圣至达聪志若神，海翁直节动枫宸。

乾坤几洒孤臣泪，雨露重开列柏春。

——明·钟羽正

《崇雅堂集》卷五《赠房海客（节选）》

房可壮画像（房德石　供图）

　　房可壮（1578—1653），字阳初，号海客，山东益都（今山东省青州市）人。万历三十五年（1607年）进士，授中书舍人，选御史，巡盐两淮，离任之时囊橐萧然。当时宦官魏忠贤掌权，他上疏攻击阉党，被逮捕入狱，数次险被折磨致死。后执掌河南道，晋光禄卿，再升都察院副都御史。清顺治初年，他被起用为大理卿，升任刑部右侍郎，晋都察院左都御史。他素以"纠弹奸邪，不遗余力"（康熙《益都县志》卷八《事功·房可壮》）著称。钟羽正是房可壮的同乡师长，万历八年（1580年）进士，官至工部尚书。他在《赠房海客》诗中褒扬房可壮为人正直，刚正不阿；为官敢言直谏，不畏权贵，名声气节轰动朝野。

一、疾恶如仇，不畏权势

　　房可壮为官始终坚持疾恶如仇、不畏权势，以直言敢谏名震朝野。

　　明熹宗天启初年，由正直派官吏结成的东林党人与以宦官魏忠贤为首的阉党势同水火。当时魏忠贤掌控朝政，嚣张跋扈，祸国殃民，残害忠良。大量官员投靠魏忠贤，充当其党羽，有"五虎""五彪""十狗""十孩儿""四十孙"之称，形成势力极大的"阉党"。为打击东林党人，魏忠贤命人暗中搜集、罗织黑名单"东林党人榜"，房可壮名列其中。魏忠贤的爪牙还仿照《水浒传》一百零八将之例，列东林党一百零八人，分别冠以绰号，名曰《点将录》。房可壮名列第八，被视为"右先锋"，称"地走星飞天大圣浙江道御史房可壮"，是阉党重点打击的对象。

东林党人针锋相对，奋起上疏，弹劾魏忠贤及阉党之罪状。先是东林大将左都御史杨涟奋不顾身，上疏列举了魏忠贤24条罪状，核心是魏忠贤侵夺天子之权，祸乱朝政。疏文慷慨激切，掷地有声，请求将魏忠贤立即正法。这是东林党对魏忠贤发动总攻的号令。不料，杨涟被皇帝下旨予以严厉批评。随后，东林党中的多名官员继续上疏弹劾魏忠贤，房可壮连上《参魏忠贤疏》等三疏，揭露魏忠贤及其同伙的罪状。他说魏忠贤乃"目不识丁，心原无学，质蠢性狠，气雄胆粗者，以久踞君侧，浊乱朝政，处处罗布爪牙，以张威焰，日日密结心腹，以倾害善良"（金日昇辑《颂天胪笔》卷一三下《浙江道御史房可壮奏为圣主不容有权珰，圣主不宜拒忠谏，仰恳皇上大奋乾纲，立赐处分，以遏乱源，以清士风，以维亿万年泰运疏》），直言请求诛杀太监魏忠贤。天启五年（1625年）始，魏忠贤及其爪牙向东林党人大开杀戒，先后有"六君子"和"七君子"被其残害致死。此间，房可壮也被诬陷受贿而下狱，有几次几乎被折磨致死。

面对魏忠贤之暴虐、残害，房可壮凛而不屈，直面迎击，友人赵秉忠盛赞他"铸铁作肝，其直如矢"［赵秉忠《峄山集》卷六《赠友人六首（其一）》］。

房可壮对皇帝也是直言抗疏，毫不畏惧。顺治九年（1652年），房可壮晋升为左都御史加太子太保，成为国家最高监察长官。当时，顺治帝亲政不久，迷恋射猎，崇信佛教，怠疏朝政，贵族大量圈占土地，朝廷用兵不断，百姓困苦不堪，流离失所。针对这些弊端，房可壮上《请隆治安永图疏》。此疏以"天人感应"之说劝诫顺治帝敬天爱民，敬崇圣道，亲近儒臣，屏息旁流，停省游猎，减不急之费。疏中所论都是关乎社会稳定、长治久安的问题，可见其忧国忧民、以民为本之心。

二、拒绝馈遗，惩治贪墨

房可壮在为政时坚持拒绝馈遗，惩治贪墨，使百官肃然，民众敬服。

盐税是当时国家财政收入的主要来源，淮扬一带是重要的产盐地，国家设有两淮盐运司，辖30处盐场，绵亘800余里，每年课银几百万两。明天启初年，房可壮任钦差南直隶巡按御史，巡查两淮盐政，兼理地方事务。巡按两淮盐政，一向被视为美差，盐商向巡盐官员行贿极为寻常。

房可壮到任之后，不仅拒收了数十万贿金，而且还对盐业管理进行了细致规划，请求补全盐务官员，并完善了盐业经营管理体制。他向皇帝上疏说："就盐而言其大本，公则利，私则弊，明明易见；就商而言其大用，利则通，弊则塞，亦明明易知……利国而不病商，益上而不损下，实唯一端本澄源、至公无私之疏理道。"（房可壮《房海客侍御疏》卷上《题为盐策需人甚急，重地防患宜周，恳乞圣明慨允末议，就近擢补久缺之道臣，及时整顿久虚之灶勇，以图早弭祸乱，早安商民事》）房可壮"利国而不病商，益上而不损下"的策略，实际上是对当时实行不久的商专卖制的大力支持。万历四十五年（1617年），国家改变了原来的引盐制，改行"纲法"，即商专卖制，允许部分盐商世世代代垄断盐利，其他商人不得参与。这一措施在当时被视为利国利商之举。房可壮的支持有利于纲法的实施。

清顺治九年（1652年），皇帝敕谕都察院区分各衙门和地方官之善恶是非。十一月，房可壮上疏弹劾福建巡抚张学圣。疏文中说：张学圣在闽数年，不能张国威而布皇恩，在探知郑成功率军远出之时，垂涎郑氏家族因海外贸易积累下的巨额财富，率军偷袭厦门，将其财物席卷一空，致使郑成功以索取财物为名，起兵反抗。面对郑军的强大攻势，张学圣却不整军防御，而是借出巡之名远远逃避，或称病谢事，置政务于不顾，听任地方政事糜烂，造成了严重后果。福建按察使王应元明知实情，却无一言上奏，亦有罪过。顺治帝接到房可壮的上疏后，令吏、兵二部察议，张学圣被撤职法办。

三、举荐贤才，任人唯能

房可壮一心为公，任人唯能，举荐贤才，提拔新人，不遗余力。

明天启元年（1621年），辽阳失陷，边关告急，急需有人到前方坐镇指挥军事防务。当时魏忠贤当道，祸乱朝政。房可壮上疏推荐李三才出任边防统帅以救危亡。李三才是万历年间的进士，累官至南京户部尚书，敢于抨击时政，有勇有谋，一向反对太监干政，被魏忠贤等视为"奸雄"，遭排挤归田。在国事万分紧急之时，需要能胜大任之人，李三才堪当其选。在举朝无措之际，朝廷批准了房可壮之疏，立即起用李三才。辽东监军御史方震孺，因不愿阿谀屈服魏党，被阉党诬以罪名下狱，房可壮奋笔上疏力救。他还推荐了河北白养粹，山东王象乾、邢慎言、冯瑗。其中邢慎言是青州人，兵部尚书邢玠之子；冯瑗是临朐人，王象乾是新城人。

房可壮与李三才从无交往，"无一面之识""无半刺之通"（房可壮《房海客侍御疏》卷中《题为用人系救时之急着，速用尤用人之急着，祈敕将起用旧臣，急拟职衔地方以图急安社稷事》），只是因为听闻李三才颇有才能，故极力推荐之。朝廷对李三才的任命遭到阉党阻拦，房可壮再次上疏推荐。无论是对李三才等人的推荐，还是对方震孺的力救，无不反映了房可壮在任用贤才上的不遗余力。崇祯皇帝即位后，魏忠贤势力被清除，房可壮被起用，任河南道掌道御史。原阁臣中的魏党人物被清除，需要重新补充阁臣，房可壮参与了会同推荐选任事宜，且敢于直言，当时一次就推举了钱谦益等11位候选人。虽然他后来因个别不良官员的问题受到牵连，但其选贤任能值得敬重。

四、民惟邦本，体恤民情

房可壮坚持以民为本，注意体恤民情，为民请命。

明万历四十三年（1615年），青州地区大饥。天启初年，灾荒复加，旱、雹、蝗连祸人间，民众"一困于旱，则地之荒不耕、耕不种者十之二三；再困于雹，则苗之种不出、出不长者十之五六；三困于螟螣蟊贼，则苗之心与叶、根与节曾不足以供其一饱，而原隰黄稗亦且荡焉一扫而无余"（房可壮《房海客侍御疏》卷中《题为东省民穷已甚，天灾叠见堪怜，仰恳圣明俯顾民岩，仰弥天变，急下蠲赈之令急救倒悬之苦事》）。此次灾荒漫及山东全省，民众处于水深火热之中。面对此情此景，房可壮心情沉重，以"民惟邦本""民瘼堪忧"之情上《东省灾情乞赈疏》，恳请朝廷对灾区人民做好安排，或蠲或赈，避免发生内乱。他还上《请蠲派灭乱疏》，提出农民深受"加派"之苦，请求早下蠲派之令，为减免民众赋役而呼吁。为更好地安定百姓生活，他还提出了开挖胶莱运河以便以工代赈的建议。

顺治十年（1653年）春，房可壮以年老乞休，十月病逝于家。房可壮宦海沉浮近五十年，经历了两朝五帝，三次出仕，三次被贬，可谓一波三折，历尽沧桑，但始终"以澄清为任，纠弹奸邪，不遗余力，直声大著"（康熙《益都县志》卷八《事功·房可壮》）。他在仕宦生涯中能够做到不畏权势、疾恶如仇、耿直公正、唯才是举，无不与其"民惟邦本"的理念密切相关。

山东省青州市房可壮纪念馆（房德石 摄）

◈ **史料来源**

• 康熙六十年《青州府志》卷一六《人物志·事功·房可壮》，清康熙六十年（1721年）刻本。

• 光绪《益都县图志》卷四四《人物志十六·房可壮》，清光绪三十三年（1907年）刻本。

• 康熙《益都县志》卷八《事功·房可壮》，清康熙十一年（1672年）刻本。

（撰稿：邢娜娜、李继武）

李森先：
公论御史第一

忧时贾傅心诚痛，请剑朱云事独难。

鼎镬自甘编虎齿，斧柯终拟断龟山。

殿争气逼千寻上，袖草风吹万壑寒。

睨柱冲冠君不觉，艰危头与璧俱还。

——清·龚鼎孳

《定山堂诗集》卷一七《送李琳芝侍御还山》

历朝历代都会有这样一批官员，他们始终刚正不阿，清廉勤政，耿直敢言，把维护百姓的利益视为为官的首要事项，从而获得了百姓的肯定和爱戴。清朝官员李森先就是其中的一位代表。

李森先（约1605—1659），字琳枝，又字琳之、琳芝，号滟石，祖籍山东平度，后入籍掖县（今山东省莱州市）。明崇祯九年（1636年）中举，十三年（1640年）中进士，授国子监博士。后朝代鼎革，李森先坚信无论官居何朝，都只是为朝廷分忧，为百姓尽责。他在清初曾任御史，以直言敢谏被誉为"御史第一人"。

李森先致仕时，友人龚鼎孳在送别的诗中引用西汉贾谊和朱云的典故来赞颂他。贾谊曾任西汉长沙王太傅，在汉文帝时多次针对时弊上书言事，留下了《治安策》《过秦论》《论积贮疏》等千古流传的政论文。朱云是汉成帝时闻名于世的直臣，曾上书切谏，指斥朝臣尸位素餐，请斩佞臣，以致惹怒成帝，险些丧命。龚鼎孳将李森先比作贾谊和朱云，是对其直言敢谏的勇气和风骨的高度赞誉。

一、耿直敢言，不避权贵

顺治二年（1645年），李森先考选为江西道监察御史，专管弹劾。他铁笔无情，铁面无私，令贪赃枉法的奸佞之臣闻之胆寒、见之胆战。上任不久，李森先就参与了对明朝阉党余孽冯铨的弹劾，体现出他的雷厉风格。

冯铨为人圆滑，善于投机钻营，在明天启年间谄事魏忠贤，因而极受重用，以礼部侍郎兼东阁大学士入内阁，不久即晋尚书，加少保兼太子太保。崇祯初年，受魏忠贤案牵连被贬职为民。顺治元年（1644年）降清后，他因在官员中率先响应"剃发易服"而再次受到重用，以大学士原衔入内院佐理机务，次年授内翰林弘文院大学士兼礼部尚书。在多尔衮摄政时期，冯铨颇受恩宠。

李森先对冯铨这种人自是极为厌恶，但在冯铨的背后，有一个盘根错节的阉党余孽网络和既得利益集团，弹劾这种朝中大员，势必要冒极大风险。顺治二年（1645年）七月，正值冯铨权势日炽之际，御史吴达等人首开论战，弹劾冯铨受贿、包庇等罪状。八月初一，吴达又一次上书。接着，几名给事中和御史也参与进来，其中就有李森先，他的弹劾言辞最为激烈。

八月初四，李森先写好了弹劾奏章，揭发冯铨以大学士之位和百万财富勾结刑部官员，他"权可以震国，财可以通神"，是包藏祸心的大恶之人。看着奏疏草稿，李森先在房内来回踱步，并非犹豫是否上奏，而是感觉还少了点什么。突然，他停下脚步，提笔添上一行字，称冯铨之流"倾覆明之社稷，复犯清朝法度"！这12个字，把明之覆亡与冯铨的恶迹紧密相连，对于刚刚建立统治的清朝而言，自然十分刺眼，也颇具杀伤力，点出了冯铨不忠不义、不仁不孝的劣官本质。随后，他紧接着写道："明朝二百多年天下，坏于魏忠贤，而魏忠贤当时杀贤臣、通贿赂、谋大逆，均成于冯铨。"（清《宫中杂件·江西道监察御史李森先题参冯铨本》）由此，他请求多尔衮将冯铨父子处死，以正奸人误国大罪。

尽管李森先陈词慷慨，事实确凿，但抵挡不过根深蒂固的冯铨势力。他被冠以查无实据、结党谋害的罪名革职回乡，成为弹劾冯铨这一大案中遭罢官免职的第一人。直到多尔衮病死，顺治帝亲政，冯铨的罪行终于暴露。次年，因弹劾冯铨而被革职的官员全部被起用，李森先官复原职。

二、疏核有正直声

李森先复任御史之后，奉命巡查江苏，贪官污吏颇感恐慌。江苏地处东南沿海，经济发达，多世家大族和地方豪强。这些势力勾结在一起，使当地秩序混乱，乌烟瘴气，流氓劣绅横行霸道，贪官污吏层出不穷。李森先最有名的壮举，就是弹劾清除当地"三害"。

所谓"三害"，是长久以来扰乱当地治安、带坏社会风气的三个人。一个是"戏妖"王紫稼。他本为戏曲艺人，明朝末年即周旋于京都公卿和文人雅士间。入清后，出入官府，勾结猾胥，广收贿赂，包揽词讼。他平日花天酒地，淫污良家妇女无数，为苏州百姓所切齿痛恨。李森先到任后，访察得实，立即将其逮捕，重责数十板，枷死于苏州衙门之外。另一个是"僧妖"三遮和尚。他居于苏州天平山中，以邪教诱惑良民，奸淫妇女。李森先乔装私访，亲到天平山，核实其劣迹后，将其当众毙于杖下。还有一个是大学士金之俊的族人"儒妖"金又文。此人横行乡里，劣迹斑斑。顺治十三年（1656年）秋，他与一帮纨绔子弟集中全吴名妓，在虎丘选美，品定高下，授"状元、榜眼、探花"之称。事后又带这些妓女乘画舫巡游，引得全城民众围观。李森先了解到此人明末时曾犯有杀人罪，而今又胡作非为，有伤风化，便将其拘捕归案，重打八十杖，毙于狱中。

除"三害"之外，李森先还依法处置了当地13名奸猾的官吏。如淮安府推官李子燮为人贪婪至极，经常利用协助知府处理刑狱诉讼之事的身份，以讹诈手段索要贿赂。府中书吏张谏之、郑又虚家境殷实，李子燮以追查旧案为由，将两人抓起来，各责三十板，诈称要处死他们。他们的家人暗中送给李子燮白银2000两，后又添300两，方免死罪。李森先得知后，立刻予以弹劾，使李子燮被免官罢职。他还弹劾免掉了民愤极大的苏州府推官杨昌龄，引得苏州百姓拍手称快，奔走相告，称李森先为"海瑞再世"。针对李森先清除"三害"时的表现，道光《重修平度州志》称其"人称真御史"，《研堂见闻杂记》中评价他"为人宽厚长者，而嫉恶特严"。

清除了"三害"，并不代表彻底改善了当地社会环境，反而还由此触动了"三害"背后错综复杂的利益网络。那些不法分子趁着李森先为其他官员求情而触怒皇帝的时机，罗织了诸多莫须有的罪名，终使李森先被罢官下狱。李森先被押送刑部，起程之时，吴中商民罢市抗议，万民洒泪相送，属下也相顾挥涕，送他上船。松江知府李正华最后赶到，携一酒瓢，满斟好酒，捧给李森先，说："我们做事无愧于天地，无愧于朝廷，无愧于百姓。公今日之行，荣于登仙！各位怎能因此悲伤呢！"李森先一饮而尽，掀髯大笑，赴京服刑，写下了"可怜满袖吴民泪，难作直房供应钱"（民国《续修平度县志》卷一一《艺文志·三月一十六日逮至西部口号》）

的诗句。在京师受讯时，李森先被重打41棍，险些丧命，但他表现出的决绝、豁达，让身边人感佩不已。

三、修髯长身美名传

从外貌看，李森先苍髯如戟，修髯长身，颇符合人们心目中刚正不阿、清廉为公的良吏形象，这也正是他一生为官的真实写照。尽管一再受到诬陷，遭遇不公正待遇，但李森先始终关心国计民生，不改良吏本色。清代名士王士禛形容他"论事切直，三下刑部，不少摧折"（王士禛《池北偶谈》卷六《谈献二》），即此谓。

通过分析朝廷对诸多事情的处理方式，再结合自己的亲身经历，李森先知道皇帝对下情并不能充分了解。因此，当顺治十五年（1658年）皇帝下诏广开言路时，李森先率先上呈《请宽言官之罚疏》。在这篇疏文中，李森先指出，言官动辄受罚，只能使诸臣"相率以言为戒"，因此请求重用直臣，赦免被流放的言官，给受株连者以抚慰，让大臣们"洗心竭虑以陈言"。然而，这些言论竟触怒了顺治帝，李森先被判以"市恩徇情"（《清史稿》卷二四四《李森先传》）的罪名，刑部建议将其革职流放至东北。

好在几个月之后，顺治帝醒悟，念及李森先之贤，收回了之前的处罚。李森先第三次被官复原职，当年冬天，以原职被派往河南汝州查荒。当时，汝州民众常因丈量土地的"弓"没有统一的标准而发生争讼，听闻以清正廉明著称的李森先到任后，便请其统一弓的标准长度。李森先顺应民情，统一了弓的长度，并将标准刻于州治前的石碑上，直到道光年间，汝州百姓仍沿用之。他还确定了新垦荒地应交纳的田赋定数，使民众避免了胥吏烦扰。

铁骨铮铮的李森先，在生活之中不乏情趣。他给自己的居所起名为"椒雨园"。椒雨乃是酒中最辛辣者，可见其洒脱豪迈。李森先被革职赋闲期间，上门送礼夤缘之人络绎不绝，他总是闭门谢客，终日以诗酒为乐。百姓常常看到曾经的御史大人，穿着朴素的衣服，手握酒壶，晃晃悠悠地穿过街市，嘴里吟唱着前人诗词，惹得周围的人笑声不断，李森先却笑称这是"魏晋之风"。有时，椒雨园内又会传出阵阵呜咽，那是李森先在吟诗表达自己的忧国忧民之情。

李森先字琳枝號豔石平度州籍掖縣人巡按劾豪右有海忠介之風優人王紫稼三遷和尚法皆立斃杖下人稱真御史爲本朝第一紫稼麓吳梅村陳其年所歌王郎者詰公曰公之反以殺風景過矣卒中讒被速吳民爲之罷市號泣數萬人王西樵曰侍御倜儻英偉具医济才是張文定一輩人詩不爲賈島苦吟與酣落筆應時露英人本色公豪於飲園名椒雨椒雨酒之後再起官應有患政有人夜聞鬼語云王紫稼倘雖死冥王尚問斬罪旁有鬼問既死又何以轉生爲羊豕受報觀此益知李公所行快人心怒

卷一

清代王培荀《乡园忆旧录》卷一"李森先小传"书影，清道光二十五年刻本

顺治十六年（1659年），李森先逝世于家中。在贪官污吏眼中，李森先是手持铁笔、索人性命的"活阎罗"，但在百姓眼里，他是铁面无私、为民撑腰的好官、清官。他一生三起三落，历经风浪，时人称之"真御史"，认为他有"海瑞之风"。王士禛总结说，顺治、康熙年间，天下公论，御史当以李森先为第一。

⊗ **史料来源**

• 乾隆《莱州府志》卷一〇《人物传上·李森先》，清乾隆五年（1740 年）刻本。

• 道光《重修平度州志》卷二二《列传八·侨寓外徙·李森先》，清道光二十九年（1849 年）刻本。

• 《清史稿》卷二四四《李森先传》，中华书局 1977 年点校本。

（撰稿：袁琳、葛祥宏）

费祎祉：

随在留心，如镜高悬

喜拾遗钗不为财，一宵媱舍杀机开。

不还银袄非无意，留待他时出首来。

殒身枯井孰知冤，天使胡成作戏言。

令尹有才能折狱，一时远近喜平反。

——清·蒲松龄《详注聊斋志异图咏》

卷一六《折狱》插图题诗

　　中国传统社会中，自皋陶断狱至清末沈家本修律，历经大约四千年发展，涌现出许多断案如神的大家。他们以百姓为念，以仁爱治民，是非分明，对与百姓相关的事情处处留心，故能真正解决百姓的难题，为百姓所怀念。蒲松龄年轻时就曾遇到一位这样的知县，后在其名著《聊斋志异》中特意记述了该知县的美名与仁政。篇首所引两首诗，讲的正是该知县断的两桩奇案。这位知县，便是清顺治年间的淄川（今山东省淄博市淄川区）知县费祎祉。

　　费祎祉，生卒年不详，字支峤，浙江鄞县（今浙江省宁波市鄞州区）人。顺治六年（1649年）进士。曾任陕西武功知县，以政简刑清闻名。顺治十五年（1658年）任淄川知县。他任职淄川期间断的两桩奇案，一直被后人传为美谈。

一、巧断西崖庄双命案

　　一日，淄川县西崖庄的一名百姓来到县衙告状。原来，他的哥哥贾某在外出途中被人杀害，仅隔了一天时间，贾某的妻子也上吊自杀了。这究竟是谋财，还是仇杀？

　　费祎祉亲自前往命案现场勘察。他发现，死者贾某腰间包钱的小包袱内，尚有五钱银子，因此判断犯人杀人的动机并非图财。随后，费祎祉叫来贾某所在村及邻村的保长等人询问，没有发现任何端倪。费祎祉就命他们先回去，但要暗中调查，每隔十天向他报告一次。

　　这一拖就是半年，案件毫无进展，保长对此事也逐渐懈怠下来。贾某的弟弟眼看案件迟迟不能告破，无法告慰兄嫂在天之灵，便认为费祎祉心慈手软，不够果断，多次去县衙闹事。费祎祉生气地说："你不能指名道姓告诉我凶手是谁，难道让我去抓一个无辜的百姓来定罪吗？"随后命人将贾某的弟弟驱逐出去。贾某的弟弟无奈而又窝火，不得已将兄嫂埋葬。

百姓以为知县只想草草了事，却不料费祎祉是一位处处留心的人。在案件搁置的半年中，在众多平凡的白昼与黑夜里，在繁乱复杂的琐事背后，在放松懈怠的小吏背后，在愤懑不平的贾某弟弟背后，在侥幸的犯人背后，费祎祉的眼睛一直在黑暗中捕捉着那公正的光明。

费祎祉终于等来了犯罪分子露出马脚的那一刻。一天，衙役抓了几个拖欠赋税的人，押送到公堂审理。其中有一个名叫周成的人害怕受到责罚，便对衙役求情说田赋税款已经筹措好了。周成从腰间拿出包钱的包袱，交给费祎祉查验。费祎祉仔细检查后，便不再追责田赋的事情，反而拉着他问一些不相关的问题。先是问他住在哪里，回答说某村，又问他们村离西崖庄多远，回答说五六里。

清代蒲松龄《详注聊斋志异图咏》卷一六《折狱》插图

正当周成以为没事儿松了一口气的时候，费祎祉的下一个问题却令他脸色大变："去年被杀的贾某，和你是什么关系？"惊慌不已的周成只得硬着头皮说："我不认识贾某。"费祎祉勃然大怒，向周成呵斥道："你杀了他，还说自己不认识？！"面如死灰的周成还想做最后的挣扎，但费祎祉完全不听他的狡辩，用刑杖责之，周成最终认罪服法。

　　案件的经过究竟是怎样的呢？周成为什么要杀害贾某？费祎祉又是如何判断出周成就是杀人凶手的呢？

　　原来，当时贾某的妻子王氏准备去拜访亲眷，但苦于没有像样的首饰，便要求丈夫贾某向邻居借一些，贾某不肯。好面子的王氏还是偷偷去邻居家借来了首饰。在拜访亲眷后回家的途中，王氏摘下首饰，包起来藏于衣袖内。回家后，王氏伸手一摸，却发现包袱不见了。王氏不敢告诉丈夫，自己又无力赔偿邻居，心中懊恼不已。

　　就在那天，周成恰好捡到了王氏丢失的包袱，打听后得知是王氏的。周成来到贾某家门外，等到贾某外出，就趁着夜色翻墙进入贾某家，拿首饰作为胁迫，强逼王氏与他苟合。王氏反抗无果，且急欲拿回首饰，只得屈从。

　　周成得手后，将首饰还给王氏，但自己保留了包袱。王氏向他哀求说："你以后不要再来了，我丈夫生性凶恶，他要是知道了会把我们都打死的。"贪得无厌的周成却生气地说："我捡到的首饰，足够我去酒楼快活好几天了，一晚上可不够偿还。"王氏见状，只能无奈地虚与委蛇道："我不是不愿意和你好。我丈夫常常染病，不如等他去世后我们再在一起。"听王氏这么说，急不可耐的周成心生歹意，杀害了贾某，然后去贾某家对王氏说："如今你丈夫已经死了，咱们就像说好的那样在一起吧！"得知真相的王氏号啕大哭，周成害怕事情败露，便逃跑了。王氏懊悔不已，便上吊自尽了。

　　案情大白后，费祎祉将周成治罪。民众和官吏都佩服费祎祉的神明，而不明其所以然。费祎祉说："只要随处留心，案件就能告破。我在最初检验尸体的时候，发现贾某包银子的包袱上绣着万字纹饰，而周成的包袱上也绣着同样的纹饰，而且看上去是出于一人之手。但周成说自己不认识贾某，加之他在回答时神态慌张，眼神飘忽，因此我判定他为真凶无疑。"

二、智破无头尸案

费祎祉断的另一桩案件也很离奇。

县民胡成与冯安两家住得很近，但两家好几代人关系并不和睦。当时，胡成父子非常强势，冯安经常违心地讨好胡成，却始终得不到胡成的信任。一天，胡成和冯安一起喝酒。胡成吹牛说："我不担心没钱，我家百两银子还是不难搞到的。"冯安知道他家并不富裕，因而对胡成之言嗤之以鼻。胡成假装正色说："实话和你说，我昨天在路上遇到一个大商人载着满车的货物，我把他杀了后，扔到南山后的那个枯井中了。"冯安听后不以为然。当时胡成的妹夫郑伦委托胡成买田产，将数百银两寄放在胡成家中，胡成便拿出来向冯安炫耀。冯安见后便相信了。

两人分开后，冯安偷偷地向官府举报胡成谋财害命。胡成被官府拘拿后，没想到自己胡编的话，竟然真被作为罪状，便将事实告诉了知县费祎祉。费祎祉随后询问了胡成的妹夫郑伦以及卖田产的人，均与胡成所言一致。不过，费祎祉还是派人去查验了南山后的枯井。一名衙役顺着绳索下到井底查看，真的发现了一具无头尸体。胡成听说后，大惊失色，百口难辩，但还是坚称自己是被冤枉的。费祎祉假装生气，斥责胡成道："如今证据确凿，你还敢说自己冤屈？"费祎祉让衙役用枷锁铐上胡成，将他关入狱中。不过，费祎祉没有下令将尸体取出辨认，只是在县里发了一则通告，寻找死者亲属。

几天后，有一妇人持状纸来到衙门告状。该妇人自称是死者妻子，并说丈夫名叫何甲，借了数百两银子外出做生意，却不承想在途中被胡成杀死。按照清朝规制，妇女如果有诉讼之事，应该委托自己的亲属或者仆从，不宜亲自前往衙门。费祎祉心生疑惑，但还是说，井里的死者不一定就是她的丈夫，但那妇人一口咬定就是。费祎祉于是命令衙役将井中尸体移出，查验后发现，果然是何甲。妇人不敢靠近，只是在远处站立哭泣。

费祎祉安慰她说:"凶手已经抓到了,但尸体头颅尚未找回。你先回家等候,等找到头颅,便将胡成治罪。"费祎祉随后提审胡成,呵斥他说:"如果明天还是找不到头颅,就打断你的腿。"随后派衙役押着胡成四处寻找头颅。

清代蒲松龄《详注聊斋志异图咏》卷一六《折狱二》插图

晚上,衙役押送胡成回来,并没有找到头颅。费祎祉诘问胡成,胡成只是哭泣,并不言语。费祎祉于是佯作用刑的样子,却没有施刑,他对胡成说:"我想你当初趁晚上扛着尸体,急迫慌忙,不知将头颅丢于何处,为什么不再仔细找找呢?"胡成听后,急忙哀求费祎祉再宽限几日找寻。此时,死者之妇也在衙门。费祎祉询问该妇有无子女,回答说没有。又问何甲有何亲戚？回答说只有堂叔一人。费祎祉感慨道："年纪轻轻就没了丈夫，如此可怜，你今后以什么为生呢？"妇人听后，叩首哀求知县怜悯。费祎祉于是说："如今杀人的罪名已经定下，只要找到头颅，此案便了结。结案后，你可以速速改嫁，不要再出入于衙门。"妇人感恩不尽，叩首退去。费祎祉于是在县内发出布告，寻找尸体头颅。

过了一夜，同村的王五向衙门禀报自己已经找到了死者的头颅，且验明无误。费祎祉赏赐给他千钱，并传唤何甲的堂叔，建议他说："如今案件已有结果，但人命关天，必须在年末经过上级审批才能结案。你侄子既然没有子女，他的妻子也生计困难，不如让她早日改嫁。此后若再有查证之事，只需要你出面应答即可。"何甲的堂叔自然不肯就此了结，费祎祉于是飞三签（官吏审判之时，公案上放置签筒，用刑下令时将签投掷于地，作为凭证）下令，何甲的堂叔看到费祎祉态度如此坚决，害怕牵连到自己，便答应了。

妇人听闻此事后，上书感谢，费祎祉用好言宽慰之，同时颁令：如果有人拿钱娶该妇人，请来衙门当堂报告。此令发布不久，果有投婚状的，此人正是找到头颅的王五。

费祎祉将妇人与王五传唤于公堂。正当他们以为就此可以喜结良缘的时候，费祎祉问妇人说："你知道真正的杀人凶手是谁吗？"妇人说是胡成。费祎祉却说："不对！你和王五才是真凶！"两人大惊失色，急忙辩白喊冤。费祎祉不紧不慢地说："我早已将真相推断出几分，之所以迟迟没有揭露，只是怕冤枉了好人。尸体没有从井中移出，你怎么确信他就是你的丈夫？正是因为你早就知道你丈夫已经死去。而且何甲的尸体衣着简单，并不像一个携带着数百金做生意的商人。"费祎祉又对王五说："头颅在哪里，你为什么知道得这么清楚？而你之所以如此急忙地投婚状，就是为了尽快娶到妇人！"两人胆战心惊，面如死灰，不敢再行狡辩。

在费祎祉的举证和威严之下，两人交代了真相。果然如费祎祉所料，妇人与王五早就私通，两人合谋杀死了何甲，而后利用胡成的戏言加以伪装。费祎祉于是释放了胡成。整个案子中，费祎祉并未冤枉一人。

古代没有高超的刑侦技术，断案审查只能凭借官员的个人能力。《周易》言"雷电皆至，丰；君子以折狱致刑"，意思是君子效法雷电之威明，明断狱讼，工于刑罚。费祎祉断案正如雷电一样公正严明，或有人质疑其过于优柔，但最终佩服其神明，个中道理，不过就是费祎祉所言"随在留心"（蒲松龄《聊斋志异·折狱》）而已。无论是贾某遇害时包袱上的纹饰，还是无头尸案诸多的蹊跷，正是由于费祎祉的重视和严谨，案件才得以凭借这些细节而告破。

后来，蒲松龄将费祎祉断的这两桩案件收录到了《聊斋志异》中。蒲松龄早年曾蒙费祎祉提携，始终以师礼待之。他赞颂费祎祉说："我夫子有仁爱名，即此一事，亦以见仁人之用心苦矣。"他还总结道，智者不一定有仁德，而仁者则必定有智慧，因其用心良苦而计谋频出。那些有智慧的人，如果遇到案件而没有仁德，也只是"非悠悠置之，则缧系数十人而狼藉之耳"（蒲松龄《聊斋志异·折狱》）。费祎祉审案时，虽也用刑，但不全用刑，唯有案件逐渐了然，才以刑助推。不滥用刑罚，不冤枉百姓，从仁德出发，归于细致严谨，随处留心，断如雷电，当为断狱的不二法门。

20世纪80年代初，"智破无头尸案"被改编为川剧《井尸案》，剧中清官胡图的原型就是费祎祉。该剧后又不断被移植创作为京剧、昆曲、越剧、汉剧、豫剧、评剧、黄梅戏、吕剧、柳子戏、皮影戏等，广为流传。

◈ **史料来源**

• 乾隆《淄川县志》卷四《官师志·历代秩官·费祎祉》，民国九年（1920年）石印本。

• ［清］蒲松龄《详注聊斋志异图咏》卷一六《折狱》，中国书店1981年影印本。

（撰稿：张富华、王鹏霄）

王士禛：
四年只饮邗江水

可使文人有愧辞，韩欧坡老是吾师。

四年只饮邗江水，数卷图书万首诗。

——清·王士禛《渔洋诗集》卷一四

《读范德机到官诗可使文人有愧辞用其语戏题一绝》

王士禛像（孟明 供图）

　　康熙二年（1663年），时任扬州推官的王士禛读到元代清官范梈《到官》诗中的"英雄见义尤饥渴，可使文人有愧辞"之句，不禁想到自己在扬州已达四年的仕宦生涯，有感而发，写下了篇首所引之诗。他在诗中自豪地说，自己清廉为官，在扬州四年只是喝当地的水，写了数卷图书与大量诗词，而并没有侵吞这个漕运咽喉要地的哪怕一文钱。

　　王士禛（1634—1711），字子真，号阮亭，别号渔洋山人，清代济南府新城县（今山东省桓台县）人。顺治十五年（1658年）中进士，先后任扬州推官、户部左侍郎、刑部尚书等官。一般谈到王士禛，人们首先想到的是他著名文学家、康熙朝诗坛领袖的身份，而忽略了其值得称道的清廉事迹。王士禛在优秀家风的熏陶下，自幼便立下为国为民的宏大志向并始终践行，康熙皇帝曾御书"清慎勤"以示褒奖。

一、"使君清名世所无"

顺治十六年（1659年），王士禛被任命为扬州府（治今江苏省扬州市）推官，主要负责刑法和监察官员。临行前，母亲孙夫人叮嘱他说："你的祖父曾任职于扬州，留下了很好的口碑。你务必要继承祖辈遗志，尽忠职守。你年纪轻轻就任此职，一定要心存宽恕之道，公正判案，不要计较自己官职的升降。"

王士禛刚到扬州，便遇到了十分棘手的"通海案"和"奏销案"两起大案。

当时郑成功和张煌言等南明将领率部反击清军，兵锋直抵江宁（今江苏省南京市）等长江沿岸各处，但旋即败退。清朝派户部侍郎叶成格、刑部侍郎尼满等进驻江宁，严厉追查曾响应郑成功或为之提供情报和物资者，株连甚广，史称"通海案"。除少数人被立即正法以震慑人心外，多数人都在押等待审理。王士禛办案坚持以事实为根据，严禁捕风捉影，避免伤及无辜。他虽然只是扬州府推官，但多次上书叶成格和尼满，建议尽快释放那些查无证据者，对诬告攻讦者应予以严惩。在王士禛的努力下，蒋超、曹宗瑶等一大批扬州百姓被判无罪释放。叶成格和江南江西总督郎廷佐等上级官员也因此对王士禛刮目相看。

顺治十八年（1661年），清朝开始整顿钱粮拖欠问题。当时各省拖欠朝廷钱粮众多，顺治帝为此降诏，要求以钱粮是否足额完解为官员职务变动的评判标准，不能完纳钱粮的官员均要被贬官乃至革职。江南地区因拖欠钱粮众多，受处分的官员、衙役、士绅数以万计，史称"奏销案"。官员为完成任务，对百姓的盘剥更为严苛。有些本该承担赋税的责任人早已亡故，官府就抓其家属，要求他们继续缴纳钱粮，致使囹圄填溢。

扬州本是富庶之地，每年盐利丰厚，但几经战火后，商、农流散，也拖欠了朝廷大笔钱粮。扬州牢狱中挤满了遭逮捕的商民，他们形容枯槁，神情憔悴。王士禛见状心里很难受，于是对这些百姓说："你们身体已这般虚弱，就是一直将你们关押在狱也无济于事。我今天暂且放你们出狱，大家一齐想办法筹措欠款。如果能过了这关，是你们的福气；如果不能，由我来抵罪。"王士禛随即向当地的巡盐御史、转运使及扬州道、府、州、县各级官员致信，请求他们施以援手，共同筹集欠款。被释放的商民感念王士禛的恩情，他们回到家中也纷纷筹措银两，十日之内筹得万余两。在王士禛的带动下，扬州很快补上了积欠的大部分钱粮，朝廷特旨免除其余欠款。王士禛再次将那些被放出狱的商民聚集在一起，告诉他们："我当时看你们在狱中十分可怜，又没有别的办法，才尝试帮助你们募捐。我也没想到事情真能成功，还能如此之快。如今你们被正式释放了，可以安心还家了！"百姓们纷纷叩谢而去。

在平日里，王士禛勤于政务。扬州案件繁多，推官还需承接上级指派的诸多任务。王士禛酬答判决尽日穷夜，晚上回到住处还点上蜡烛继续剖析案牍。扬州琼花观每年都要举办声势浩大的迎春会，由盛装歌姬骑马引导，知府、推官等官员乘轿巡游，迎春仪式完成后，官员、士绅们一起宴饮。此举实为劳民伤财，官吏们常借此盘剥百姓，令百姓怨声载道。王士禛与知府雷应元商议后，废除了迎春会，赢得百姓交口称赞。

王士禛为官清廉，从不贪图口腹之欲，也不随意支用官府钱物。扬州地处交通要道，官商往来频繁，王士禛从不拜谒请托。他也因此少有积蓄。一日，好友许玭经过扬州。许玭也是一位廉吏，此时囊中羞涩，找王士禛借钱赴京。王士禛因无积蓄，只好将夫人的手镯赠予许玭。许玭作长诗《广陵岁寒行酬贻上》（许玭《铁堂诗草》卷下）以记之，其中曰：

建礼承华且虚左，咎繇平反无不可。
蒙冲去岁犯金陵，江南江北哄秋埮。
闻风将吏多嗫嚅，平头大贾间同坐。
谳牍累累若邱山，佛子心肠对枷锁。
使君文采绝代殊，饮水赋诗满吴都。
一时宾客尽厨顾，鄙人亦自当座隅。
高槐絷我紫骝鞍，明烛照我青氍毹。
酒才一斗诗狂发，句赠歌儿李梦珠。

凌晨公车将北指，出门茫茫向谁是。

使君清名世所无，条脱双遗宝光紫。

虫须鸟翼嵌乌丝，钿漆施铅图百子。

此物自是内闱珍，廉吏倾囊至钗珥。

许玭在诗中不仅记述了王士禛在"通海案"和"奏销案"中的表现，而且称赞他"清名世所无"。王士禛在夫人去世后，也作诗回忆了这件事〔王士禛《渔洋续诗集》卷一〇《悼亡诗三十五首（其七）》〕：

千里穷交脱赠心，芜城春雨夜沉沉。

一官长物吾何有？却捐闺中缠臂金。

"一官长物吾何有"也是王士禛对自己清廉官宦生涯的准确总结。

康熙三年（1664年），郎廷佐与巡抚张尚贤等人一致奏举王士禛品端才敏，奉职最勤。次年，王士禛进京任职。离扬之时，扬州发生了水灾，王士禛念念不忘受灾的百姓。在答谢送别之人时，他作诗《秦邮留别诸故人兼寄禅智相送诸公》（王士禛《渔洋诗集》卷一八）曰：

罾社湖中远浪平，故人相送片帆轻。

西风野蓼堤边屋，落日神鸦水上城。

太息江淮民力尽，那堪离别客愁生。

竹西歌吹重回首，岁岁星河识此情。

"太息江淮民力尽"，正反映了王士禛对百姓的关怀之情。

二、"不负民即不负国"

进京任职后，王士禛一直清白为官，勤奋做事。

康熙八年（1669年）三月，王士禛奉使淮安清江浦榷署，专门负责管理清江浦船厂事务。当时京师百官与士兵的粮饷十分依赖江南地区的漕粮，而河道与船只正是漕粮北运的关键所在。清江浦处于淮河与运河交汇处，可谓当时的漕运枢纽。清朝在此设置漕运总督与河道总督管理相关事务，并开设造船厂补充漕运船只。当地官员与木材商人汤甲勾结，中饱私囊。他们贪墨公款，随意克扣船工薪资，致使漕运船只短缺。造船所用木材质量恶劣，船只一遇风浪便会酿成船毁人亡的惨剧。他们的种种劣行导致江南钱粮无法顺利运至北方，极大地影响了国家事务的正常运转。因此，康熙帝特意派王士禛去革除积弊。

王士禛抵达后，船厂官员和商人怕断了财路，不计代价地向其行贿，汤甲更是费尽心思利诱威胁他，却始终没有得逞。在查明汤甲与各级官员相互勾结的情况后，王士禛立即上疏弹劾漕运总督等，并严惩了汤甲。他为造船工人等足额发放了薪资，赢得了大家的赞许。在王士禛的督理下，清江浦船厂生产的船只质量大幅提升，确保漕运恢复正常运行。

康熙三十年（1691年），王士禛见到了妹婿张玺，张玺即将赴河南新野为官。临别之际，王士禛向张玺传授了自己的为官之道："不负民即不负国，不负国即不负所学。"（王士禛《蚕尾续文》卷一六《敕授文林郎行取新野县知县宝庵张君墓志铭》）

王士禛始终不畏强权，敢于担责。康熙三十一年（1692年），宫中侍卫马三捷潜逃。四月，康熙帝向兵部追问马三捷逃往何处时，兵部无人知晓。康熙帝下令由吏部追究失职官员的责任。王士禛时任兵部督捕右侍郎，但八旗逃官逃兵情况历来记录在督捕衙门的绿头牌上，且专由兵部满族官员负责上报，故王士禛不应承担责任。王士禛认为满汉官员平日同堂共事，一旦有利害便分彼此，既非大臣之体，又非同僚之谊，因此主动提出与满族官员一起承担责任，最终被降级处分。一代廉吏于成龙得知此事，不胜感叹，道："真古大臣之风！"

当时有一宗室叫克什兔，行经凤翔时身染重病，经当地医生张希仁救治得以痊愈，便带着张希仁一家返回北京。克什兔见张希仁有子女九人，心生贪念，便伪造文书称张希仁一家已被卖作自己的奴仆。张希仁闻讯后，连夜带着子女逃回凤翔。克什兔以逃奴的名义提告，将张希仁一家押解回京。案件交由王士禛等审理。王士禛等查验后判张希仁一家重获民籍，并判处克什兔赴宗人府受罚。克什兔大怒，上告宗人府郡王。郡王立即召王士禛前来对质。王士禛不畏宗室强权，将克什兔辩问得哑口无言。郡王最终决定将克什兔革职，并处以鞭责。

王士禛一直坚持清廉作风，杜绝贪污。康熙三十一年（1692年）八月，王士禛调任户部右侍郎，赴宝泉局督理钱法。宝泉局负责铸造钱币，历来有一不成文规定：为保证铸钱质量，每铸一批新钱都要向主管官员呈送样钱以供检验，检验后的样钱归户部官员自行处理。王士禛认为这样做极不利于官场风气的清正，力主革除这一陋弊。他在任期间始终没有接受或索要过一文样钱。

康熙三十四年（1695年），王士禛任户部左侍郎。当时，康熙帝拟征讨噶尔丹，但朝廷财政空虚，难以支撑征讨开销。康熙帝决定"捐纳授官"以筹集资金。根据政策，纳捐者还需要内阁及各省督抚等大员的引荐和保举才能授官。许多官员因缘索贿，作奸犯科。王士禛洁身自好，告诫下属官员，凡有关捐纳买官之事，一呈一稿都不许送至他面前。在户部七年，他始终如一，清廉自守，自称："虽日在钱谷簿书堆中，不啻空山雨雪，烧品字柴，说无生话时也。"（王士禛《带经堂集》卷六七《答唐济武检讨》）

康熙四十六年（1707年），王士禛辞官后赋闲在家。时新城县遭受严重旱灾。济东道佥事宋广业受命来此救灾，要求各地乡绅编制佃户名册，以按名领取救济粮米。此时王士禛家中已经没有粮食，却不造册领粮。宋广业派人去劝王士禛，他说："朝廷曾下旨，要求官员自己帮助佃户维持生计。我今日虽然居乡，也不能再领朝廷赈灾粮米。"他的品行和操守受到山东各级官员的钦佩。

三、清慎勤传家

王士禛清正廉洁的品行与新城王氏的优良家风密切相关。

山东省桓台县"四世宫保"坊（谭景玉　摄）

　　新城王氏是明清时期北方具有较大影响的世家望族，素来以优良家风传家。王士禛的高祖王重光在明朝嘉靖年间奉命到贵州采集木材，卒于任上，被誉为"忠勤报国"。"忠勤报国"由此成为新城王氏的门风。王重光制定了王家的首部家训，其中称："所存者必皆道义之心，非道义之心，勿汝存也，制之而已矣。所行者必皆道义之事，非道义之事，勿汝行也，慎之而已矣。"（王士禛《池北偶谈》卷五《先忠勤公家训》）曾祖王之垣和祖父王象晋总结、归纳古人格言懿行，编成《炳烛编》《百警编》《清寤斋心赏编》等书，以教育家族成员。父亲王与敕在王士禛上任扬州时，也再三叮咛他说："百姓性命系于你手，一定要慎之又慎！"

　　在这样的家庭环境中，明清时期新城王氏一族涌现出多位清官廉吏。王重光曾于明朝嘉靖年间管理九江地区税务。九江是长江沿线重镇，商业兴盛，号为"利窟"，而王重光始终不为利诱，清廉自守。王之垣为官时，严禁贿赂请托，多次直言高官贪赃枉法之事；居家时，教导家族成员坚持勤劳节俭。一日，王之垣见架子上有一件小孩子的绿色纱裙，大怒道："这是浪荡公子的穿着，怎能出现在我们家呢！"他将衣服撕毁，又指责儿子教子无方。王士禛的伯祖父王象乾曾率领百姓修石堤，开水渠，也曾为赈济灾民而冒着风险挪用朝廷款项。

王士禛不仅继承了王氏清正廉洁的家风，还特意撰写了一部《手镜》，教导自己的儿孙，如其中称：

> 公子公孙做官，一切倍要谨慎检点。
>
> 日用节俭，可以成廉。
>
> 皇上御书赐天下督抚，不过"清慎勤"三字。无暮夜枉法之金，清也；事事小心，不敢任性率意，慎也；早作夜思，事事不敢因循怠玩，勤也。畿辅之地，果为好官，声誉易起；如不努力作好官，亦易滋谤。勉之，勉之！

王士禛的谆谆教诲影响着自己的儿孙，推动了新城王氏的接续发展。

王士禛在长达45年的仕宦生涯中，始终遵循"道义读书"的家规祖训，践行"清慎勤"的为官理念，保持"洁己爱民"的高洁志趣，做到了清廉、忠谨、勤政，为后世深深怀念。

◈ **史料来源**

• 道光《济南府志》卷五五《人物十一·王士禛》，清道光二十年（1840年）刻本。

• 民国《重修新城县志》卷一六《人物志四·王士禛》，民国二十二年（1933年）铅印本。

• 《清史稿》卷二六六《王士禛传》，中华书局1977年点校本。

• 王士禛著，袁世硕主编《王士禛全集》，齐鲁书社2007年版。

（撰稿：张富华、张蕴荟）

张伯行：

天下清官第一

强仕年逾八，居然一老翁。

白驹愁迅速，青简费研穷。

寡过思蘧相，勤修羡武公。

遗徽犹未远，努力在人功。

——清·黄舒昺辑《国朝中州名贤集》

卷下《张伯行〈自勉〉》

隊惠清掇

张伯行画像

（采自清代顾沅辑《吴郡名贤图传赞》卷一九，清道光九年刻本）

清康熙年间被誉为"天下清官第一"的张伯行直到年老时仍以诗自勉，要以春秋时以遵守礼法著称的蘧伯玉和三国时以勤政著称的诸葛亮等先贤为榜样，努力建功立业，为民造福。张伯行（1651—1725），字孝先，号恕斋，晚号敬庵，河南仪封（今属河南省兰考县）人。康熙二十四年（1685年）进士。调任江苏巡抚前，他已为官二十余年，担任过内阁中书、江苏按察使、山东济宁道、福建巡抚等职。这些仕宦经历为他积累了丰富的治理经验，其中不变的原则就是"勤"和"廉"二字。篇首所引其《自勉》诗也清楚地反映了这一点。

一、尽心河务，省资节费

在古代社会，水患是对百姓生产生活威胁最严重的灾害之一。历代朝廷和地方官府都十分重视河流的治理，沿河地方官员也将其视作自己的主要职责。但由于理念和技术的不成熟，往往是有心者多，成事者少。张伯

山东地方志中的清官廉吏

348

行对治河这样的实务有独到见解。他的家乡仪封县距黄河仅3里，河道多沙善淤，每到雨季常泛滥决堤，致使境内农田、房舍被冲毁，民不聊生。康熙三十八年（1699年）六月，仪封县北黄河大堤决口。为父丁忧在籍的张伯行挺身而出，他安抚百姓情绪，出资招募青壮年，与大家一起肩扛沙袋、堵塞决口，带领百姓一起渡过难关。

次年，河道总督张鹏翮听闻张伯行的治水事迹，推荐他赴河工效力。在此任上，张伯行首先写成《治河议十条》，提出了治理黄河的指导性意见。同时殚精竭虑，着手实务，监修了黄河南岸堤、马家港、东坝、高家堰等防洪工程。黄河南岸大堤全长200余里。为确保各段施工顺利，年届半百的张伯行日夜往返于堤坝首尾之间巡查，马不停蹄。来回所需车马饮食都是他个人出资，不动用官府钱款，不盘剥沿岸百姓。抢护马家港东坝时，水流湍急危险，工程进展缓慢，张伯行在工地坚守十余日，方才完工。效力河工期间，张伯行"尽心河务，勤敏趋事，为人诚实，卓然有守"（张师栻等《张清恪公年谱》卷上录张鹏翮荐语），很快被推荐至山东济宁道，分管济宁河务。

元代以降，济宁一直是京杭大运河上的重要节点。济宁河务之优劣，直接关系到漕粮北运的成败，责任重大。张伯行上任后，革除陋规，裁撤冗员，节省下不少经费，减轻了百姓负担。随后，他一改前任推诿之风，亲自巡视河道，勘察地形。将实际情况烂熟于心后，他再采取针对性措施治理河务。

济宁运河的问题，可概括为"北段航运不通，南段洪涝不断"。南旺（今山东省汶上县南旺镇）是运河的最高点，也就是俗称的"水脊"，将运河分为南北两段。受地势北高南低的影响，向北引水十分困难。因此，南旺以北河段常因水浅而导致航船无法通行，冬春季节最为严重。明初，引汶水至南旺，分流入运河。汶河之水，七分注入北段，三分导入南段，解决了水量不足的问题。可到了清康熙年间，因为经年战乱，疏于管理，北部河道严重淤积。汶河大部流入南段，北段再次难以航行，而且由于南段水量大增，沿岸地区在夏季常成一片汪洋。

张伯行通过统筹南北水闸解决这些难题。基于各处水闸的位置与规模，他对放水与蓄水的流程作了详细规定。依靠这套方案，各闸门相互配合，做到适时放水与蓄水，使得上述问题得以缓解。张伯行也曾提出治本之策，建议"用泗水以济南运，用汶水以济北运"（张伯行《居济一得》卷一《运河总论》），即将汶水河口直接移往南旺以北，使其全部注入运河北段。在南段，引泗水入运河，退耕还湖，发挥河湖的调节作用。这样，既能保证北段通航，又可以缓解南方洪涝。该提议切中要害，但或因规模过大，最终未能施行，只保存在其著作《居济一得》中。该书总结了他在济宁治河的经验，清四库馆臣评价说，"伯行平生著述，唯此书切于实用"（永瑢等《四库全书总目》卷六九《史部二十五·地理类二》），反映出张伯行真抓实干、尽职尽责的作风。

清代光绪年间《山东运河全图》济宁段（郑民德　供图）

离开山东后，张伯行再未执掌河务，但他始终对此格外留意。每逢水患，他就主动向朝廷建言献策，希望尽绵薄之力。康熙六十年（1721年），71岁高龄的张伯行再次奏陈河务，却被指摘为书生不知河务，"但据纸上陈言妄奏"。好在朝廷大部分人的眼睛是雪亮的，康熙皇帝也为之辩解，称："毕竟是他留心，即书本亦是他看过，尔等谁留心者？"（陈康祺《郎潜纪闻二笔》卷一《圣祖留心书本之谕》）

二、关怀民生，体恤民情

有友人曾致信张伯行，抱怨为官难处。张伯行回信鼓励说："士君子得位行道，不论官职大小，总可利益民生。"（张伯行《正谊堂文集》卷六《与山阳县徐令》）大意是说，祸福利害难以预测，不必多作考虑。无论官职大小，只要不负于民就足够了。

张伯行也用同样的标准严格要求自己，并贯彻到了为政实践之中。他历任地方要职，始终以"百姓省一分之脂膏，即沾一分之实惠"（张伯行《正谊堂续集》卷二《饬禁横抽盐税示》）为原则。每到一处必问民疾苦，革除弊政陋规，做了不少有益于民的实事。

康熙四十一年至四十三年间（1702—1704），山东地区气候失调，水旱灾害叠加，持续三年饥荒。此时，张伯行刚刚就任济宁道，他个人出资从河南老家运来粮食、衣物，分发给受灾群众。随后，又身先士卒，参与汶上县和阳谷县的救济工作。依照清制，动用官粮需要报请上级审批，但两县灾民规模庞大，必须尽快开仓放粮。张伯行冒着风险，决定马上开仓赈灾，两县灾民赖此保全。事后，山东布政司追究其私自开仓的责任，张伯行反问道："人命与仓谷，何者更重要？"布政司自然懂得事出紧急，故没有深究。除开仓赈济外，张伯行应对各地灾情时，也常主动疏请减免灾区赋役，以使灾民休养生息。灾后，他还会设置义仓备荒，多措并举，增强百姓抵御自然灾害的能力。

福建泉州是著名的产盐区，所产之盐允许持有盐引（官府发给商人运销食盐的凭证）的商民在车桥港贩卖，由官府在此统一征税。经年日久，各地私自设卡，派人阻拦过路盐商，"任意横抽，漫征无忌"（张伯行《正谊堂续集》卷二《饬禁横抽盐税示》）。商民贩盐所得利润，多入贪官污吏私囊。此外，当时盐法规定，运销食盐30斤以下无需引票。产盐区百姓为维持生计，多用少量食盐换取粮食，官府本不追究。一些官吏却无视律法，对以盐易米的百姓严刑拷打，盘剥勒索。张伯行就任福建巡抚后，将上述问题一一查实，发布《饬禁横抽盐税示》，明确了统一征收盐税，且每石只征一分银，对欺凌、勒索商民的官吏和差役严惩不贷。自此之后，部分恶吏不敢再巧取豪夺，盐商和盐民获得了不少实惠，生活有一定改善。

张伯行转任多地，每至一处，总是为民排忧解难。离任之时，百姓常拦路挽留，不愿他离开。到任一地，乡民听闻张伯行的名声，又锣鼓喧天，夹道相迎。可见他清廉的形象已经深入人心，播声千里。

三、清廉自持，淡泊明志

康熙四十五年（1706年）十月，张伯行赴任江苏按察使。照惯例，他要向两江总督、江苏巡抚馈送贵重"见面礼"，以求上司关照。张伯行不愿做此行径，只以随身携带的绣帕、布匹赠送，为此惹得督抚非常不快。张伯行并非不知官场情况，他正是想以自己的实际行动，改变贪污腐化的不良风气，最终减轻因这些贪腐行为而受连累的平民百姓的负担。

一年后，张伯行升任福建巡抚。他看到署衙满屋全是金银器皿、锦绣帷幕，大感诧异：这小小官府为何装饰得如此富丽堂皇？再三追问，才知都是下属逼迫商户捐赠之物。张伯行严厉训斥了相关官员，下令将金银财物如数退还各商户。康熙四十九年（1710年），张伯行转任江苏巡抚，未进江苏就先行传令，禁止铺设府衙。到任后，他见到官署四壁萧然，十分满意。无锡知县按照惯例，为新任巡抚送来当地土产惠泉水。张伯行以为泉水取于自然，不耗民财民力，就欣然接受了。当听说这水也是征调百姓运送而来后，他便坚决退回。

除了严格要求自己，张伯行对下属也毫不纵容。当时江苏官场馈献成风，而且往往以馈献礼品的多少来评定官员优劣。张伯行颁布《禁止馈献谕江苏等七府一州示》，告诫各级官员：你们用于馈献的每一厘钱、一粒米，都来自民众的血汗。少取一分，老百姓就多受一分之惠；多拿一文，你们的名节便多受一文之污。这篇五百余字的长文，切中时弊，深孚众望。后人以其为基础，改编成56字的《禁止馈赠檄》（陈康祺《郎潜纪闻二笔》卷一《张清恪禁止馈赠檄》），进一步传唱颂扬：

一丝一粒，我之名节；

一厘一毫，民之脂膏。

宽一分，民受赐不止一分；

取一文，我为人不值一文。

谁云交际之常，廉耻实伤；

倘非不义之财，此物何来？

张伯行不徇私，不贪利，不同流合污，自然会触犯那些贪官污吏的既得利益。不少人为此怀恨在心，迫不及待地要把他赶出江苏。很快，机会来了。

康熙五十年（1711年）九月，江南乡试放榜，一群苏州学子竟将一座财神像抬进了文庙。这意思不难理解，士子们的十年寒窗苦读被白花花的银子玷污了。原来，几天前乡试主考官左必藩向朝廷揭举副考官赵晋，控其收受贿赂，协助盐商子弟作弊。消息传出，舆论哗然。朝廷派遣吏部尚书张鹏翮、漕运总督赫寿前往扬州，与两江总督噶礼、江苏巡抚张伯行等人共同审理此案。

经审问，涉案人员招认了行贿事实。令人意外的是，负责此案的噶礼亦被指控受贿黄金15锭。噶礼一边否认指控，一边要求尽快结案，希望从中脱身。张伯行见噶礼做贼心虚，更对其罪行深信不疑。不久，他便以受贿与阻挠办案为由，奏请将噶礼撤职查办。噶礼亦针锋相对，捏造了诸多罪状，检举弹劾张伯行。如此一来，这件科场舞弊案，演变成了牵涉两位封疆大吏的互参。

朝廷将噶礼和张伯行先后解职，由已在江南的张鹏翮等人审理。张鹏翮本也是位清官廉吏，曾举荐张伯行效力河工。但他的儿子张懋诚正担任安徽怀宁知县，处于噶礼治下。张鹏翮或许想借此案卖噶礼一个人情，保证其子日后仕途通达，一阵徘徊后，他倒向了噶礼一边。当地官员也四处活动，替噶礼辩解，并散布有关张伯行的负面谣言。好在康熙皇帝久闻张伯行清廉正直的名声，以张伯行"天下清官第一"为由，把他强行保全，并使其官复原职。噶礼则因操行恶劣，被革职查办。

在这场政治角斗中，张伯行靠清廉的名声侥幸胜出了。这场"险胜"，并没有让张伯行此后畏首畏尾、钻营世故，反而更坚定了他清廉为官、报效君恩的心志。一年后，张伯行再次与渎职不法行为作斗争，揭举江苏布政使牟钦元包庇海盗。某些怀恨在心者恶意报复，不仅要求将张伯行解职，还要置其于死地。这次，康熙皇帝也只好撤掉张伯行的江苏巡抚一职，将其调往朝廷，以为折中保全。

移官京师后，张伯行施展抱负的机会愈发少了，后于雍正三年（1725年）辞世。朝廷特赐御制碑文，无数文人墨客为其写作传状。雍正九年（1731年），张伯行入仪封乡贤祠。

◈ 史料来源

- 雍正《山东通志》卷二七《宦绩志·张伯行》，清乾隆元年（1736年）刻本。
- 道光《济宁直隶州志》卷六《职官志·宦迹·张伯行》，清咸丰九年（1859年）刻本。
- ［清］张师栻等《张清恪公年谱》，清乾隆四年（1739年）正谊堂刻本。

（撰稿：邢娜娜、杜世达）

诸城刘氏：

清廉世家

荒园渐渐种桑麻，犹说裴公旧杏花。

可是萧然徒四壁，只凭画卷向人夸。

——清·纪昀《纪文达公遗集·诗集》卷一一

《题刘文正公〈槎河山庄图〉》（其三）

明清时期，诸城刘氏人才辈出，绵延不息。自清朝顺治初年到道光末年的200多年间，该家族科甲蝉联，科考得中者200余人，进士11人；名宦硕儒辈出，七品以上官员达70余位，从知县、知府、布政使、巡抚、总督到尚书、内阁大学士都有。其中，乾嘉时期的"父子宰辅"刘统勋、刘墉，其学问和仕宦经历最为突出，将该家族的声望推向了巅峰。

刘氏家族声名远扬，有口皆碑，依靠的不仅仅是科场上的春风得意和官场上的风生水起，而更是其清廉爱民、勤俭持家的家风。纪昀参加乡试时，刘统勋是主考官之一，纪昀算是刘统勋的学生，他和刘墉关系也很好，因此他对刘家的情况十分清楚。他在《题刘文正公〈槎河山庄图〉》中说，槎河山庄"萧然徒四壁"，正印证了诸城刘氏清廉俭朴的家风。

一、积德行善，仁政惠民

刘墉与和珅斗智的故事在民间广泛流传，单口相声《官场斗》、电视剧《宰相刘罗锅》等文艺作品的播出也使得刘墉作为清官廉吏的知名度大大高于诸城刘氏的其他人。实际上，出身诸城刘氏的官员不论官职大小，无不恪守刘墉曾祖父刘必显立下的"以厉廉隅为吏治之本"（乾隆《诸城县志》卷三二《列传五·刘必显》）的训条，几乎无人因为贪污受贿而获罪，反而是在他们身上发生了很多积德行善、关爱百姓的故事。刘必显有四子：刘桢、刘果、刘棨和刘棐。刘棨是刘墉的祖父。

刘棨初知长沙县（今湖南省长沙市），以廉明著称。后于康熙三十七年（1698年）升知宁羌州（今陕西省宁强县）。当时关中大旱，汉南地区尤甚。刘棨不等上级批准，直接开仓赈灾。宁羌州本来粮食储备就不足，又因地处群山之中，难于从外地运粮，故本地仓储无法赈济多久。刘棨向负责检查的分巡道丁珩寻求帮助，获得了朝廷的赈贷粮。刘棨派宁羌百姓去搬运粮食，规定每搬运一斗粮，搬运者能获得三升。不日，宁羌州就有了三千石粮食。上级官员将刘棨的办法推行至其他受灾州县，取得了很好的效果。

刘棨受命运粮赴洋县协助赈灾。到洋县后，刘棨马不停蹄地巡视灾民情况，监察粮食发放，不数日就完成了粮食发放工作。刘棨并没有完成任务就离开，而是对洋县知县说："这是向朝廷借贷的粮食，如果百姓无力偿还，我们二人应该替他们偿还。"刘棨这番话并非沽名钓誉。他在宁羌州一直用自己的财产替贫苦百姓偿还拖欠的赋税，甚至因此欠债。刘棨写信给在家乡的弟弟刘棐，让他把自己在诸城的产业卖掉以还债。刘棐知道哥哥为民负债后，也卖掉自己的部分土地，替哥哥还债。宁羌州大户听说后，纷纷向刘棨捐赠钱物，欲替他赎回家产，但刘棨一律拒而不受。

刘棨发现宁羌州山上多槲树，这种树适合养柞蚕，但当地人不会养蚕。刘棨家乡所在的山东半岛是柞蚕放养的起源地，他派人到家乡请来蚕农，买来蚕种，教州人放养。蚕茧生成后，他又从山东聘来技工，向当地人传授缫丝技术。在他的倡导、推广之下，宁羌州成为西北的柞蚕养殖基地，生产的柞蚕丝绸质柔色美，被誉为"刘公绸"，成为当地人致富的重要来源。

康熙四十九年（1710年），刘棨迁直隶天津道副使，康熙帝巡视天津时还特意召见了刘棨。康熙见到刘棨后也很感慨。原来在康熙八年（1669年）时，康熙帝赴河间县（今河北省河间市）巡视。当时刘棨的哥哥刘果正任知河间县。他在河间安抚流民，清理狱讼，得到了百姓的赞誉。康熙帝入河间县境后，多次听到百姓对刘果的夸奖，便下旨表扬刘果清廉爱民。这次，刘棨特意请求康熙帝，依照当日赐给刘果的褒奖，御书"清爱堂"，赐给自己的家族。康熙帝欣然应允。此后，"清爱堂"就成为刘墉家族的堂号。

刘墉的父亲刘统勋（1699—1773）更是位居中枢，久负盛名。刘统勋于雍正二年（1724年）中进士后，历任内阁学士、刑部侍郎、左都御史、刑部尚书等职。乾隆时任至东阁大学士兼军机大臣，擅长决疑定策，生前被乾隆誉为"真宰相",身后获得了极佳的谥号"文正"。乾隆还称赞他"神敏刚劲,终身不失其正"(《清史稿》卷三〇二《刘统勋传》)。刘统勋为官之路并非顺风顺水,时常伴随着狂风暴雨,一生几起几落,但沧海桑田之间,不变的是他清廉为民的为官之道。

刘统勋像(高培忠　供图)

乾隆二十六年(1761年)八月,黄河在开封杨桥处决口,水势甚大,河道、民生岌岌可危,地方官员束手无策。乾隆皇帝非常着急,派已年过六旬的大学士刘统勋和协办大学士兆惠为钦差大臣,急速前往一线指挥。刘统勋到达后,形势立刻有了转机。他统筹得宜,提出了开挖引河减弱水势的合理建议。经过两个多月的努力,杨桥漫口终于合龙。

刘统勋刚到时,当地官员一直推脱工料不齐,没有固定土石的秫秸,无法堵塞决口。一日午后,刘统勋换上便装,仅带了二三心腹随从,悄悄去决口处巡查。他行至决口处不远,就见到了堆积如山的秫秸。百姓在旁边愁眉苦脸,窃窃私语,有的甚至在哭泣。刘统勋既惊讶又心疼,赶忙上前询问原因。百姓们告诉他:"官府征调秫秸堵塞决口,我们赶牛马前来,最远的走了五百里地,每日口粮、牛马草料耗费很多钱。我们来了很多天了,不知道什么时候才能回家,担心身上的钱不够继续等待和返程用，所以才哭。"刘统勋疑惑地问他们："为什么不把秫秸交给官府呢？"百姓们哽咽着说："这里的秫秸都要交给县丞，但他要我们交钱，我们没有多余的钱交，他就不收。"

刘统勋闻言大怒，立刻传令河南巡抚绑着那名县丞到自己那里去。夜半时分，河南巡抚带着那名县丞，战战兢兢地跪在刘统勋门外。刘统勋大声呵斥他们："决口一日不堵住，朝廷和百姓一日不安宁。堵塞决口全仗工料，如今秫秸堆积如山，你这县丞竟然勒索百姓钱物，拒不收纳，罪在不赦！我今天先斩了县丞，再参你这个河南巡抚！"河南巡抚和县丞害怕得叩头不止。兆惠出面说情，刘统勋才放了河南巡抚，免了县丞的官职，让他戴着枷锁在决口处示众。官府立刻收下了百姓的秫秸，百姓们都很感激刘统勋，赶着车回家了。很快，决口也被堵住了。

在处理杨桥决口前，刘统勋在乾隆十八年（1753年）徐州铜山漫口、乾隆二十一年（1756年）孙家集漫口抢险中均有突出表现。他是乾隆朝杰出的水利专家。每次黄河、运河出现险情，他都亲临一线，精心筹划组织，指挥治理，安定百姓生活。

二、不畏权贵，秉公执法

诸城刘氏为官正直，不惧权势。刘统勋和刘墉父子身居高位，与朝中重臣多有接触。刘统勋在乾隆初年任左都御史时，即上书直指内阁重臣张廷玉和讷亲。张廷玉是三朝元老，朝中门生故吏众多。张家以及与之世婚的姚家有多人在朝为官，形成朋党之势。刘统勋奏请乾隆帝精择张、姚两家官员，稍稍裁抑其升迁。讷亲虽不及张廷玉权位高，却也受乾隆帝宠信，监管吏部和户部。而且讷亲为人张扬，同僚们都害怕他。刘统勋直接奏请乾隆帝训诫讷亲，削减其权力。乾隆帝对刘统勋的刚正很重视，称赞这是国家之祥。

在防治贪污腐败上，刘统勋和刘墉多次直面朝中权臣。前述刘统勋亲自考察后，欲弹劾河南巡抚正是例证之一。刘墉（1719—1804）对待贪腐官吏，也绝不手软。

刘墉像（高培忠　供图）

　　乾隆四十七年（1782年）春，江南道监察御史钱沣弹劾时任山东巡抚国泰勒索属员，收受贿赂，致使历城等州县亏空白银多达七八万两，布政使于易简不加制止，反与国泰狼狈为奸。国泰和于易简均非等闲之辈，国泰的父亲文绶久任总督，于易简的兄长于敏中生前是军机大臣，国泰还依附于权臣和珅。四月，乾隆帝派户部尚书和珅、左都御史刘墉和工部右侍郎诺穆亲赴济南审理国泰一案。和珅地位最高，又时常收受国泰贿赂，诺穆亲只是革职留用之人，不敢得罪和珅，因此在处理该案件过程中，钱沣和刘墉面临着不小的压力。

　　早在乾隆帝任命和珅等人查案之时，国泰就通过耳目探听到了消息。他赶忙筹措银两，存放于银库中，以充库银。和珅等人到达后，先查验历城县库银。抽查数十封银后，没有发现数量上的亏空，就不再追查了。关键时刻，钱沣和刘墉发现了端倪。按规定，国库中的帑银均应是50两一锭，而抽查时每锭银大小不等，银色也不对。钱沣提议查封银库，重新检查。和珅偏袒国泰，想拒绝钱沣的提议，但刘墉坚决支持，最终迫使和珅同意查封银库。刘墉、钱沣等人追根溯源，历城县库银亏空一案水落石出。

审判时，国泰十分嚣张。他大骂钱沣："你是什么东西，也敢来弹劾我！"刘墉说道："钱御史奉皇上诏书审问你，你竟敢辱骂钦差！"国泰再也不敢逞凶斗狠，低头认罪，和珅也不敢再加以包庇。国泰、于易简等一干人等被押送至京，革职拿问。刘墉和诺穆亲受命继续清查东平州（今山东省东平县）、益都县（今山东省青州市）和章丘县（今山东省济南市章丘区）三地财政亏空情况。回朝后，刘墉参与了对国泰和于易简的进一步审问，最终查清了他们的全部罪行。

乾隆年间，和珅宠命优渥，权倾朝野。刘墉不仅不惧怕和珅，而且他的清廉也让和珅难以抓住把柄。刘墉在国泰案中公正执法，不与和珅同流合污，以致事后也遭到了和珅在乾隆帝面前的数度诋毁。

三、清廉为官，勤俭持家

诸城刘氏始终坚持清廉节俭的品质。刘统勋晚年身居相位，深居简出，对于夤缘求官者一律回绝。有一位家族世交在地方为官，每年都派人赠送千金给刘统勋。刘统勋虽屡次拒绝，但对方仍年年如此。有一年，刘统勋将来人招呼进屋，说道："你家主人因世谊来问候我没有问题，但我的薪俸由朝廷发放，不需要他每年都相赠钱物。你把这些钱送给贫困的人家吧！"

刘墉不仅继承了父亲精明干练的从政能力，更发扬了父亲清正廉洁的为官准则。他拒绝贿赂，敢作敢为，贪官污吏望而生畏。乾隆末年，吏治腐败，奢靡之风盛行，斗富竞奢现象无处不有。在大贪官和珅的"表率"之下，京城官场风气败坏，官员以穿"美衣"为荣。朝廷官服也因不同的做工和用料分出了三六九等，官员都不愿意穿那些朴素、无装饰的官服，刘墉却依旧"敝衣恶服"。众人不解，刘墉说："我的衣饰和外貌都赶不上你们，可是我为什么能不被弹劾举报呢？"同僚们都明白，刘墉为官靠的不是"美衣华服"，而是刘氏家族清廉爱民的为官之道。

刘统勋、刘墉父子在乾隆盛世为官，两袖清风。他们家有故田数十亩和一座简陋的宅院。父子虽官至阁老，但宅院、田土没有增扩。时人赞扬他们身居高位却一生清廉，连乾隆皇帝也甚为感慨。

诸城刘氏不仅有上述几位杰出代表，更有从掾吏到知县的许多基层官员。他们兢兢业业、勤勤恳恳，造福一方百姓。有担任三年知县却"贫不能归"的刘纯炜，有病死任上只能依靠亲友凑钱下葬的刘垙……同为刘氏家族清官代表的刘昀曾作《岁暮》（刘延圻辑《东武刘氏诗萃》卷二）诗称：

> 衙鼓声中岁暮心，典衣未赎冷先侵。
> 渐衰筋骨贫兼病，无著情怀醉复吟。
> 官舍却疑成旅舍，乡音尽已变蛮音。
> 年来不作思归赋，莫道家书抵万金。

都说"乡音无改鬓毛衰"，刘昀却因常年在外而"乡音尽已变蛮音"；都说"家书抵万金"，刘昀却因终年操劳，而发"莫道家书抵万金"之慨。

耕读起家的刘氏家族深知百姓生活不易，深知贪官污吏的强取豪夺导致很多百姓家破人亡。他们始终没有忘记自己来自百姓，吃着百姓的一粥一饭，穿着百姓的一线一布，所以要爱护百姓。这就是守住了初心，止住了贪心，赢得了民心。俗语道，"富不过三代"。诸城刘氏历经明、清两代，家族经久不衰，其重要原因之一，便是清廉爱民、勤俭持家的家风家训。

◈ 史料来源

- 道光《诸城县续志》卷一三《列传一》，清道光十四年（1834年）刻本。
- 《清史稿》卷三〇二《刘统勋传》《刘墉传》，中华书局1977年点校本。

（撰稿：袁琳、葛祥宏、王逸临）

龚大良：

胶人爱之，呼为『龚大娘』

寓抚字于催科，施礼教于律令，借仓粟以济饷，宽税课以通商。其利我胶者，为无穷也夫！

——道光《重修胶州志》卷三九《金石考三·胶州绅士乡民人等公建龚使君长生禄位祠记》

中国古代著名思想家荀子曾经说过："得百姓之力者，富；得百姓之死者，强；得百姓之誉者，荣。"（《荀子·王霸》）无论是国家或王朝，还是君王或官员，只要能够得到民众的支持拥护，就会强大富足，就会被民众铭记歌颂。在清代，有这样一位官员，他曾在山东担任地方官多年，清廉无私，惠民爱民，生前有口皆碑，逝后青史留名，永远活在百姓心中，真正做到了"得百姓之誉"。他就是有"龚大娘"之美称的龚大良。

龚大良，字朴庵，浙江仁和（今浙江省杭州市）人。清康熙年间曾在山东宁海州（治今山东省烟台市牟平区）、胶州（今山东省胶州市）等地任职，留下了不少施仁政、惠民生的佳话。从历史的长河来看，龚大良距离我们不过三百多年，不算久远，但爬梳史料发现，关于他的很多个人信息却是模糊的，只有他在任期间的一些善政，被记载到了方志之中，跨越时空，代代相传。

一、灾年请赈活民命

康熙四十三年（1704年）是甲申年，此时龚大良已担任宁海州同知13年。这一年，全国多地遭遇了前所未有的大饥荒，时人称为"甲申大祲"。此次饥荒影响范围甚广，南及两湖，北至山东境内。宁海州所在的登州（治今山东省烟台市蓬莱区）辖区境内，前一年才遭遇过大洪水，紧接着又发生了大旱，庄稼无法生长，民众几乎已经陷入"人相食"的境地。在这个节骨眼上，再次遭逢如此大的饥荒，可谓屋漏偏逢连夜雨。

接连两年饥荒，当地老百姓无粮可吃，只能吃榆树皮、柳树皮，甚至取食房屋上的茅草来活命。连续的灾害，对地方官员来讲自然是严峻的考验。作为同知，就是州的副长官，龚大良忧心如焚，向上级力请打开粮仓，放粮赈灾，可上级官员因循苟且，竟然不许。放眼当时的宁海州，满眼皆是人间炼狱一般的惨象，龚大良无法就此沉默，遂与上级抗辩谏诤。此举非但没有说动上级，反而惹怒了上级，龚大良的仕途前景自然不容乐观。

龚大良没有退缩自保，反而因忧心百姓而选择了更加激烈的谏诤方式。为表决心，他一头撞在官署门口的石狮子上，头破血流。在血流不止的下属面前，龚大良的上级终于被打动，允许开仓放粮。就这样，在龚大良的恳求和力诤之下，宁海州百姓得到了救济粮。人们为龚大良建立生祠，以示感念。

二、理政有方惠民生

康熙四十四年（1705年），龚大良接到调令，赴任胶州知州。大灾之下，胶州百姓的境遇也十分悲惨。雪上加霜的是，饥荒之后瘟疫接踵而至，成群的蝗虫从北向南飞来，所到之处，全家染疫而亡的、整座村落变成空荡荡废墟的，触目皆是。许多百姓逃荒离开胶州，还有众多绝望的民众投海而死，海水涨潮时尸体被推上浅滩，堆积如山。

大灾之年，与民休息是关键。龚大良上任后，在上年免除租赋的基础上继续减轻赋役，把官仓储存的粮食平价出售赈灾。同时，严格执行保甲制度，确保地方治安平稳有序。龚大良还清理积压的刑讼案件，为冤假错案平反，一时间胶州境内治理得当，百姓赖以安稳，生产生活逐渐恢复正常。

胶州地处沿海地区，商业活动相对活跃，但也常有海盗出没，威胁到往来陆海商人的经营安全，对民众生产生活产生了不好的影响。康熙四十八年（1709年）秋，当地水师出海巡防，突然有不明船只逼近袭扰胶州沿海。龚大良侦闻消息，选出壮年男子数十名，率领他们轻装骑马出城，向南奔驰160多里，在夜里二鼓时登上海盗船只，俘获了包括其首领在内的58人。上级官府准备将他的功劳上报给朝廷，龚大良坚辞不许。

龚大良在胶州任职期间，补上了绿营兵中1000多个空缺的丁额。康熙五十年（1711年），为表示巩固海防的决心，龚大良捐给愍忠祠二十亩地，以为香火之资。愍忠祠位于胶州城西一里处，主要祭祀三位为海防殉职的官员。龚大良此举，除了表达对忠臣良将的敬重，还可以告诫百姓守法向善，勿做海上盗寇。在龚大良治理下，胶州地区的商业活动呈现出一派繁荣之象，活跃在当地的商人无不对其感恩怀德。

胶州境内有云溪、墨水等数条河流。为方便民众出行，龚大良在康熙四十四年（1705年）重修了石濑桥，次年重修了显灵桥，并在康熙五十年发起倡议，带领当地民众捐资修建了利济桥。胶州曾在康熙七年（1668年）经历过一次地震，胶州城因此受损严重，几欲倒塌。康熙十二年（1673年），时任知州孙蕴韬自己捐钱进行了修补。龚大良上任后，在康熙五十一年（1712年）组织了州城的全面修复工作，并表彰了参与重修州城的鳌山卫（今属山东省青岛市即墨区）王泳度家。

天灾之下，不时有难民沦为奴婢，龚大良在任期间，劝说大户将难民奴婢释放为良民，达数万人之多。

三、劝善向学化民风

龚大良向来关注所辖地区的儒学教化情况，认为这是培育民风、涵养士风的有效途径。早在康熙三十四年（1695年），他担任宁海州同知期间，就曾经与知州陈一朋一道，率领州学士子在宁海州文庙内立下孔公德政碑。

20世纪初的胶州文庙敬一亭

主政胶州后，龚大良更加关注教化。刚一到任，他就与学正魏鸿祚一同捐出俸禄，重新修建胶州文庙内建于明代的敬一亭，意在鼓励士子向学。龚大良此举深得民心。康熙四十八年（1709年），他又带头捐资，主持重修胶州文庙，不仅扩大了文庙原有面积，使庙貌焕然一新，还在文庙四周立下界石，防止民众占用庙产。

作为明、清两朝基层儒学启蒙场所，社学在地方教育中占有重要地位。明万历十九年（1591年），胶州当地有知州余邦辅兴建的十所社学，其中四所位于城内，六所位于乡间。因年代久远，这些社学到龚大良上任时均已废弃不用。龚大良于康熙四十六年（1707年）在州学西边兴建义学三所，在州城外北乡马店兴建社学三所，方便州民子弟入学读书。

龚大良还在城南新修了高相国祠，祭祀明末忠臣高宏图。没有功名的本地读书人宋振甲醉心文学，写得一手好文章，且品格高雅，不攀附权贵，擅长调解乡里纠纷，其所教授的门下学生也大多有所成就。龚大良敬重其为人，为其旌表门闾，以引导百姓向化。经过龚大良的治理，胶州地区的民风和士风均有了很大改善。

龚大良在胶州主政九年，以宽仁治民。他治下的胶州欣欣向荣，农业生产恢复发展，商业繁荣，司法清明，百姓安居乐业，由此"胶人爱之，呼为龚大娘"（道光《重修胶州志》卷二三《列传三·官师·龚大良》）。"龚大娘"这个朴素的称呼，生动地反映了百姓对龚大良的爱戴和怀念。

康熙五十二年（1713年），龚大良升任刑部郎中，将离开胶州前往京城。消息传到胶州，士绅百姓莫不怆然，都想挽留龚大良。最终，士绅、民众、军士及外地来胶的商人共同集资，在胶州城内城隍庙大殿西侧为他建立了生祠，即"龚公祠"。祠内绘有龚大良的肖像，刻立《胶州绅士乡民人等公建龚使君长生禄位祠记》《胶营兵目公建龚使君生祠勒石颂》《南商邵启升金元顺韩元大等公建郡伯龚太尊生祠小引》三通石碑。碑文作者身份各异，但都记述了龚大良担任地方官时期的仁政事迹，表达了对他的感激爱戴之情。《胶州绅士乡民人等公建龚使君长生禄位祠记》特意写道，龚大良担任宁海同知时，"活饥民数万，至今饮食尸祝之"，到了胶州任上

之后，他"清正居心，仁慈驭物，惠政不可枚举，以视桐乡奉尝之爱，何多让焉"。（道光《重修胶州志》卷三九《金石考三》）

在信息流通不畅的古代，龚大良这样一位外省知县美名远扬，其事迹为当地民众口口相传二百余年，除缘于百姓衷心感怀其德政和义举外，还能是什么呢？

◈ **史料来源**

• 乾隆《胶州志》卷四《宦绩·龚大良》，清乾隆十七年（1752年）刻本。

• 道光《重修胶州志》卷二三《列传三·官师·龚大良》，清道光二十五年（1845年）刻本。

• 同治《重修宁海州志》卷一三《职官志·州同·龚大良》，清同治三年（1864年）刻本。

（撰稿：张富华、朱昱蓉）

牛运震：

居官三字「俭」「简」「检」

心劳抚字拙催科，绿树阴中听笑歌。

一部圣朝循吏传，读书人半爱民多。

——清·尹继善《尹文端公诗集》卷二

《南郊劝农用江宁令袁枚韵（其七）》

牛运震画像（山东省济宁市兖州区新兖镇宣传办　供图）

　　传统官修正史及地方志中多设有《循吏传》，取"奉职循理，亦可以为治"（《史记》卷一一九《循吏列传序》）之意，专门记载、表彰那些功绩卓著的清官廉吏和治世能臣。凡入选《循吏传》者，无不受到时人和后人的交口称赞，其在任期间的所作所为，也符合"所居民富，所去见思"（《汉书》卷八九《循吏传序》）的评价标准。清代康乾盛世期间的牛运震就被选入了《清史稿·循吏传》。

　　牛运震（1706—1758），字阶平，号真谷，人称"空山先生"，山东滋阳（治今山东省济宁市兖州区）人。曾任秦安（治今甘肃省秦安县）、平番（治今甘肃省永登县）等地知县。他的居官品行和为政风范，时过三百余年仍被人们津津乐道。

一、少有大志，重德向学

　　牛运震的家乡滋阳毗邻孔子故里曲阜和孟子故里邹城，具有深厚的文化底蕴和浓郁的诗书讲学氛围。牛运震的高祖、曾祖、祖父皆为贡生，父亲曾任日照县教谕，其家族称得上"世敦儒素"，为其成长发展创造了良好的家庭条件。

　　牛运震十岁即能作诗文。他极其仰慕唐代名儒韩愈，在家中设置牌位，上书"先师昌黎韩子"，按时祭祀，表达自己的心志。舅舅杨熙载见其如此，惊叹道："他小小年纪就以韩子为师，志不可量啊！"对牛运震而言，他不仅要做一名传道授业解惑的师儒，更要做一名通书明理、经世致用的良吏。他还努力钻研《春秋》《左传》《史记》等经典，以博洽闻名齐鲁。他少年时所作《东方有一士》（牛运震《空山堂诗集》卷一），字句工整，平仄有致，透露出他的鸿鹄之志和旷达性格：

> 东方有一士，布衣青芒履。
> 读书观大意，章句成糠秕。
> 闭门长坐卧，狂歌每自喜。
> 疏懒麋鹿性，面尘不知洗。
> 室积古镳铛，吐火成文理。
> 秦篆大小翩，龙泉光青紫。
> 种种尽异物，不遽献天子。
> 恭闻大圣人，咫尺三十里。
> 幽灵在城北，松柏苍如鬼。
> 我欲起九原，万义叩前始。

　　牛运震把自己比作麋鹿，有与圣贤比肩之意。邻县曲阜人王童看到上面这首诗的最后一句，大为惊叹，认为牛运震想与圣人对话，真不愧为"东方一士"。

　　有一件事颇能反映牛运震时时以圣贤之教为训。他幼时常有齿痛，每次发作时几天不能进食，均是叔母高氏抱他于膝上，关怀备至，并带他多方求医。待其稍长，他对叔母亦以生母待之，极尽孝思。叔母逝后，牛运震哀痛万分，作《祭叔母高太君文》以悼念，其孝言孝行可见一斑。牛运震不仅在立身处世方面严格遵行幼时接受的圣贤教育，也将其贯彻到了日后的为政实践中。

二、赴任秦安，持正平冤

雍正十一年（1733年），牛运震考中进士，候选知县。乾隆三年（1738年）六月，牛运震被任命为秦安知县。秦安位于甘肃偏远闭塞之地，但牛运震不以为意，欣然前往。别过叔父及诸弟，他自兖州起身，跋山涉水，路途劳顿，历一月有余抵达秦安，时已十月中旬。

牛运震一路走来，眼见百姓之疾苦，更坚定了要为一方百姓造福的心志。莅任之后，他每做一事，均亲力亲为，从不假手幕友吏役。秦安一带盗贼滋生，扰民不止。牛运震严行保甲，肃行法纪，强调当官治民，要通盘筹算，与其判处十人轻刑而无以警示，不如重处一人而使九人畏惧法律。

在牛运震履任秦安之前，当地曾发生过一件颇有影响的命案。有一郭姓巡检，诬陷民人马得才等五兄弟为盗，时任知县收了郭巡检的贿赂，无视马家兄弟的辩解，致使马得才不堪受辱自刎而死。马得才的兄长马都愤怒不已，为弟上告，也被郭巡检诱杀。余下的马家三兄弟被囚禁在狱。本来此案基本上已有定论，但牛运震清理旧狱时，发现其中另有隐情，遂叫来相关人员询问。牛运震见此人闪烁其词，进而严加追问，仅用一夜时间便得悉实情，于是他决定重审此案，还受冤者公道。他斥责幕友翻案无益的说法，毅然说道："我们既然已经知道了真相，如果还跟着一起诬陷马氏兄弟，何以对神明，何以慰冤魂？我宁愿拼上此官不做，也不能冤屈百姓。"在牛运震的亲自审问下，马氏兄弟的冤案终获平反。受冤者家人感念牛运震清廉执法，为其建生祠以祀之。

平反冤狱之事，牛运震担任秦安知县时还做了很多。清水知县冤枉武生杜其陶父子犯有谋杀罪，上司命牛运震重新审理。经仔细查验，确认死者为自刎而死。牛运震以擅移尸体治杜其陶之罪，将其儿子释放。

三、务实惠民，深得民心

牛运震任秦安知县长达八年，足迹遍布县域各个地方。每到一处，老百姓都能认出这位知县，妇女、幼童纷纷送来蜂蜜、油鸡、面饼，表达对牛知县的亲近和感谢。

牛运震之所以能够赢得民心，主要在于他并非做做样子，而是切实急民所急，想民所想。他从自己的俸禄中拿出银两，帮助百姓修桥筑路，又曾在朱家峡、冉家川等地捐银修筑桥路，自此行人往来、轿运驮载如履平地，商旅通行畅通无阻。

秦安境内有陇水流经，每逢夏季则水势旺盛，水流迅速，从东北斜穿西南，河流含沙量极大，河水浑浊发黄，还有酸味，不能用以灌溉或饮用。如果能开渠引水，清理河道，就能将此河转弊为利。乾隆五年（1740年），牛运震招募青壮劳力，因势利导，修建了九条长短水渠，于三月内完工。这些水渠，北至安家川，南至王家峡，共灌溉田地16000亩。田地变瘠为沃，农民种上瓜果蔬菜，周边面貌焕然一新。

秦安农耕技术水平相对落后，田禾布种多用手撒，事倍功半，且长出的禾苗杂乱，难于耘锄。乾隆九年（1744年）春，牛运震自制耧具，并劝谕士绅大户及四乡农户等一起制造使用。不久，一县之内共制造耧器256张，逐渐试用于平坦的田地中，最终的收成是往年的数倍。

为了防范灾情，牛运震鼓励百姓捐粮成立社仓。秦安土地贫瘠，仅有的富家大户又吝啬，故社仓一直未能推行。牛运震多次发文劝谕，言辞恳切，又身先士卒，自捐粟谷百石，最终促成了秦安社仓的建立，大大提高了当地抗灾的能力。

除农业之外，牛运震又大力支持纺织业。他命差役赴秦州求购棉籽，发给县西川、王子家峡等处的居民，教给他们种棉方法，督促农户勤于养护，并按期集中讲习，提高农民的种棉技术。秦安边地只有卫西路于家峡、谢家坪等处适宜纺织，牛运震亲自到这些地方加以劝导，资助纺织农户，鼓励当地妇女踊跃从事，使农户从中获利颇多，提高了生活水平。秦安当地还出产羊毛，牛运震出资借贷给织户，不收利息，使羊毛纺织成为当地的特色手工业。

秦安植被稀少，百姓修建屋舍所用木料及薪柴均需向外地购买，给本不富裕的生活增添了额外的负担。牛运震发现这一问题后，决定推广树木栽种。他不仅在官地捐栽树木，而且鼓励百姓在山沟、河畔广为种植。在他的推动下，秦安栽种树木40580余株，解决了百姓的用料需求，改善了当地生态环境。

秦安学风不盛，自康熙末年至乾隆初年20多年间，全县无一人考中举人。牛运震到任后，在县衙以东租赁民宅，捐出自己的俸禄创设陇山书院。他还清查出了官有荒地2000余亩，招募佃户垦种，以地租作为书院经费。他还在县衙与书院之间设置了一个便门，一有闲暇就去书院亲自给生徒授课，时常延至半夜。秦安一时学风蔚起，到乾隆九年（1744年）就有两人考中了举人，有的后来还考中了进士。

四、勤政廉洁，克己奉公

牛运震曾总结过自己的做官心得，也可说是他恪守的为政准则。他说：

> 为县官有三字：一曰俭，薄于自奉，量入为出，此不亏帑不婪赃之本也；一曰简，令繁则民难遵，体亢则下难近，一切反之，毋苛碎，毋拘执，毋受陋规，毋信俗讳，仪从可减减之，案牍可省省之，当无日不与百姓相见，而询其苦乐，唯求一切便民，虽举世笑我以黄老，吾不易也；一曰检，天有理，人有情，吏部有处分，上司有考课。豪强在国将吾伺，奸吏在衙将吾欺。入一钱乙诸简，期勿纳贿；施一杖榜诸册，期勿滥刑。今日居官，吾仓库不畏后任；明日还乡，吾心迹可白友朋。（《清史列传》卷七五《循吏传二·牛运震》）

"俭"是廉洁奉公，不贪民财；"简"是删繁就简，不扰民力，一切从简；"检"是用法有度，不枉民情，时时自我检讨。在牛运震看来，只要能够奉行这三个字，在任官期间，"吾仓库不畏后任"，等离任后，"吾心迹可白友朋"，即可以问心无愧，踏实心安。这些自白之言，被时人广为传颂。遵循这样的准则，牛运震在秦安编造册籍，建立保甲户口，还稽查出了许多沿袭已久的"陋规"十余条。他挨家挨户清理田赋，给予百姓休养生息的时间，亲自撰写《禁陋规碑文》九章，立于县衙门前，以示永禁，制止了官吏对百姓的勒索。

牛运震在《寄董阿兄书》中表明了自己的爱民之心："仆愿与秦安中产百姓分衣食甘苦……当无日不与百姓相见，差与之齐而讯其苦，但求一切便民而已。"（牛运震《空山堂文集》卷一）字字恳切，感人肺腑。为官近十年，他治理有方，政绩突出，真正做到了与百姓同甘共苦，做了很多便民利民的好事。牛运震离任时，送行百姓达万人，许多人跪哭挽留，沿途设香案、置酒席饯行，甚至有随送三四百里者。

牛运震在平番县任职时，也极力为民办事。他去除当地陋规陋习，率领百姓修筑水渠，灌溉土地。乾隆十二年（1747年），平番发生饥荒，牛运震捐粟二百石赈济百姓。平番百姓十分感动，每人自发捐出一文钱，且制作了一件"万民衣"，送与牛运震。牛运震力辞多次，最终收下了万民衣，钱则分文不收。后固原发生兵变，提督和巡抚火速传信给牛运震，向他询问退敌策略。牛运震请求将大军驻扎在城外作为声援，他不带一兵一卒，只身入城，向变兵晓以利害，说动一些士卒绑缚了兵变首领。兵变平息后，他又向朝廷请求释放无辜人员。他的才能得到了上司的肯定，却遭到了同僚的嫉妒。在考核官员政绩时，有人举报他接受万民衣之事，诬陷他受贿，导致牛运震被罢官。

牛运震去世后，秦安等地百姓向东哭送，悲号声数里可闻。秦安百姓为了纪念牛运震的善政，把他在任期间做的很多事铭刻于碑，以为不朽。

乾隆四十年（1775年），朝廷认为地方官沽名钓誉，不论政绩如何，离任时都会指使或要求士绅民众为自己立"德政碑"等，故要求全国各地销毁此类碑刻，但秦安百姓联合签名，表示为牛运震所作的碑铭均非虚言，而是如实纪事，最终争得上级同意，保全了相关碑刻。这时距离牛运震离开秦安已有30年了。

牛运震事迹展览中心（山东省济宁市兖州区新兖镇宣传办　供图）

民国时期甘肃籍学者慕寿祺在其《甘宁青史略》卷首之二中，对牛运震作了很高的评价："针民生之良药，问所不及而能畅言之，欲登边氓于仁寿域，有清一代，唯秦安县知县牛运震一人而已。"

◈ **史料来源**

• 乾隆《兖州府志》卷二三《人物志·牛运震》，清乾隆三十五年（1770年）刻本。

• 光绪《滋阳县志》卷八《人物传·师儒·牛运震》，清光绪十四年（1888年）刻本。

• 《清史列传》卷七五《循吏传二·牛运震》，中华书局1987年版。

（撰稿：邢娜娜、刘若余）

郑板桥：

一枝一叶总关情

衙斋卧听萧萧竹，疑是民间疾苦声。

些小吾曹州县吏，一枝一叶总关情。

——清·郑燮
《板桥集·题画·潍县署中画竹呈年伯包大中丞括》

清代郑板桥《墨竹图》（潘桂红　供图）

　　清乾隆十二年（1747年）的一天，潍县（今山东省潍坊市区）知县郑板桥接到了署理巡抚的山东布政使包括索画的信函。他静卧在县衙的书斋里，反复思考给这位上司究竟作幅什么画为好。忽然，窗外传来了一阵竹叶被风吹动的萧萧声，当时正被救灾困扰的郑板桥听后，觉得这声音仿佛百姓啼饥号寒的呜咽之声，自己虽然只是一名县级小官，但百姓的一举一动无时无刻不萦绕于心。画作的物象和意境在思考中逐渐明晰起来，郑板桥立即起身，画了一幅自己最为擅长的墨竹，并题写篇首所引之诗以明心迹。郑板桥的这首题画诗，常被后人引用，作为官员心系百姓、关心民生疾苦的生动写照。

郑板桥（1693—1765），原名郑燮，字克柔，号理庵，又号板桥，江苏兴化人。清雍正十年（1732年）举人，乾隆元年（1736年）进士。先后任山东范县（今属河南省濮阳市）、潍县知县，为政期间，勤于政事，体恤民艰，清正廉明，深受百姓爱戴。

郑板桥画像（潘桂红　供图）

一、多方救灾

郑板桥久有经世之志，他不像有些人做官后想的只是"如何攫取金钱、造大房屋、置多田产"（卞孝萱等编《郑板桥全集》卷七《范县署中寄舍弟墨第四书》），而是以圣贤遗训"穷则独善其身，达则兼善天下"自勉，立志"立功天地，字养生民"（卞孝萱等编《郑板桥全集》卷七《潍县署中与舍弟第五书》）。他从不趋炎附势，中进士六年后方才出任知县。当时他年已五旬，虽精力日渐衰退，但为官仍勤于政事，坚守牧民守土的本分。

乾隆十一年（1746年）岁末，郑板桥调任潍县知县。下车伊始，他面临的就是极为严峻的考验。当时，潍县连年灾荒，疫、卤、旱、涝等灾交替横行，民间卖儿鬻妻、背井离乡者络绎不绝，甚至出现了"人相食"者。种种惨状让他心情十分沉重，他不可自抑地写下了诗作《逃荒行》（卞孝萱等编《郑板桥全集》卷三），其中称：

> 十日卖一儿，五日卖一妇。
>
> 来日剩一身，茫茫即长路。
>
> 长路迂以远，关山杂豺虎。
>
> 天荒虎不饥，旰人饲岩阻。
>
> 豺狼白昼出，诸村乱击鼓。
>
> 嗟予皮发焦，骨断折腰膂。
>
> 见人目先瞪，得食咽反吐。
>
> 不堪充虎饿，虎亦弃不取。
>
> 道旁见遗婴，怜拾置担釜。
>
> 卖尽自家儿，反为他人抚。
>
> 路妇有同伴，怜而与之乳。
>
> 咽咽怀中声，咿咿口中语。
>
> 似欲呼爷娘，言笑令人楚。

面对困局，郑板桥没有退缩，他迅速采取了若干救急的措施，以帮助灾民渡过眼前的难关。

首先，立刻开官仓赈贷。清代潍县衙署内有常平仓60间，还有预备仓69间，乾隆八年（1743年）又刚建成了盐义仓6间，各仓中贮谷均可用来救灾。虽然救灾如救火，但按当时制度规定，开仓赈贷需要向上级辗转报请，这无疑会迁延时日。郑板桥对此极为不满，他在《思归行》（卞孝萱等编《郑板桥全集》卷三）诗中反思了赈贷的若干问题：

金钱数百万，便宜为赈方。

何以未赈前，不能为周防？

何以既赈后，不能使乐康？

何以方赈时，冒滥兼遗忘？

在他看来，层层报批，会错过赈灾的最佳时机，违背政策设计的初衷。虽然有僚属劝他等上司批准后再行放赈，但他不顾风险，表示事急从权，若有罪责，自己一力担之，要求立刻发放官谷，让民众具券领之。此举最终救活万余人。次年秋天，依旧歉收。他把自己的薪俸和养廉银捐献出来，代替百姓偿还所借官粮。离任时，他烧掉了全部借券。

其次，全面了解县中民间存粮状况，苦口婆心地发动热心公益的士绅大户在城隍庙等处开设粥厂，给灾民提供餐食；严禁县内粮商和储粮富户囤积居奇，责令其以平价售卖，由此确保官民合力，共同帮助灾民渡过难关。

以上举措只能救一时之急，无法长久。此后几年，面对持续不断的灾荒，郑板桥借鉴古人以工代赈的成功经验，将公共建设和赈济结合起来，在潍县大兴工役，招徕远近饥民赴工就食。其中，修筑潍县城墙的功效尤为明显。

潍县城墙原是明崇祯十三年（1640年）由土墙改建的坚固石墙，周长1349丈。雍正八年（1730年）夏天，白浪河水上涨，冲毁城墙1400余尺。后来又有部分城墙倒塌，塌毁总长度达1800余尺。乾隆十三年（1748年）秋，郑板桥倡修潍县城墙。他与县中乡绅议定，每尺修复工本费需钱6000文，由官员、乡绅、富户自行出钱认领，统一兴修。所出款项交给公推出来的乡贤郭伟业、郭耀章，由其全面掌管，郑板桥与县中胥吏一丝一毫也不经手。郑板桥带头捐银360两，包修城墙60尺，并当场把钱交给乡绅，避免只是纸上空名。后来又增修了20尺。在郑板桥的倡率下，县中官员及乡绅大户等踊跃捐款，前后共有郭峨等245人捐银8786两。为鼓励绅民捐款，郑板桥还为一些人亲书姓名、款项，刻石嵌于所修城墙之上，以昭后世。工程于当年十月动工，次年三月完工，共修城墙1800余尺，谯楼、垛齿等无不焕然一新。通过参与该工程，大量挣扎在死亡线上的灾民渡过了难关。

虽然郑板桥一再自谦"无功于民"，但宰潍期间，山东地方官员考绩，他被定为全省第一，所获评语称其老成持重，才堪大用，被保升知府，在任候补。

二、关心民瘼

郑板桥有强烈的民本思想，称"天地间第一等人只有农夫，而士为四民之末"，理由是农夫通过勤苦耕种以养天下之人，"使天下无农夫，举世皆饿死矣""工人制器利用，贾人搬有运无，皆有便民之处。而士独于民大不便，无怪乎居四民之末也"。（卞孝萱等编《郑板桥全集》卷七《范县署中寄舍弟墨第四书》）他对民众生活之艰辛表现出强烈的同情心，作有不少诗文反映民间疾苦，批判贪官恶吏。他在《悍吏》（卞孝萱等编《郑板桥全集》卷一）诗中严厉批判悍吏"入村捉鹅鸭""沿村括稻谷"的"豺狼"行为，在《私刑恶》（卞孝萱等编《郑板桥全集》卷一）诗中揭露胥吏奸刁自肥、以私刑代替官刑、对百姓勒索无度以致敲骨吸髓的恶行，"一丝一粒尽搜索，但凭皮骨当严威"。他还有《潍县竹枝词》40首，记录了潍县一带土地兼并、贫富分化、下层民众艰苦挣扎等严重的社会问题：

绕郭良田万顷赊，大都归并富豪家。
可怜北海穷荒地，半篓盐挑又被拿。

行盐原是靠商人，其奈商人又赤贫？
私卖怕官官卖绝，海边饿灶化冤磷。

东家贫儿西家仆，西家歌舞东家哭。
骨肉分离只一墙，听他笞骂由他辱。

郑板桥注意了解民情。在范县时，面对冤案层出不穷、百姓无处诉冤等现象，他经常下乡走访，甚至出现过上级来视察，在衙门里找不到知县的情况。在潍县期间，为防止下属蒙蔽和随从隐瞒，他积极结交乐善好施、直言不讳的王俨、郎一鸣、陈尚志等贤明乡绅。每次下乡，必定造访其家，然后屏退随从，向他们访问民间疾苦，让其知无不言，言无不尽。

郑板桥还注意及时调整施政举措，维护民众利益。当时每到冬天，盗窃案就会频发。为维护治安，他从当地招募40人编成巡捕小队，专门负责巡防缉捕。不料实行了一段时间后，却招致民怨沸腾。他经过调查，方知原本为保境安民而设的巡捕小队竟然大肆为害地方。有的巡捕队员擅闯百姓家中，诬陷百姓聚众赌博，以讹诈钱财；有的夜间巡逻时遇到行路的乡民，便将其诬为窃贼，索拿拷打，一定要讹诈到钱财后才予以释放；有的非但不缉捕盗匪，反而包庇私盐小贩，甚至窝藏盗贼赃物等。郑板桥了解到实情后，立刻就将巡捕小队解散了。过了不久，省里又命各县都要招募巡勇百人，专司捕盗。由于前车之鉴，郑板桥不想再招募巡勇危害乡里，但公然违抗上命，又难以交代。郑板桥便多方对比招募当地人与客籍人的利弊：招募当地人，他们熟悉地理环境，通晓方言，缉捕盗贼可能容易一些，但官匪勾结、讹诈勒索必多；而招募客籍人，扰民可能会少一些，但他们容易因道路莫辨和言语不通而侦缉难周。他反复权衡后，最终决定两害相形取其轻，宁愿自己承受捕盗不力的批评，也不愿让百姓遭受敲诈勒索，于是从直隶招募人到潍县充当巡勇。

潍县烟业发达，城中有不少烟店，但该行业一直无官方经纪。有人私自充任经纪，欺行压市，从中牟利。郑板桥上任后，不少人通过关系乞求充任烟行经纪。他以烟草行业本微利薄为由，一概拒绝。乾隆十四年（1749年）春夏之际，修筑城墙完工后，土城还有一些缺坏和渗水之处。烟行商人捐钱240千文，将城墙修补完善。虽然捐资不多，但其意可嘉。为表彰烟行商人之义举，他撰写了《潍县永禁烟行经纪碑》，在潍县禁绝会给小商贩带来中间剥削的烟行经纪，并刻石以记，规定"如有再敢妄充私牙与禀求作经纪者，执碑文鸣官，重责重罚不贷"（卞孝萱等编《郑板桥全集》卷九）。

三、清廉自持

"屡劝诸儿莫做官，立官难更立身难。"（卞孝萱等编《郑板桥全集》卷二《绝句二十三首·孙峨山前辈》）人皆以做官为荣，唯独郑板桥以做官为苦。在他看来，尽管县官难做，但既然担任此职，就努力做好。他为官的榜样是历史上的著名循吏，"安人龚渤海，执法况青天"（卞孝萱等编《郑板桥全集》卷一《赠高邮傅明府，并示王君廷溁》），即明于治乱、开仓安民的汉代渤海太守龚遂和除奸革弊、刚正清廉的明代苏州知府况钟等。

郑板桥为官十二载，其中有五年在范县做知县，七年在潍县做知县，可谓久知县事。他认为知县个人的素质十分重要，即使是良善明智之辈，百姓仍会有许多疑虑；若是昏庸贪虐之人，百姓就会陷入苦海；有的僚属胥吏也会与知县狼狈为奸，或背着知县干坏事。为此，郑板桥清廉自持，绝不与贪残害民者同流合污。他以不失信、不自是、不贪利作为自己的人生信条，不爱乌纱不爱钱，"只饮民间一杯水，不取民间一文钱"。虽然家无余财，自己"落拓扬州一敝裘"（卞孝萱等编《郑板桥全集》卷一《大中丞尹年伯赠帛》），"寒无絮络饥无糜"（卞孝萱等编《郑板桥全集》卷一《七歌》），家人过着"白菜腌菹，红盐煮豆"（卞孝萱等编《郑板桥全集》卷五《满庭芳·赠郭方仪》）、"琐事贫家日万端，破裘虽补不禁寒"（卞孝萱等编《郑板桥全集》卷一《除夕前一日上中尊汪夫子》）的困顿生活，但他心志不改，始终坚守正道。正如其著名的《竹石》（卞孝萱等编《郑板桥全集》卷一）诗所言：

咬定青山不放松，立根原在破岩中。
千磨万击还坚劲，任尔东西南北风。

郑板桥任知县时，时常将俸钱寄回老家接济贫苦族人，但坚决拒绝族人随之任职的请求。他明确告知族人：县衙中职位本来就不多，上峰介绍者尚且无从安排，对无一技之长的族人就更不可能安排了。为防族人误解，他在给弟弟的家书中还特意解释了任用同宗郑勇魁的原因：郑勇魁性情率直尚义，精通拳术，被自己倚为护卫，跟随自己多年，不仅从未有过，而且多立功劳。在土匪围攻潍县时，郑勇魁与范金镖等奋不顾身，率领民团巡丁出城杀贼，生擒匪首朱老哥子等，解潍县城之围。

作为知县，郑板桥要审理各种案件。从被今人当成书法作品保留下来的250余条郑氏判词看，他审判的案件涉及凶杀人命、田产交易、家产争夺、立嗣继承、妇女改嫁、人口买卖、牙行勒索、偷漏赋税、口角斗殴等，审理过程和判决结果也表现出鲜明的"板桥特色"。

清代郑板桥判牍一则（潘桂红　供图）

一是重视证据，防范刁民和讼师浑水摸鱼。有判词称："尔既不知地被人种去，又何知是赌账准折？刁词可恶！但是否坟地出典？词证确查覆夺。"或称："张凤池究系何人？想亦奉先自写自递，乱闹官牙，可恶之至，不准。"在某伤人致死案的判词中，更直接质问亲属："何得听信讼师倚恃尸亲，屡行刁渎？"（本文所引判词均见李一氓编《郑板桥判牍》，文物出版社1987年版）

二是多依情理，少按法令，以调解为主，看似随意，实则爱民。"自同族众理说""尔欲守贞，谁能逼尔改嫁""只以情理催众人调处可也"之类的判词就很常见。清人曾衍东的笔记小说《小豆棚》中记录了郑板桥判青梅竹马的私通僧尼还俗结为夫妻的故事，更是说明了这一点。

三是保护穷人，指斥富人。乾隆十六年（1751年）五月，胶州名士法坤宏途经潍县，与几位商人谈及郑板桥审案。商人称其"右窭子而左富商""唯不与有钱人面作计"（法坤宏《迁斋学古编》卷二《书潍县知县郑板桥事》），即尽力保护穷人，对那些动辄兴讼的富商往往严加斥责。郑板桥还曾拍案大骂那些仗势兴讼的监生为"驮钱驴"，完全不给有钱人面子，搞得富豪们"无奈一时骄吝客，惭他呼作'驮钱驴'"（郭麐《潍县竹枝词》）。判词"既据有地二顷五十亩，尚谓之穷人乎？不准"，似乎让我们看到了他判决时对冒充穷人者的愤怒之色。

郑板桥始终坚持传统的"息讼"理念，严格防范刁民讼棍借讼牟利，也不与富人结交，更不会收其贿赂。他在潍七年，离任时没有留下未判的积案，也没有造成一起冤案。案件审判就是试金石，充分反映了郑板桥的清廉自持。

乾隆十七年（1752年），郑板桥因为请赈而触怒上司，被迫称病辞官。次年春天，他离潍返乡时，只用驴三头，一头自骑，一头书童骑乘，另一头驮运书、琴和行李。

郑板桥勤政爱民、清廉自持的事迹很快就得以广泛流传。清代诗人王衍梅在《题郑板桥先生像》一诗中追记郑板桥的循吏事迹，称赞其"伟哉七品官，而作河朔英"（李福祚辑《昭阳述旧编》卷三《苔岑述下》）。郑板桥去世30余年后，阮元出任山东学政，称潍县士人念念不忘其德政，对其片纸只字视若珍宝，"固知此君非徒以文翰名世也"［阮元《题板桥先生行吟图》，卞孝萱等编《郑板桥全集（增补本）》附录］。今天，潍坊市十笏园文化街上建起了郑板桥纪念馆，全面展示其文学艺术成就及其勤政爱民、崇德尚廉的事迹。馆中固定演出文化旅游实景剧《郑板桥在潍县》，通过"拦轿喊冤""击鼓升堂""大堂巧审案""不孝子改过自新""阖家团圆"等情节，生动再现郑板桥审案的过程，表达当地人民对他的深切怀念。

◈ 史料来源

• 宣统《山东通志》卷七七《职官志四·国朝宦迹四·郑燮》，民国四年（1915年）铅印本。

• 民国《潍县志稿》卷二〇《秩官列传·郑燮》，民国三十年（1941年）铅印本。

• 卞孝萱、卞岐编《郑板桥全集》（增补本），凤凰出版社2012年版。

（撰稿：袁琳、谭景玉、张晓波）

郑板桥：一枝一叶总关情

李毓昌：骨黑心终赤

骨黑心终赤

一点丹心关国计，

千秋黑骨为民生。

——清代淮安李公祠楹联

清嘉庆十四年（1809年）六月十五日，历城县南门外教场，尸检正进入最后阶段。死者名叫李毓昌，头一年刚考中进士，分发江苏候补知县，一旦有缺，就有机会走马上任。谁想这空缺还没等来，他却在淮安查赈期间"自缢"身亡。

李毓昌初入仕途，他的死自然没有引起各级部门的关注，尸体随即被族人带回山东原籍安葬。此事本该就此终了。然而三个月后，李毓昌的族叔李泰清赴京向都察院控告，并呈上血衣两件、验毒银簪一枝，声称李毓昌是被人毒杀后伪作自缢。朝廷旋令山东巡抚遴选公正大员再次验尸，山东按察使朱锡爵受命具体负责该项工作。朱锡爵第二日呈送朝廷的报告中称："该故员沿身骨节，多作青黯及青黑等色，实有受毒情形，而左右颊车骨均带赤色，似系受毒后悬吊致死。"换言之，李毓昌并非自杀，实为他杀！那么，其死因到底为何？其中又牵涉怎样的曲折故事呢？

一、廉洁立身

李毓昌（1771—1808），字皋言，号荣轩，山东即墨人。少时至孝，闻名乡里。嘉庆十三年（1808年）中进士，以候补知县分发江苏。这本是一个不错的起点，日后或能有一番大作为。无奈的是，李毓昌入仕之际，正值清朝由盛转衰的阶段，潜藏在乾隆盛世下的吏治危机，到嘉庆朝已逐渐浮出水面。大小官员结党营私、巧取豪夺，政治风气日益腐化。十年前，官员洪亮吉就曾上书揭露这种现象，如其所说："盖人材至今日，销磨殆尽矣。以模棱为晓事，以软弱为良图，以钻营为取进之阶，以苟且为服官之计。由此道者，无不各得其所欲而去，衣钵相承，牢结而不可解。"（《清史稿》卷三五六《洪亮吉传》）在这种情况下，李毓昌若选择明哲保身，像《史记·屈原列传》中渔父说的那样，"随其流而扬其波""铺其糟而啜其醨"，那么，即便享受不到荣华富贵，也能安稳度过一生，可他坚决选择廉洁立身，不同流合污，走上了一条凶险之路。

山东省青岛市即墨古城文庙乡贤祠内的李毓昌画像（王洪涛　供图）

二、秉公持法

这一年，正值淮扬一带发生了伏汛，河湖暴涨，房屋、农田尽遭水浸，受灾百姓只得在堤岸处搭棚居住，粮食生产亦无以为继。经地方官员禀明受灾情况，朝廷一面开仓放粮，一面命户部拨出赈银送往灾区。江苏布政司命李毓昌等人前往淮安府山阳县（今江苏省淮安市淮安区）调查赈灾情况。

查赈是朝廷赈灾的必要流程，主要工作一为勘灾，一为审户。勘灾是指勘明受灾户口与田亩，防止地方谎报灾情、骗取赈款，当然也不免会出现州县长官与查赈委员协同作弊的情况。审户是指确认各受灾户的发赈数目，给予赈票作为依据，这直接关涉灾民利益。

李毓昌带着仆役到达山阳县后，独自居于善缘庵。每天乔装为过境客商，走乡串巷，深入民户察访，将户口与赈银数目登记造册，并与放赈名册逐一核对。前后二十余日，他不辞辛劳，亲历两乡，到访三千余户，本来准备继续清查另外两乡，因感染风寒，于十月二十八日返回山阳县城，准备将探访到的实情上报。

山阳知县王伸汉本无德才，靠捐纳钱物才获取官职，在任只为回本取利。他见李毓昌查赈归来，遂与其商量将受灾人数九千多口虚报至一万多口，以便骗领赈银。李毓昌严词拒绝，言"为官之道贵在清廉"，痛陈庶民惨状，怒斥其贪污行径。

三、含冤丧命

在与李毓昌"合谋"不成后，王伸汉并未就此收起贪婪之心，转而通过李毓昌的长随（官府雇佣的奴仆）李祥，再次向李毓昌发出"邀请"。李毓昌自然不会答应，并称要向江苏布政司揭发王伸汉。王伸汉见反复游说李毓昌不成，遂采纳家仆包祥的意见，买通李毓昌的长随李祥、顾祥与马连升，设计谋害李毓昌。

查赈之事结束后，王伸汉设宴为查赈委员送行。席间，王伸汉不断向李毓昌劝酒。李毓昌情面难却，多饮了几杯。回到住处后，李毓昌酒后口渴，向仆役索要茶饮。李祥等人早有准备，将先前买来的砒霜倒入李毓昌的茶中，使其喝下。半夜，药性发作，李毓昌腹痛如绞，七窍流血。李祥三人担心事情泄露，急忙冲进房中，以汗巾捂住其嘴，将李毓昌勒死，后擦干血迹，将其悬于房梁上，制造出他悬梁自尽的假象。

第二天清早，李祥以李毓昌自杀上报淮安府衙（山阳县为淮安府治所）。王伸汉又秘密找到淮安知府王毂，向其坦白毒杀李毓昌的实情。令人诧异的是，王毂不仅不予深究，还逼迫作仵说李毓昌是自缢而死，草草结束了尸检工作。事发后王毂供称，他是怕承担连带责任才谎报案情。

实际上，王毂先后收取了王伸汉贿赂的白银2000两、修理府衙费1000两，其家人曹德也暗中收受现银1000两，共计4000两。由此，王毂甘愿冒着风险，以李毓昌自缢身死上报了事。这真印证了早先洪亮吉所说："由此道者，无不各得其所欲而去，衣钵相承，牢结而不可解。"

就这样，层层上报，江苏按察司草率认可了王毂的报告，两江总督也没有深究，迅速定案，上报都察院。王伸汉自以为做得天衣无缝，便一面通知李毓昌亲属前来治丧；一面善后，将李祥荐给淮安通判任役，让顾祥回苏州，将马连升荐于宝应县。

嘉庆十四年（1809年）初，李毓昌的族叔李泰清到山阳处理李毓昌的后事。他在清理遗物时，发现一张残纸，上写"山阳知县冒赈，以利啖毓昌，毓昌不敢受，恐负天子"字样。李泰清虽心生疑惑，但因没有确凿证据，只好先护送灵柩回乡。回到故里后，李毓昌家人一直对他自缢疑惑不解，其妻发现他衣物上有多处血迹，更是怀疑丈夫死得不明不白。于是，李氏族人决定开棺验尸。打开棺木后，尸首尚未腐烂，只见颈上有明显勒痕，脸上和指尖均呈黑青色，中毒症状明显。李泰清马上书写呈文，奔赴京师，向都察院递交冤状。都察院面对朝廷命官被害的疑案，不敢怠慢，立即上奏嘉庆皇帝。嘉庆皇帝览奏后，当即提出了多处疑点，下令彻查，于是有了本文开头验尸的一幕。

四、正气长存

在山东按察使朱锡爵主持验尸的同时，朝廷下令将王伸汉、李祥等涉案嫌疑人押送至京。在军机大臣和刑部的共同审问下，案情很快便水落石出。嘉庆皇帝十分重视此案，将参与陷害李毓昌的各案犯皆处以严刑。李祥、顾祥、马连升、包祥、王伸汉、王毂均处死刑，两江总督铁保、江苏巡抚汪日章皆因失察革职，老臣铁保发乌鲁木齐赎罪，另有多名贪赃枉法的官员受到处分。

除了对贪赃枉法者进行惩处外，朝廷也对李毓昌及其家属进行了褒奖。李毓昌追赠知府，赐谥号忠愍。侄子李希佐过继为嗣，赏给举人衔，准予参加会试。山东巡抚赐其遗孀1000两白银。嘉庆皇帝专作《悯忠诗三十韵》（董诰等辑《皇清文颖续编》卷首五六）一首，表彰李毓昌的事迹，并命山东巡抚寻找石料，将诗刻于李毓昌墓前，昭示天下。其诗曰：

> 君以民为体，宅中抚万方。
> 分劳资守牧，佐治倚贤良。
> 切念同胞与，授时较歉康。
> 罹灾逢水旱，发帑布银粮。
> 沟壑相连续，饥寒半散亡。
> 昨秋泛淮泗，异涨并清黄。
> 触目怜昏垫，含悲览奏章。
> 恫瘝原在抱，黎庶视如伤。
> 救济苏穷姓，拯援及僻乡。
> 国恩未周遍，吏习益荒唐。
> 见利即昏智，图财岂顾殃。
> 浊流溢盐渎，冤狱起山阳。
> 施赈忍吞赈，义忘祸亦忘。
> 随波等癏狗，持正犯贪狼。
> 毒甚王伸汉，哀哉李毓昌。
> 东莱初释褐，京邑始观光。
> 筮仕临江省，察灾莅县庄。
> 欲为真杰士，肯逐黩琴堂。
> 揭帖才书就，杀机已暗藏。
> 善缘遭苦业，恶仆逞凶铓。
> 不虑干刑典，唯知饱宦囊。
> 造谋始一令，助逆继三祥。
> 义魄沉杯茗，旅魂绕屋梁。
> 棺尸虽暂掩，袖血未能防。

骨黑心终赤，诚求案尽详。

孤忠天必鉴，五贼罪难偿。

瘅恶法应饬，旌贤善表彰。

除残警邪慝，示准作臣纲。

爵锡亿龄焕，诗褒百代香。

何年降申甫，辅弼协明扬。

山东省青岛市即墨区即墨古城内的"玉壶冰清"坊

　　李毓昌廉洁自守的故事在后世也广为流传。在其家乡即墨，乡民将之作为乡贤奉祀。2016年复建后的即墨古城，有一座"玉壶冰清"坊便是为李毓昌而立。李氏族人编辑的《天鉴录》与《悯忠录》也出版发行。李毓昌为官的江苏淮安，也有祠庙纪念他。在人们的口耳相传中，李毓昌的廉洁形象愈发熠熠生辉。

◇ **史料来源**

• 同治《即墨县志》卷九《人物·名臣·李毓昌》，清同治十一年（1872 年）刻本。

• 同治《重修山阳县志》卷二一《杂记二·李毓昌》，清同治十二年（1873 年）刻本。

• 李中华原编，刘廷新等续编《天鉴录》，青岛市即墨谱牒研究会，2021 年。

（撰稿：张富华、杜世达）

王鼎铭：
循天理、遵国法、顺人情

牺牛岗上石嵯峨，曾此忠魂自荷戈。

博得大名垂宇宙，哪容小丑犯山河？

丹书铁券恩无替，猿鹤虫沙恨尚多。

岁岁新田寒食节，遗黎掩泪怕经过。

——光绪《峄县黄氏族谱》卷四

《黄翼清〈吊忠节彝轩王老先生（其二）〉》

王鼎铭画像（郑娟娟　供图）

清道光十二年（1832年）二月，湖南新田知县王鼎铭为保护民众在城南牸牛岗遇害。此后每逢寒食节，都会有民众络绎不绝地到岗上纪念。王鼎铭的同乡、山东峄县名士黄翼清《吊忠节彝轩王老先生》诗中的"岁岁新田寒食节，遗黎掩泪怕经过"之句，生动记录了新田百姓对这位知县的悼念之情。

王鼎铭（1772—1832），字新之，号彝轩，山东峄县郭里集（今山东省枣庄市市中区西王庄镇）人。王鼎铭于道光年间任新田知县，以清白端谨、勤政廉洁闻名。他曾手书"天理、国法、人情"六字，刻于石上，将循天理、遵国法、顺人情作为自己为官处事的标准，得到广泛称赞。

一、扶弱济贫，乐善好施

王家在峄县远近闻名。王鼎铭的祖父王灼和父亲王鸿基均是德高望重、热心公益之人。王鼎铭自幼深受家风熏陶影响，也养成了乐善好施的品性。

15岁时，王鼎铭考中秀才。他在研习"四书""五经"的同时，也学习医术。21岁那年，因县试成绩优异，王鼎铭被选为贡生，但后来两次参加乡试均未中第，他便开始创业治家。他在家乡开垦荒地，转销山货、煤炭等，足迹遍于京津、江浙，家产日渐丰厚。他还将江南地区的桑麻与丝织技术引入家乡。

在乡里，王鼎铭常常为乡邻排忧解难。嘉庆年间，峄县数次发生灾情，百姓生计无着，流离失所。王鼎铭联合当地士绅，开仓放粮，开设粥棚，赈济灾民，先后达十余次。王家几次免去南、北洛和兰城店等村百姓的地租，并向生活困难的村民赠送种子和食物。为了应对肆虐的麻疹病，王鼎铭广求医方，配置药剂，赠予百姓，全活者甚众。36岁时，王鼎铭在家乡设校授徒，培养人才。

王鼎铭为人善良真诚。之前赴京赶考时，他遇到了染病的潍县考生陈官俊。王鼎铭尽心为陈官俊治病，待其痊愈后又以马匹相赠，结伴赴试，两人结下了深厚的友谊。后陈官俊蟾宫折桂，仕途顺畅，王鼎铭却名落孙山。嘉庆十五年（1810年），王鼎铭由贡生纳资捐了从七品的内阁中书科中书。嘉庆十九年（1814年），加捐主事，但因母亲年迈，次年辞官归里。道光八年（1828年），王鼎铭进京拜访在翰林院任职的陈官俊，在陈官俊的劝说下，他决定为官一方，造福百姓，由此出知新田县。

二、公而忘私，为民解忧

道光九年（1829年）八月，王鼎铭抵达湖南桂阳州（治今湖南省桂阳县）。他脱下官服，换上便装，一路体察民情。一入新田县境，他径入城隍庙，立下誓言："我今后如有半点不称职之处，情愿受到上天的责罚！"

当时，新田县大小官吏和士绅为拉拢王鼎铭，为他准备了一套宅院。王鼎铭在他们的簇拥下进入县衙后，正色说道："本县已然立誓，定当为百姓尽心竭力，此后我就住在这县衙中。"王鼎铭在大堂一角用布幔隔出了一个独立空间，作为自己的住宿之所。

王鼎铭在新田任上，主要从以下三个方面展开工作：

一是整顿县政。王鼎铭事必躬亲，公务从不委托他人代劳，以防胥吏弄虚作假，危害百姓。他明令下属胥吏不得随意进入其住处，但平民百姓可以直接进去申冤鸣屈。在新田县任职的近三年时间里，为保证办案准确、公正、快捷，王鼎铭不分寒暑、夜以继日地剖析案情，力求每个案件都能在十日之内解决，以减轻百姓负担。他累了就趴在案几上小憩，遇到疑难就亲自到百姓中察访，深入了解实情。王鼎铭经手的案件从未出现过差错，新田百姓无不称颂。

王鼎铭清廉节俭，以身作则，平日只是粗茶淡饭，外出巡访时只带一仆一役，饭食自备，从不扰民。他虽然俸禄少，却从不接受官吏与百姓的礼品、宴请。

二是加强教育，重视人才。王鼎铭多次亲自到新田的书院讲学，见到书院房舍十分简陋，便带头出资予以修缮和扩建。他在巡视过程中，十分注意考察青年才俊，鼓励他们勤勉向学，为国为民效力。他在任内两次主持县试，选拔出不少品行端正、有真才实学之人。他还规定每月初一、十五为律法宣讲日，并将朝廷颁布的律令、民众容易触犯的律法条文张贴于市井通衢，方便百姓了解，避免他们因不知法而犯法。

山东省枣庄市市中区王鼎铭墓园内的"天理、国法、人情"碑

三是关心民生，赈恤百姓。当时的新田自然环境恶劣，百姓生活穷苦。王鼎铭上任后，劝民农桑，发展生产，改善民生。

王鼎铭上任之初，新田连续发生严重旱灾。王鼎铭连上数道公文请求朝廷调粮赈灾，总算借来了少量粮米以解燃眉之急。为补充赈灾粮米之不足，他不仅捐出了自己微薄的薪俸，而且派人变卖他家乡的田产以筹粮。流传至今的民谣"卖了南北洛，家产没觉着；卖了兰城店，家产去一半"，说的正是王鼎铭公而忘私、两次变卖田产为民解忧的事迹。他深入各村指挥赈恤工作，还率领百姓开挖水井，足迹遍布整个新田。见到仍是久旱无雨，王鼎铭心急如焚。一天，他亲自披枷，在炎炎烈日下，跪在城隍庙前求雨。王鼎铭急民之难的诚心感动了新田百姓，其"披枷求雨"的故事至今还在当地流传。

不到三年时间，王鼎铭就将新田治理得井井有条。他德行彰著，受到当地百姓的敬仰。有人搜集其言行和政绩，准备编辑成册刊印散发，他知道后坚决制止了，认为自己只是做了分内之事，不足以宣扬。

三、节井睢阳，众善济民

道光十二年（1832年），朝廷选派王鼎铭为山西潞安（治今山西省长治市）知府。二月，王鼎铭赶到长沙，与湖南官长商谈县务交接。恰逢赵金龙起兵反清，将至新田，王鼎铭连忙返回新田，冒雪遍历各处安抚百姓，准备等事件平息后再去上任。不久，赵金龙所部逼近新田县城。王鼎铭让城内百姓下乡躲避，遣散幕僚，自己却穿好官服，端坐于大堂之上。他在书案上写下几个大字："仇我当杀我，勿伤我百姓。"表达了甘愿牺牲自己保一方百姓平安的决心。百姓被他的举动深深感动，争相报名守城。赵金龙部逼近县城时，王鼎铭率众出城抵御，不幸遇难。

得知王鼎铭遇难的消息后，朝廷降旨旌表，称赞王鼎铭"学通载籍，文武兼备。珥笔生华，会赋窈窕文章；金戈凝霜，堪作干城之寄"（《湖南新田县知县王鼎铭暨配李恭人诰命二道》，李治亭等主编《一代廉吏王鼎铭研究文案》，中共中央党校出版社2016年版，第10页）。朝廷还赐予王鼎铭御笔亲书的"节并睢阳"匾额，将王鼎铭比作唐代坚守睢阳抵御安禄山叛军而牺牲的名臣张巡。

道光十五年（1835年），王鼎铭的故吏门生、新田县的张耀南和谢维章等人，为了传扬王鼎铭救济百姓的精神，捐田筹建了一座众善堂。新田百姓在堂中为王鼎铭修建了一座王公祠，按时致祭。

众善堂董事们秉承王鼎铭的精神，资助贫苦人家抚养幼儿、治疗疾病、丧葬、求学等，后来又捐资修建了万利桥、白路亭等，有力地推动了新田慈善事业的发展。1937年，新田官商百姓为众善堂修建了一座办公楼。时值王鼎铭逝世105周年，新田各界人士聚集楼前，纪念王鼎铭。20世纪80年代，新田县编修《新田县志》时，认为王鼎铭勤政清廉的事迹对于当今仍有借鉴意义，破例将王鼎铭列为人物传的首位。时至今日，新田人民依然对王鼎铭赞誉有加。王鼎铭墓被列为山东省级文物保护单位，王鼎铭墓园也已成为枣庄市廉政教育的重要基地。

◈ **史料来源**

• 光绪《峄县志》卷二一《乡贤列传·王鼎铭》，清光绪三十年（1904年）刻本。

• 《清史稿》卷四八九《忠义传三·王鼎铭》，中华书局1977年点校本。

（撰稿：邢娜娜、张蕴荟）

丁宝桢：

不敢昧初心以负国而病民

中条山色静分明，知有贤人隐上清。

绕径柿林秋气肃，到门竹影夏寒生。

相逢白发伤迟暮，共嚼青蔬感世情。

我愧抗尘君抱洁，要将晚节证前盟。

——清·丁宝桢

《十五弗斋诗存·中条山访阎丹初司空作》

丁宝桢像（丁健 供图）

中条山的林荫小路上，丁宝桢和阎敬铭（字丹初）这对老朋友正携手而行。两位晚清时期的重臣，因同在山东做官而彼此结识，又因清廉耿介的品质而相互欣赏。此次相逢，丁宝桢以诗明志，向阎敬铭承诺要坚持履践二人先前共同许下的诺言，即便身处泥淖之中，也要一尘不染。事实证明，丁宝桢以清廉自守，终其一生都并未辜负此一约定。

丁宝桢（1820—1886），字稚璜，谥文诚，贵州平远州（今贵州织金）人。道光二十三年（1843年）中举，咸丰三年（1853年）进士及第，改翰林院庶吉士，充武英殿协修。咸丰六年（1856年），授翰林院编修，后任岳州（治今湖南省岳阳市）知府、长沙知府。同治三年（1864年）八月，升任山东布政使。同治六年（1867年）二月，任山东巡抚，次年因军功加太子少保衔。后仕至四川总督等。著有《丁文诚公奏稿》《十五弗斋诗存》等传世。丁宝桢毕生于地方任官，敢于任事，政绩卓著，不但具有卓越的军事才能、非凡的政治魄力，更有难得的经世才干，诚为晚清一代名臣。

一、擒杀权阉，声闻天下

同治八年（1869年），丁宝桢擒杀权阉安德海（亦称安得海），震惊朝野，时人莫不称快。多有稗官野史记载，安德海在辛酉政变中为慈禧、慈安两宫太后与恭亲王奕䜣夺权发挥了重要的作用，因而受到慈禧太后的宠任，权势渐隆。士大夫见势纷纷登门攀附，更助长了其气焰。

同治八年，安德海打着"奉旨钦差，采办龙袍"（丁宝桢《丁文诚公奏稿》卷七《太监出京招摇饬拿审办折》）的旗号，自天津沿水路南下。安德海乘坐的船只两旁竖立着龙凤旗帜，船上设有龙衣一袭，均为皇家御用之物。船上还有一柄小旗，上画一日形、一三足乌，取"三足乌为西王母取食"的典故，暗含奉西太后懿旨出行之意。船队另携有成队的女乐，品竹调丝，招摇过市。丁宝桢得知后，向朝廷上疏申明不许宦官交结外人或差赴各省的祖制，强调安德海以采办龙袍之名外出，实属假冒懿旨，其违制使用龙凤旗帜、携带女乐，扰乱民间，更应拿办。同时，丁宝桢密饬东昌知府和济宁知州缉拿安德海，解赴济南。有官员害怕丁宝桢此举会得罪太监，甚至惹怒慈禧太后，便劝谏道："公不顾身，独不为子孙计？"丁宝桢正色曰："吾知报国，他何恤焉？"（唐炯《丁文诚公年谱·同治八年》）当安德海途经东昌时，地方官员并未将其拿办。丁宝桢复檄总兵王正起发兵，于泰安将安德海拿获，发往济南。八月初六，军机处的廷寄发到，丁宝桢旋于次日将安德海正法，随行私逃太监绞决，其余人犯按律治罪。丁宝桢擒杀安德海的消息传开，天下人莫不交口称赞。李鸿章看完邸抄后传示幕僚，称赞道："稚璜成名矣！"曾国藩更惊喜道："吾目疾已数月，闻是事，积翳为之一开。稚璜，豪杰士也！"（薛福成《庸庵文续编》卷下《书太监安得海伏法事》）

二、兴修水利，保障民生

咸丰五年（1855年），黄河北岸铜瓦厢处发生决口，河道再次发生历史性转变，由南夺淮河入海转向山东利津附近入海，因改道造成的决口泛溢灾害较以往更甚。大运河是连结南北的重要水运干线，每年的漕运发挥着支撑中枢财政运转的重要作用。决口后的黄河与运河相汇，河运遭到空前破坏。围绕是否恢复黄河故道以再行漕运的问题，朝廷上下展开了旷日持久的讨论。一方主张修堵决口，消除水患，恢复漕运，将黄河引回淮徐故道；另一方则以工程艰巨、经费难以筹措为由，主张因势利导，沿新河筑堤，使黄河于山东入海。丁宝桢任山东巡抚期间，立足于山东的实情，更出于对山东民情的体恤，力主堵合铜瓦厢决口，恢复黄河淮徐故道，重启河运。但遗憾的是，出于种种原因，朝廷最终并未采纳丁宝桢的意见。

同治十年（1871年）九月，黄河于郓城县侯家林处决口，郓城、汶上、嘉祥、济宁等州县灾情极为严重，百姓流离失所。更严重的是，若不及时堵筑，来年迎来汛期，黄河沙汛俱下，河湖壅塞，运河的南路运道也将受到威胁。在此紧急时刻，河道总督乔松年将责任一概推诿至山东地方，对决口一事置之不问。丁宝桢忧心如焚，于病中销假强起视事，急奏朝廷，将曹州、济宁、兖州和泰安等13州县应征起运的43000余石漕粮截留，用作赈粮，并广设粥棚，制定章程，拣选廉吏负责煮赈事宜，尽最大可能杜绝贪官污吏侵取赈灾粮米。同治十一年（1872年）正月，丁宝桢亲自督率地方官员与河工赶办堵筑工程，"每日自黎明至二更，独立风雨之中，迄不少懈"（蔡少卿整理《薛福成日记·同治十一年二月十七日》，吉林文史出版社2004年版，第100页）。经过25天昼夜不息的抢修，侯家林堵筑工程终于赶在春汛来临前于二月完工。值得一提的是，古代凡修建重大工程，多有官吏借机中饱私囊，致使款项虚费的现象。丁宝桢所主持的此次工程，共提调山东藩库、粮道等各处库银36万两交河工局支用，最终实用银两共计328000余两，仍有约32000两的结余。丁宝桢廉洁奉公、实心任事的品质可见一斑。

同治十二年（1873年）秋，黄河流经东明岳新庄、石庄户等处，堰口先后溃决，山东、河北、江苏、安徽等省的数十州县悉遭水灾，济宁至宿迁的运河两岸大堤冲刷殆尽，沿岸百姓深受其害。朝廷下令两江、山东、直隶、河漕各督抚会同奏办，协力治水。面对紧急的灾情，丁宝桢等不及与其他督抚会同议处，率先上奏朝廷履勘水情，挑开引河。经过反复比较，丁宝桢于决口东十余里的菏泽贾庄修筑堤坝，疏导旧河。光绪元年（1875年）四月，直隶总督李鸿章与山东巡抚丁宝桢终于修筑起自直隶东明谢家庄至东平十里堡之间250余里的官堤，使水患消除。

丁宝桢在四川总督任上，也将水利视作为政的重点。都江堰主体自清中叶以来未曾经过大修，咸丰以来战事频仍，原本民间自行捐资挑筑的小堰也因连年捐输，无力修缮，致使江底越淤越高，江水冲刷堤堰，沿江田亩不时被淹毁。光绪三年（1877年），丁宝桢着手治理都江堰水患，修建导水、泄水工程，将淤塞的河道一律疏浚，修复桥梁道路，便利交通。工程历时近四个月，于光绪四年（1878年）三月中旬竣工。竣工后的五月十七八日起，四川连降大雨，江水水位陡涨，形成了数十年所未见的大水，但沿江民田因新修工程的保护无一寸冲损。是年秋收后，四川米价仅为往年的六成，足见丁宝桢治水利民，成绩斐然。

三、兴办洋务，图谋自强

第二次鸦片战争后，西方列强对中国的侵略进一步加剧。有感于时局艰危，丁宝桢决心兴办洋务，改革军事，图谋自强。任山东巡抚与四川总督期间，丁宝桢拔擢洋务人才，开办机器局，加强军备，抵御外侮，为中国的近代化做出了应有的贡献。

任官山东期间，丁宝桢深刻地认识到山东地处南北要冲，是通商、海运与海防的要地。经过调查与规划，他着手在山东推行军事改革，兴办洋务，以图自强。同治十年（1871年）七月，丁宝桢主持更定山东水师营制，裁减冗兵，重新规划各汛地的驻兵防御，并于登州海道增设了13处炮台。他还派员赴广东等处采购战船、军械，充实水师军备。后来，丁宝桢深感西洋枪炮精良，但从外国购买耗资巨大，故有意兴办山东机器局，制造枪炮弹药，充实军备。为此，他广纳张荫桓、薛福辰、徐建寅等有识之士，分赴天津、上海等处考察洋务，并向北洋大臣李鸿章等访求制器经验。光绪元年（1875年），丁宝桢依靠山东藩库等处的资金，以徐建寅为总办，薛福辰为帮办，在济南泺口正式设立山东机器局。一切建厂、备办机器及制造事项，均由中国工匠与管理者负责，令外国人无法从中居奇。

任四川总督期间，丁宝桢借鉴在山东开办机器局的经验，于成都设立机器总局，制造枪炮。除一些重要的生产设备需要到上海等地的洋行购买以外，其他的机器设备均由中国自己的技术人员设计制造。

四川机器局的开办取得了相当显著的成效，它不但生产出数量可观的枪支弹药，有效地提高了军队的战斗力，有力地支持了对外敌入侵的抗击，更制造出相当数量的机器和零部件，为发展军工生产起到了重要的作用。中法战争爆发后，丁宝桢为援滇勇营拨发了大量枪支弹药等军械军需予以支持。

四、整顿吏治，以身作则

光绪二年（1876年）九月，丁宝桢授四川总督。上任后，丁宝桢发现本省各级官员普遍忙于应酬，奢靡成风，财政支出浪费严重，吏治情况极为败坏。丁粮赋税和盐货厘金两项为四川财政收入的支柱，四川全省丁粮数额在100万两左右，盐货厘金收入在110万两左右，合计岁入共约210万两，而四川每岁财政支出则在500万两以上。历年填补亏空的方式是在丁粮等正供之外加收"按粮津贴"和"按粮捐输"等名色的摊派。此外，更有地方官委派乡绅设置夫马局，名义上按粮摊派军费，用以支应兵差，实质上则是各州县伙同夫马局巧立名目剥削人民之举。多有不法官吏从各色摊派中上下其手，极大地增加了人民负担，惹得民怨沸腾。四川各级衙门又多有应酬规费之设，且数额较大。各级官员之间的年节寿礼、往来酬答，所用无不取之于民。

为此，丁宝桢采取革陋规、撤夫马、减厘金、裁庸官、兴盐务等措施，革新四川的行政。他首先裁撤各州县夫马局的杂派，继而革除总督、布政按察两司、道府各衙门的陋规，并裁减各处厘金，极大地减轻了财政开支压力和百姓的负担。除删汰浮费陋规外，丁宝桢还向朝廷参劾四川按察使方濬颐、盐茶道蔡逢年等一干贪污庸碌官吏，四川官风为之一变。

盐务向来为四川财税收入大宗。太平天国起义前，云南、贵州两省多行销川盐。起义爆发后，川盐出口两省的盐务逐渐废止。咸丰以来，贪官污吏伙同奸商把持盐政，侵欺偷漏，致使盐政败坏，盐引积滞十余万张，积欠银两达100多万。光绪三年（1877年）七月，为改善地方财政，丁宝桢决心收回盐务之利，实施川盐销黔的官运商销，制定一系列盐务章程，从运销的各个环节防范各种弊端。经过改革，四川积滞的盐引全数销完，所收的税厘杂款达到100余万两，四川盐政逐步走上正轨。

裁减陋规浮费、改革盐政之举无疑损害了四川全省官绅的利益，因此丁宝桢被四川在籍、在京官员所衔恨，动辄便遭到朝中言官的蓄意弹劾。多有同丁宝桢交好的朋友和同僚以"水至清则无鱼"的说法规劝他不要太过清高，而丁宝桢始终坚持以公为先，"不敢昧初心以负国而病民"（丁宝桢《丁文诚公奏稿》卷一八《沥陈办事竭蹶情形片》），不向任何不法官绅屈服。

丁宝桢平日为官，往往以清廉自持。据北洋大臣陈夔龙回忆，他曾赴四川拜谒丁宝桢，得知夔州榷关每岁解送公费12000两，川盐局筹定每年公费30000两，丁宝桢均一介不取，仅靠养廉银支付幕僚薪资，维持个人开销。丁宝桢曾自备一箱衣物，每每手中拮据，便将其送往当铺典当，置银200两救急，等到养廉银下发再赎回。

光绪十二年（1886年）四月二十一日，丁宝桢于四川总督任上去世，朝廷加恩赠太子太保，赐谥文诚，赐祭葬，祀贤良祠，诏葬山东历城。贵州、四川地方亦建祠堂，纪念丁宝桢任官期间的卓越贡献。

◈ 史料来源

• 宣统《山东通志》卷七四《职官志四·国朝宦迹·巡抚·丁宝桢》，民国七年（1918年）铅印本。

• ［清］丁宝桢著，郭国庆等编校整理《丁宝桢全集》，贵州人民出版社2017年版。

（撰稿：袁琳、马晓东）

后 记

为充分发挥历史上的清官廉吏事迹在新时代反腐倡廉教育中的作用，山东省纪委监委宣传部、山东省方志馆依托地方志资源，搜集、整理山东地方志中的清官廉吏的嘉言懿行，挖掘其中的廉洁思想，组织编纂了《山东地方志中的清官廉吏》一书。

在本书编纂过程中，山东省委党史研究院（山东省地方史志研究院）院长赵国卿审定编纂方案，对全书的框架、编写原则、历史人物选取标准等进行了精心指导；副院长、一级巡视员姚丙华，副院长徐波对全书体例的安排、人物事迹的撰写等提出了指导意见。山东省纪委监委宣传部部长陈长辉对入选历史人物的事迹资料进行了审阅和指导。山东大学教授谭景玉和孔勇担任本书学术主编，搜集整理了相关历史人物的文献、图片资料，撰写了部分文稿。山东省方志馆在全省史志系统内征集了部分相关历史人物图片、文字资料。在全体编纂人员的共同努力下，本书共收录从先秦到清末的55位清官廉吏，包括山东籍在外任职者和非山东籍在山东为官者。收入本书中的清官廉吏，有的遵循修身、齐家、治国、平天下的高远追求，有的刚正不阿、干练尽职，有的公正无私、执法严明，有的明辨是非、节俭勤勉。本书对他们清廉事迹的记述，全部来自山东历代地方志的记载，同时也与正史和其他相关文献进行了对照和参考。为便于读者阅读，行文中对一些古代地名和引文做了必要的注释和说明。

山东省纪委监委宣传部、山东省委老干部局、山东省委台港澳工作办公室等单位的鲁红伟、董丽艳、赵西颖、赵伦等审阅了书稿，提出了具体指导意见；张熙惟、武绍卫、吴荣生、孙玉华、古帅、董文强、李军宏、卢昱等专家学者对书稿提出了若干专业意见。山东出版集团有限公司党委委员、董事，山东出版传媒股份有限公司总经理申维龙，山东出版传媒股份有限公司副总经理李运才，山东友谊出版社社长何慧颖等对本书的出版工作进行了统筹安排。在此，谨向诸位领导和专家表示衷心感谢！

由于水平和时间有限，个别人物资料缺失或不完整，本书疏漏之处在所难免，敬请读者批评指正。

编者

2024年1月